SIGRID CRASEMANN
TAGEBUCHBLÄTTER

2015-2019

Vorwort

Kein Buch von Tag zu Tag, nach Themen, Gedanken, Ereignissen oder Intervallen regelmäßig gefüllt. Aber doch ein Tagebuch. Erfahrungen eines bestimmten Tages zu einer bestimmten Zeit in einem bestimmten Jahr. Nicht immer, eher nur wenn es brennt. Dann werden Einfälle und Beobachtungen im diversen Charakter eines Tagebuchs nieder geschrieben und können sich nun, in ihrer neuen Gestalt auf dem Papier abgelegt, beruhigen, entspannen und sterben.

Die Tagebuch-Blätter sind nicht homogen, nicht leicht zuzuordnen. Sie entstehen als Empfindungen oder Reflexionen von Erlebtem. Alltägliche Eindrücke, kleine und größere Begebenheiten, die mich treffen, ängstigen, erregen, erfreuen, amüsieren und mich nicht loslassen, rufen mich auf den Plan. Der Grad ihrer Beunruhigung gibt dann den Ausschlag, ob sie mich zum Schreiben auffordern. Das Drängen aus dem Innern hält mich wach, bittet mich, es in eine Form zu gießen, zu zeichnen, zu malen, zu dichten, zu tanzen oder eben, wenn es passt, zu schreiben. Der Durst nach geistiger Freiheit, die Liebe zu den Künsten und zur mystischen Rose ist in meiner Natur. Immer wieder ergreift mich ein Verlangen, Geschehnisse aufs Korn zu nehmen, sie auszuloten, sie zu attackieren oder zu entschärfen, zu filtern, ihnen den Schneid abzuluchsen, sie zu umtanzen, zu besingen, poetisch zu erhöhen – oder auch sie einfach nur, wie sie eben sind, zu entlassen. In meinen Tagebuchvideos von 2007-2015 ging es mir wie in diesen Schriftstücken um die Lust, mich zu äußern, zu sprechen, um Anhörung und Verarbeitung mich irritierender Vibrationen, um Schmerz und Liebe, um freundliche sowie tosende Gedanken, um überschäumende Glücksversuchungen. Ich nannte diese Begleiter *cinephile Selbstgespräche*. Die Tagebuch-Blätter ähneln diesen gefilmten Selbstgesprächen in ihrem unsystematischen, sehr persönlichen, oft bruchstückhaften Charakter. Es wird nichts Geheimnisvolles verborgen, auch nichts absichtsvoll preisgegeben. Die Tagebuch-Blätter sind kein Kunsttagebuch, kein Traumtagebuch, kein Reisetagebuch, kein Tagebuch der Erinnerung.

Ähnlich den Blättern eines Baumes gleicht kein Blatt dem anderen und doch sind alle von derselben Art, ungleich groß, vielfältig in Form und Farbe, unterschiedlich geprägt durch ihre jeweils ganz eigene Geschichte. Im Zu-Boden-Tanz lösen die Herbstblätter sich leicht vom Baum und lassen sich vom Wind tragen. Aber auch vom Sturm gerissen oder aufgewirbelt schweben sie am Ende bedingungslos fallend zur Erde. Die Blätter unserer prachtvollen Bäume sind für mich das Inbild des Sterbens. Sie entstehen zeitgemäß in zarter, betörender Schönheit, spenden uns Licht, Schatten und Sauerstoff, scheiden in üppiger bis aggressiver Färbung und verwesen dann in Stille. Ein Ende des Getreten-Werdens oder des sanften Vergehens in Unauffälligkeit. In Anlehnung an ihren Spirit notiere ich meine Beobachtungen in aller Unregelmäßigkeit eben als Tagebuch-Blätter.

Ein Zitat aus dem letzten Kapitel meines Buches *Ahnensog 2* soll dieses Vorwort beenden:

Dem hochgespülten Schlamm schaute ich schreibend ins Auge. Solange bis er versengt war. Nun ruht die Asche all der verbrannten Rätsel auf dem Friedhof meiner seelischen Verbrennungsanlage. Heilige Asche. Sie ist das, was übrig bleibt, wenn alle Schlacke vom Feuer der Erkenntnis verbrannt ist. Auch diese Asche wird einmal vergehen, ebenso wie vom Kampfer nichts übrig bleibt, wenn er verbrannt ist.

2015

6. Jan. 2015

Falten. Bei Falten denke ich sofort an Christo, der die halbe Erde verpackt, kleinste und größte Elemente mit Stoff umhüllt. Ihn faszinieren Falten diverser Materialien und bei jedem seiner Europabesuche reist er nach Padua, um sich dort von den Malern der Frührenaissance inspirieren zu lassen. Die reine Schönheit dieser frühen Darstellungen vom Faltenwurf hat vielleicht ein wenig zum Zauber der Christo-Verhüllungen beigetragen, den ich bei jedem seiner neuen Projekte empfand. Die europäische Kunstgeschichte ist voller Bilder vom Faltenwurf – puristisch, facettenreich, faszinierend, berauschend – der bis zur Erfindung der Fotografie etliche Maler unseres Kontinents inspirierte und aufforderte, sich dessen Schönheit in Fleiß und Hingabe zu widmen.

Wie anders steht es um die Falten der alternden Frau in Europa! Die innere Notwendigkeit für bestimmte Kleidungsstücke oder Kosmetika nimmt bei mir mit dem Alter zu. Während ich bis zum Alter von etwa 60 Jahren keinen BH trug, mich kaum schminkte und keinerlei Gedanken wegen meines Aussehens hegte, nahmen diesbezügliche Gedanken und Sorgen seitdem langsam und seit meinem 70. Lebensjahr auffällig zu. Sie beginnen mich zu bedrücken. Ich entdecke, dass ich eine dünne Haut habe und die Tendenz, faltig zu werden, einfach nicht zu übersehen noch zu kaschieren ist. Also wird es nun meine nicht abzuwendende Aufgabe sein, mich mit dieser Anlage zu arrangieren.

11

Es geht hier nicht um Seide oder Samt, ihr Schillern im Licht, um Form und Farbe wie beim Faltenwurf, sondern um das ganze Gegenteil, nämlich um die Falten der Frauenhaut, wenn sie altert. So sehr uns die Falten schöner Stoffe faszinieren, so befürchten, meiden oder verabscheuen wir sie bei der alternden Frau. Das neurotische Abendland wird von der Materie beherrscht und ich bilde in dieser Hinsicht keine Ausnahme. Vielleicht respektieren oder verehren wir die Falten bei der gegerbten Haut einer gestandenen Indianerin, einer naturwüchsigen Frau der indigenen Völker. Aber bei uns? Im zivilisierten Raum, der nur noch eins im Kopf hat, Erhalt der Materie um jeden Preis bei gleichzeitiger Zerstörung derselben?

Heute fahre ich mit meinem nagelneuen Auto Mona Lisa in die City Hamburg. *Seat Ibiza*, ML 3140, Automatik, hundert Ps, weiß, schwarzes Sonnendach, Freisprechanlage, Sitzheizung. Ich ahnte nicht, welche Genusswelle den Körper durchzieht, wenn so ein Gefährt dich aufnimmt und sanft dorthin bringt, wo du gerade sein möchtest. Verstehe ich nun also doch, dass alle Welt an der Materie hängt? Ich gehe ins Alsterhaus, um ein Weihnachtsgeschenk zu tauschen. Überteuerte Markenartikel der Edeldesigner sind jetzt im sogenannten Ausverkauf um mindestens 50% reduziert. Ich entdecke, dass ich vor kurzem Unmengen an Geld einfach auf die Straße geworfen habe. Alternde Frauen, die endlich Geld und Zeit haben, blättern mit verstörten Mienen in den überteuerten Kleidungsstücken, wahrend in Harburg auf dem Schwarzenberg die Asylanten in Zelten den regennassen Winter überstehen müssen, tausende Flüchtlinge im Mittelmeer ertrinken und unerwünschte Durchgekommene von uns wieder nach Hause geschickt werden. Ich bin mittendrin und frage mich, ob es genügt, all dies zu sehen, zu verstehen und gerade mal einen kleinen Tagebucheintrag zu machen.

Ich gehe zu Douglas, um mir einen Konturenstift für meine Lippen zu kaufen. Douglas am Jungfernstieg an der Alster. Eine ältliche Frau mit unangenehmer Ausstrahlung kommt auf mich zu. Sie kann keine Douglas-Verkäuferin sein, schießt es mir durch den Kopf, und schon fragt sie mich, ob sie mir helfen könne. Brav trage ich ihr mein Anliegen vor und anstatt, dass sie mir meinen Wunsch erfüllt, sieht sie mir prüfend ins Gesicht und meint, „und dann können wir gern auf Ihre sehr trockene Haut eingehen". Ich verneine und steuere auf die Lippenstiftabteilung zu. Sie sieht mich entsetzt an und meint, dass meine Haut aber dringend der Pflege bedürfe. Ich entgegne, dass ich gut versorgt sei, sie muss nachgeben und wir erledigen den erwünschten Einkauf. Auf dem Weg zur Kasse, insistiert sie erneut, ob ich nicht wenigstens Proben für eine Gesichtspflege haben möchte, da es für mich dringend wäre wegen meiner sehr trockenen Haut. Mir wird übel und ich lehne erneut ab. Ihr Gesicht hatte braune Altersflecken, sie sah unzufrieden und bösartig aus. Zerknirscht übergab sie mich einer jungen Verkäuferin, die mich in Ruhe ließ und mir lediglich an der Kasse das Geld für den Konturenstift abnahm. Die Alte hantierte hinter der Jungen und streckte mir eine Parfum-Probe über den Tisch: „Dann nehmen Sie wenigstens einen Duft, wenn sie schon keine Pflege wollen." Wie benommen

13

steckte ich die Probe ein und verließ das Geschäft. Es regnete am düsteren Himmel. Ich steuerte einen Ascheimer an, warf das Parfum hinein, entnahm den Konturenstift seiner Verpackung, die ich auch entsorgte, um jegliche Spuren von der Alten zu tilgen.

Mir ist elend und ich fahre in meinem weißen Auto durch die graue Stadt nach Hause. Ich fühle mich erwischt. Ich weiß zwar, dass die Alte ihre eigenen Haut- und Altersprobleme in mir sah und mir aufdrängen wollte.

Aber: Meine Eitelkeit wird auf den Prüfstand gestellt. Etwas stimmt nicht. Noch niemals traf ich eine alte hässliche Verkäuferin bei Douglas an. Ausnahmslos werden dort attraktive Frauen angestellt. War es ein Wahnbild von mir? In der Regel sind sie jung, entgegenkommend und von aparter Schönheit, zumindest haben ihre fein geschminkten Gesichter meist eine Pfirsich gleiche Haut. Diese Alte ist mir nicht umsonst begegnet. Sie ist in mir. Ich bin die Alte, ich bin ihre Angst, ihre Verzweiflung. Die Bosheit der fleckigen Alten treibt mich in die Enge. Ich komme mir vor wie in den Märchen der Gebrüder Grimm. Ich will diese mich ekelnde Alte wie im Froschkönig die Prinzessin den Frosch an die Wand werfen. Ich werde ihr wie Schneewittchen einen vergifteten Apfel zu essen geben, damit sie schreiend verendet. Ich werde ihr einen Spiegel vorhalten, dass ihre in zeternder Angst gestellte Frage nach ihrer vergangenen Schönheit in tausend Scherben zerfällt. Ich werde ihrem Jugendwahn eine Kette mit einem Amulett eines sich liebenden jungen Königspaars um den Hals legen, damit sie den Flaum jugendlicher Liebe einatmen muss und daran zugrunde geht. „Wenn wir auch verfallen, der Kern unserer Seele ist davon nicht betroffen." [Zitat J., als er mir am 1. Nov. 2017 bei diesem Tagebucheintrag über die Schulter schaut.]

26. Jan. 2015

Warten. Wenn ich nicht schreibe, bin ich ein Nichts, sagte einst Alfred Andersch. Dieser Ausspruch nistete sich bei mir ein. Von Zeit zu Zeit wird er von meiner Seele ans Licht geholt und auf den Prüfstand gestellt. Das Werk eines echten Künstlers enthebt ihn während der Zeit seiner Arbeit durch die Unmittelbarkeit des Schaffensprozesses in eine Aura, die frei ist von Zweifel, Unmut und Angst. Das Geheimnis des Gestaltens durchdringt den Künstler auch als Person und befreit ihn zeitweilig von jeglicher Anhaftung. Der Künstler darf dann vom Wunder des Soseins kosten. Solange er arbeitet, unterscheidet sich seine Befindlichkeit vom Leidenszustand der meisten Menschen. Wenn er aber nicht arbeitet, ist er ein gewöhnlicher Mensch mit all den bekannten Sorgen und Ängsten. Allerdings wirkt das abgeschlossene Werk in ihm. Es löst vielfältige Reaktionen aus. Auch diverse Gegenbewegungen können ihn attackieren.

Nun habe ich immer wieder darüber nachgedacht, wie ich den gedankenfreien Daseins-Zustand während des Schaffens auch im Alltag aufrecht erhalten bzw. auch ohne Kunst erreichen kann. Künstler, die sich mit Drogen an die Arbeit machen, sind mir suspekt. Zugleich liebe ich die Künstler in ihrer Schwäche gegenüber der Faszination des Rausches durch Drogen. Ist nicht der Zustand des Rausches durch einen guten Wein göttlich und der immerwährenden Glückseligkeit ähnlich, nach der wir uns alle sehnen, und können nicht gerade wahre Künstler ein echtes Lied von ihm singen? Der immensen Verführung ist nur mit einem starken Geist zu begegnen, der messerscharf unterscheidet. Ich verehre das Werk Giacomettis. Seine späten Skulpturen allerdings sind mir unangenehm, zuweilen finde ich sie gar beschämend bis abscheulich. Man sah ihn nie ohne Zigarette. Wein und Kaffe waren seine ständigen Begleiter. So sehe ich sein Spätwerk im Licht eines schon weitgehend vergifteten Körpers. Was wohl am Ende anderes heraus gekommen wäre, hätte er auf die stetige Unterwanderung durch das Gift der kleinen Drogen verzichtet? Dieselbe Frage stelle ich mir bei etlichen Malern, Dichtern und Musikern, deren lasches Spätwerk ich auch als Ergebnis von Drogenmissbrauch sehe.

Ähnlich wie es bei einem wunderbaren Wein schlecht zu ertragen ist, dass die Schönheit seiner Wirkung nicht bleibt, kann der leere Zustand nach Abschluss einer künstlerischen Arbeit schwer erträglich sein. Kann denn künstlerisches Schaffen Sucht sein? Natürlich kann es das. Man spürt sehr genau, ob ein heiliger Zustand eintritt, ob das Quellenpotenzial rein, ob dessen Gestaltung clean ist und sich der Wahrheit verpflichtet.

2010 malte ich meine letzten großen Bilder. In den vergangenen vier Jahren schrieb ich zwei Bücher. Der gähnende Alltag, der sich auftut nach Abschluss von *Ahnensog 2*, attackiert mich zeitweilig derart heftig, dass ich mich zwangsläufig mit dem oben erwähnten Zitat von Alfred Andersch auseinandersetzen muss. Da ich künstlerisch nur arbeite, wenn sich etwas im Inneren zeigt, das eineindeutig nach Gestaltung ruft, nehme ich mir vor zu warten und dieses Warten als eine bewusste Pflicht ernst zu nehmen.

27. Jan. 2015

70. Jahrestag der Befreiung von Auschwitz. Kein perfekter Platz heute für einen Eintrag in mein Kunst-Tagebuch, dessen zusammenhängender Sinn sich meist erst ergibt, wenn ich mich durch die Hingabe ans Schreiben vollkommen entspannen darf?

Das Café in Hamburg-Eppendorf am Grindel ist überfüllt. Heute ist der 27. 1. 2015, 70. Jahrestag der Befreiung von Auschwitz. Bin ich daher so nervös? Wollte ich vielleicht darüber schreiben? Ein derartiger Tag des Gedenkens und niemandem ist etwas anzumerken? Mir erscheint der lockere Frohsinn der Studentinnen und jungen Männer seltsam schal und naiv. Tue ich ihnen Unrecht? Wir befinden uns im ehemals jüdischen Viertel am Grindel beim Abaton. Vor wenigen Jahrzehnten wurden hier Menschen aus ihren schönen Stadtwohnungen gezerrt, abgeführt, abtransportiert, um planmäßig ermordet zu werden. Gedanken an meine künstlerische Produktion treten in den Hintergrund. Mein inneres System fokussiert sich jetzt auf das Thema des heutigen Tages, an dem ich nicht vorbeikomme. Darf ich es Thema nennen? Ist es nicht etwas ganz anderes als ein Problem, mit dem wir uns thematisch beschäftigen sollten? Wie wäre es, wenn dieses feine Stadtviertel heute einfach still gelegt würde? Stell dir vor, jeder, der hier lebt und arbeitet und zusätzlich jedermann, der heute hierher gelangt, aus welchem Grunde auch immer, würde durch eine Verordnung unmissverständlich aufgefordert, zu schweigen, einen Tag lang, nur für einen Tag in Stille zu gedenken. Dazu könnte im Abaton der Film *Shoah* von Claude Lanzmann laufen, acht Stunden im Stück, in einer Endlos-Schleife. Als ich eben begann zu schreiben, konnte ich nur einen beengten Platz einnehmen und nicht umhin, meine Mitmenschen aufs Korn zu nehmen. Jetzt, nachdem ich meinen mahnenden Empfindungen und Gedanken Luft gemacht habe, ist es hier plötzlich ruhig und nahezu menschenleer. Ist es möglich, dass meine Gedanken an die mörderischen Aktionen zur planmäßigen Vernichtung des Jüdischen Volkes, eben auch hier im Grindelviertel Hamburgs, die Menschen beim Warten auf einen Milchschaumcafé derart berührt haben, dass sie vor ihrer Verantwortung geflohen sind? Nicht einmal einem einzigen Tag, einem solchen Gedenktag, dem Holocaust-Gedenktag am 27. Januar, wird flächendeckend Aufmerksamkeit gewidmet in Hamburg, *der schönsten Stadt der Welt* (90,3), einem Mustergau auch der Judenentrechtung und -vernichtung.

Wie elegant muss es hier gewesen sein, als jüdische Hanseaten das Stadtbild dieses noblen Stadtviertels prägten. Die Studentin neben mir mit Pferdeschwanz und Haargummi, Dauerfrisur junger Hanseatinnen, nimmt ihren Rucksack und geht. Hat sie meine Worte gehört? Die Kleidungsstücke nahezu aller hier Sitzenden sind von Frauen genäht, die als Sklavinnen gehalten werden. Daunen und Billigfedern der Polsterjacken werden den eingepferchten Gänsen vom lebendigen Leib gerissen. Die Felle von den in Massentierhaltung ermordeten Tieren schreien vor Schmerz und erlauben ihren Trägerinnen gerade einmal die Ausstrahlung dumpfer Zufriedenheit.

Zwei Stunden später. Meine Parkuhr war abgelaufen und ich klappte meinen PC zu. Es ist bedrückend an diesem Tag in dieser Gegend im Café am Allendeplatz zu sitzen und absolut nichts von dem Gedenktag an die Befreiung von Auschwitz wahrzunehmen, zu sehen, zu erleben, außer selbst darüber zu schreiben. Vor dem Café wird mir plötzlich klar, warum ich heute am 27. Januar 2015 gerade an diesem Ort schreibe, was ich nicht geplant hatte. Eine Schülergruppe steht vor dem Abaton und wartet gelangweilt auf einen Film, der sich mit Auschwitz befasst. Mir stößt die zunehmende Verwahrlosung dieser ehemals prachtvollen Bürgermeile auf. Zugelassene Bettler unterbrechen wie die mahnenden Stolpersteine das Bild des ungepflegten Bürgersteigs auf ähnlich verlogene Weise. Wir tun doch sonst nichts für die Armen. Nach einem Arztbesuch in dem nahe gelegenen Pöseldorf und einem Mittagstischgericht im Abatin will ich hier erneut ins Café Balzac gehen, um weiter zu schreiben. Es gelingt mir nicht. Heute verbreitet diese Gegend keinerlei intellektuelles oder studentisches Flair. Vielleicht lässt sich eben auf eine noch vor wenigen Jahrzehnten dem Judenmord anheim gegebene Gegend nicht einfach ein lockeres studentisches Leben pflanzen und arglos genießen. Den trüben Ausdruck der Studenten verstärken diverse Alte, zu denen ich auch gehöre. Obwohl ja nichts gegen ein langes Leben gesagt werden kann, erscheinen sie mir wie suchende Schmarotzer, die ihr Leben lang verdrängt haben, was angeschaut hätte werden müssen, und die nun den Jungen aus innerer Not deren Dasein erschweren und rufen: Ihr für uns! Süchtig, geistig unterversorgt, ängstlich, krank, einsam; so ungefähr die Ausstrahlung der alternden Rentnerschar in der City.

Ich flüchte ins Café Balzac in den Colonnaden. Hier weiß erst recht kein Mensch etwas von einem Gedenktag. Der Tag unterscheidet sich in keinerlei Weise von jedem beliebigen anderen. Eine kleine Frau setzt sich mir gegenüber, etwa mein Alter, kurzes getöntes Haar, Gleitsichtbrille, strenge Hosen, klopft das rote Polster ihres Sitzes sauber, reinigt dauernd den Tisch mit der soft weißen Papierserviette, intensiv wischend, als wolle sie Tränen und Blut wegreiben, das so viele Juden dieser Hansestadt hier vergossen. Sie blättert mit spitzen Fingern in der ausliegenden Presse, im Handelsblatt. Wir brauchen die Juden wird der Tonus sein, darin sind sich alle einig. Auf wen könnten wir sonst unseren Hass ausbreiten. In mir kriecht eine messerscharfe Abneigung gegen diese Frau hoch, die mich zugleich mahnt: Du bist diese Frau. Vergiss es nicht! Auch für sie bist du verantwortlich. Ein Schleim hustender alter Mann betritt das Café. Was weiß er vom Holocaust? Ich stelle mir diese Einrichtung in vierzig Jahren vor und bekomme das Fürchten.

Wir müssen allem sterben, was der Geist in uns angesammelt hat, jeder Prägung, jeder Tradition, jeder religiösen Emotion und jeder Überzeugung. Wir sind verantwortlich, jeder ist für jedes Geschehen verantwortlich. Wenigstens heute an diesem Ort, in Hamburg, im Gedenken an Auschwitz. Wie soll unser Geist frisch werden, wenn wir die Last der Vergangenheit nicht einmal anschauen? Wie wollen wir als Deutsche ohne die Anstrengung des Verstehens dieser bleischweren Last in uns die Möglichkeit zum Atmen frei räumen? Wir können, wenn wir wollen. Einfach, indem wir still werden? Was gibt es zu tun? Nichts, antwortet der Weise. Setz dich in den Zug des Lebens und lasse dich auf dem Kahn deiner Bestimmung den Fluss hinunter treiben. Wirf die Ruder weg. Stell dein Gepäck ab. Wie auch immer du dich anstrengst, es wird dir geschehen, wie es für dich bestimmt und beabsichtigt ist. Vergiss jegliche Anstrengung. Sie ist umsonst. Verschwendete Energie. Lass alles zu. Gib endlich auf. Lasse diesen Gedenktag inmitten des stummen Vergessens deiner Mitmenschen in dir blühen und sterben.

Wie kann ich nur einen Tagebucheintrag zur Kunst vornehmen an einem solchen Tag? Mir wird vor mir selbst bang und das ursprüngliche Anliegen meines Schreibens zerrinnt im Angesicht der Ignoranz unserer Hamburger Bevölkerung an diesem 70. Jahrestag der Befreiung von Auschwitz, die ich, eine Hanseatin, doch auch bin.

3. Feb. 2015

Warten 2. Ist es denn wahr, dass ich nur schreibe, wenn ein heiliger Zustand sich in mir auftut, der nach Beachtung ruft und seine Dringlichkeit schließlich nicht mehr überhört werden kann, sodass ich zum entsprechenden Mittel greife, was bei mir heißt, schreiben, malen, zeichnen?

Musizieren und Tanzen gehören ebenso zu meiner Ausdruckswelt, nur bleiben meine Möglichkeiten auf diesen beiden Feldern für mich auf einer schlichten Ebene. Leider! Denn in der Tiefe verehre ich gerade diese beiden Künste. Sie sind dem Herzen am nächsten. Bewegung und Musik sind der Schönheit einer tanzenden Schneeflocke näher als Worte und Farben. Allerdings ist die Wahrheit mit jeglicher Kunst zu erfassen, wenn der Künstler selbst von der Gnade der Muse geküsst ist und durch sein Werk das Wunder der Stille berührt wird.

Wann ist ein solcher Ruf aus dem Innern denn heilig? Darf z. B. Schmerz als Aufruf gelten, wie ich es tausendfach tat? Reicht innere Seelenqual aus, um auf das Wunder jenseits unseres Leidens zu verweisen, was viele Künstler, besonders in Europa, immer wieder taten? Oder sind nicht die Werke die wertvollsten, die jenseits von Schmerz und Sehnsucht von der absoluten Schönheit berichten und den Menschen ein Segen sind wie die Stille eines Weisen? Ich denke dabei sofort an die Musik von Mozart oder an die Lyrik der Sufidichter Rumi und Heifetz. Kann es sein, dass ich es satt bin, den Schmerz zu beleuchten, die Qual als Auslöser für meine künstlerische Arbeit zu nehmen? Jahrelang habe ich lang habe ich mich durch das Dickicht der Verstellungen des Seins gewühlt, habe diesen Schlamm auf Leinwände geworfen, meine Geschichte in Bildgeschichten beleuchtet und zuletzt das Dahinter, die Zusammenhänge des Leidens an unseren Prägungen in langen Texten hin und her gewälzt, solange, bis alles verbrannt war, was mich je bedrückte und mich am Sosein hinderte.

Nun bin ich nicht mehr bereit, die Sehnsucht zu beleuchten. Was kann ich tun? Warten.

Himmelfahrt 2015

Selbst der feinsinnige Leiter eines Tanzkurses, an dem ich seit etlichen Jahren teilnehme, lässt seine Gruppe einen Begrüßungstanz für den neuen Papst vollführen: „Und wem der neue Papst schnuppe ist, begrüße ihn dennoch tanzend".

So geht es nicht, das ist mir zu wenig; eine derart lapidare Bemerkung zum Machtinstrument der christlichen Kirche, die bestrebt ist, uns weiterhin in Knechtschaft zu halten! Wir sind diesem 2000 Jahre alten und nicht enden wollenden Phänomen allerhöchste Aufmerksamkeit schuldig. Die mich enttäuschenden Worte wurden mit einem leise ironischen Lächeln begleitet, das verlogene Lächeln der traumatisierten unterdrückten deutschen Männlichkeit. Ich habe den Begrüßungstanz für den Papst nicht mitgemacht und versuchte, in der Umkleidekabine über diese unmündige kleine Bemerkung unseres Lehrers zu sprechen. Es war niemand dabei, der empfänglich gewesen wäre für eine kritische Betrachtungsweise.

Die Praxis der 5rhythmen gilt als avantgardistisch, was spirituelle Sehweise und inneres Wachstum angeht. Die Erfinderin dieser Tanzmeditation hatte ihre wertvolle Idee verantwortungsbewusst und intelligent in die Welt entlassen. Leider aber war letztlich auch sie – ich entnehme es ihren Schriften und dem Unterricht etlicher von ihr zertifizierten 5rhythmen-Lehrern – dem Zwang erlegen, diese Meditation zu einem therapeutischen Programm zu entfalten, um damit seelische Rettungsaktionen in Szene zu setzen.

Es gibt zwar eine lose Führung der Gruppe durch den Tanzlehrer, die sich an der wunderbaren Eingebung und dem klugen Konzept der 5rhythmen orientiert. Der Unterricht zeichnet sich allerdings durch eine extrem offene Form aus, die unterschiedslos jeden mitmachen lässt, wie und wann er möchte. Darin liegt eine Gefahr. Wenn der Lehrer nicht wahrhaft geerdet ist, seine Ausstrahlung keine zwingende Kraft hat, sein Charakter zuwenig Stringenz und Führungsabsichten bietet, wird aus einer derart offenen Veranstaltung schnell ein Sammelbecken für schwache Seelen. Unsere anfänglich lebendige flüchtige Tanzgruppe von angenehm bunter Energie entwickelte sich über die Jahre nach und nach zu einem Kern sich spirituell überschätzender Tänzer, die ihrem Herdentrieb nun endlich einen Hort verpasst haben. Für mich ist dieser Prozess schmerzhaft, da ich es sehr schätze, nach der von unserem sensitiven Tanzlehrer klug eingesetzten Musik aus seinem profunden Erfahrungsschatz und ebenso auf Weisung seiner fein gewählten Worte hin in den 5rhythmen zu tanzen. Ein schleichender Prozess von vielen Jahren hat die interessanten Persönlichkeiten langsam vertrieben und die schwachen immer stärker zu einer Art Familie zusammen geschweißt. So gibt es Teilnehmer/innen, die gar nicht tanzen, sondern umherlaufen, sich vorwiegend begrüßen, umarmen und die Abende benutzen, um ihre desolate innere Verfassung besser zu ertragen. Auch gibt es ignorante Beteiligte, die durch unsachgemäße egozentrische Verhaltensweisen ein nicht zu unterschätzendes Zerstörungspotential entfalten. Der Lehrer müsste den Mut haben, bestimmte Voraussetzungen zu verlangen und sich sowie uns vor dieser destruktiven Energie zu schützen wissen. Oder es passiert eben das, was sich hier abzeichnet. Die spirituelle Leuchtkraft der Szenerie löst sich nach und nach auf. Die Tänzer/innen dürfen wie Kinder ungefährdet spielen, sich gegenseitig schützend und absegnend; eine fest installierte Gruppe mit Familiencharakter. Angestrebte Wandlungsfähigkeit, geistiges Wachstum, innerer Aufbruch, gegenseitige Achtung bei unterschiedlicher Ausprägung der Persönlichkeiten weicht einer in der Tiefe ersehnten Gruppenzugehörigkeit.

Ähnlich den Mainstream-Angeboten der verflachenden Medien- und Kulturlandschaft unserer derzeitigen Gesellschaft wird in angeblich freiheitlich spirituellen Einrichtungen reaktionäre Einfalt vermarktet und unser latenter, ständig schwelender Muttersog bedient. So wird leider auch hier entgegen der ursprünglichen Absicht der Erfinderin am Ende geistige Enge im Gewand einer Tanzmeditation in Szene gesetzt.

Der Prägung als deutscher Christ ist nicht so mal eben durch eine neue Tanzidee zu entkommen. Eine letztlich auf Angst basierende Mentalität begründet zur Zeit in unserem Land die vorherrschende innere und äußere Haltung der meisten Deutschen. Entweder du machst mit oder du gehörst nicht dazu. Auf allen Ebenen. Angstbesessen, süchtig, bedrohlich.

10. Aug. 2015

Schönheit 1. Jeden Morgen gehe ich vom Spiegel nicht fort, ohne mich selbst abzusegnen. Ich muss meiner Gestalt, meiner Kleidung, meinem Aussehen den Segen der Schönheit geben, bevor ich mich in die Welt wage.

Nicht nur für den Außenraum, auch für den PC am eigenen Schreibtisch.

Hier sitze ich sogar am liebsten mit hohen Schuhen.

Obwohl ich ganz überzeugt handle, nagen doch immer wieder leise oder laute Gedanken, Beobachtungen bis hin zu Zweifeln ob dieses morgendlichen Rituals. Bin ich zu eitel, habe ich Angst vor dem Alter, bzw. dem Tod?

Was hat es auf sich mit der Schönheit, die ich über alles

liebe? Ich möchte seit langem über Schönheit sprechen, schreiben.

Denn sie treibt mich um, vom Morgen bis zum Abend. Selbst meine Kleidung für die Nacht und die Bettwäsche müssen stimmen. Den lieben Tag lang räume, putze, ordne, gestalte ich nicht nur mich, sondern ebenso die kleine Welt, in der ich lebe. In ständiger kritischer oder genießender Beobachtung aller Objekte um mich herum, Gefäße, Möbel, Nahrungsmittel, Kleidung usw., usw., … hole ich die optimale Ästhetik ihrer Erscheinungsformen heraus, indem ich meine Sichtweise als Maßstab einsetze. So mische ich mich ein in das Dasein der Dinge bezüglich ihrer Beschaffenheit, ihrer gegenseitigen Abhängigkeit und ihrer Anordnung im Raum. Mehr oder weniger bewusst, einmal als selbstständige Beschäftigung, mal nebenbei und auch schon mal in Eile wird die mich umgebende Dingwelt ständig in Bezug zu mir in Position gebracht.

Bei frisch geschnittenen Blumen aus dem Garten ist die Sache verständlich. Sie werden in eine passende Vase gegeben, so lange harmonisierend gesteckt, geschnitten, gestellt, geordnet, bis ich das Arrangement loslassen kann. Dann finde ich einen optimalen Platz im Raum und kann atmen.

Allerdings gehe ich mit meiner Wäsche ähnlich um, wenn ich sie z. B. auf die Leine hänge. Ich achte auf ihre Glätte, eine ihnen entsprechende optimale Beklammerung, auf ihre nachbarschaftliche Verwandtschaft. Gedanken an Vergangenheit und Zukunft jedes Wäschestücks begleiten meine Tätigkeit. Farben − selbst der Klammern − Stoffbeschaffenheit, Herkunft und Funktion der Teile flattern nicht nur im Wind sondern ebenso in meiner ständigen bewussten Wahrnehmung. Ähnlich gehe ich mit nahezu allen häuslichen Objekten um, die mir unter die Augen und Finger geraten – und zwar immer in einer Art ästhetisierenden leisen Anstrengung, die der Schönheit dienen soll.

Nun könnte ich seitenlang, stunden- und tagelang über diesen dauernd mich begleitenden Impetus des nahezu zwanghaften Harmonisierens weiterschreiben, ihn unter die Lupe meiner bewussten und semibewussten Wahrnehmung legen und mich in ausmalende Betrachtungen ergießen.

Ich weiß, dass wenn ich diese notierenden Beobachtungen zum Thema Schönheit jetzt weiter ausführte und vorantriebe, plötzlich ein Umschwung entstehen und ich mich fragen würde, was denn eigentlich falsch daran sei, derart zu handeln, wie ich es eben tue. Oder mir entstünde eine übergreifende Erörterung von Schönheit, z. B. dass der Begriff Schönheit etymologisch von schauen und von schonen kommt, dass Schönheit nicht nur unsere Oberfläche bedeutet, dass innere Schönheit nicht immer sichtbar ist usw., usw., …, …

Derart schrieb ich bisher meine Tagebuchnotizen nieder. Zunächst ohne Konzept mich einschreibend trieb ich das Geschreibe voran, bis eine Lösung aufglimmte. Diesen Augenblick durfte ich nicht stören. Und während ich dann einfach weiterschrieb, entfaltete sich dieser glimmende Keim schließlich wie von selbst zu einer Gestalt formend. Ein wohltuender Entstehungsprozess, der mir durch bloße Reflexion nicht zugänglich gewesen wäre.

Heute bemerke ich, dass ich keine wirkliche Lust habe, mich auf diesen Umschwung hin zu bewegen und dass ich keinen Sinn mehr in einer derartigen Warteschleife verspüre. Der leise Unmut machte sich schon zu Beginn bemerkbar. Mein etwa seit zehn Jahren mich umtreibender schriftstellerischer Drang, mich im Café zu äußern und zu genießen, will sich heute nicht wie gewohnt zeigen. Das reflektierende Sprechen über meine inneren und äußeren Befindlichkeiten, Wahrnehmungen und Tätigkeiten will mir heute nicht kommentarlos gelingen. Habe ich es vielleicht satt? Bahnt sich eine Wandlung oder gar ein Umbruch an? Schreiben will ich unbedingt weiterhin. Aber vielleicht anders oder gar ganz anders als bisher? Bin ich nicht mehr dieselbe? Braucht meine ständig sich verändernde Sehweise von Welt, Kosmos und Bewusstsein eine neue Sprachform? Obwohl ich schon tausend mal über Schönheit schreiben wollte, nervt mich heute die Vorstellung dieser ernsthaften Absicht in meiner von mir bisher praktizierten Art und Weise (s. Tagebuchaufzeichnungen/Betrachtungen/Reisenotizen). Es geht um mehr. Ich spüre zu sehr, was es mit dem Schein und der Bestimmung jeglicher Form auf sich hat. Quantenphysik, Wahrheitslehre und die tiefe Erfahrung von Zeit und Zeitlosigkeit, auch des letzten verrinnenden Lebensabschnittes (Alter), machen sich hier im Café deutlich bemerkbar und wollen beachtet sein.

Gestern vernahm ich von einem der ältesten Weisen, Ashtavakra, wie er seinem Schüler, dem König Janaka, als erste Aufforderung mitgibt: *Meide die Sinnesobjekte wie Gift.* (Ramesh Balsekar, *Duett der Einheit/Der Ashtavakra Gita Dia-*

log,Verlag Kamphausen 1991, S.7) Aufrichtig sehne ich mich nach der Freiheit des Geistes und vernehme nun von für mich diesbezüglich maßgeblicher Seite, dass jegliches Sinnesobjekt von mir gemieden werden soll, wie Gift. Wie Gift wohlgemerkt!

Da sitze ich nun. Eine Frau, die eine so treue Ästhetin ist, dass sie sich immerfort in einem Standby-Bemühensmodus befindet, der augenblicklich in kleine oder umfangreiche bis ernsthafte Aktivitäten umspringt, sobald sich eine Möglichkeit des Arrangierens in Liebe auftut, wie ich meine Leidenschaft freundlicherweise nennen möchte. Bin ich jetzt zu einer Entscheidung gezwungen und muss ich mir meine geliebte Betätigung mit den schönen Dingen verbieten?

Schon von vielen Weisen weiß ich, dass Verlangen die größte Bürde ist, welche unserem Unglück und unserem Leid zugrunde liegt. Gleichzeitig sollen wir uns in das Betrachtende Bewusstsein derart entspannen, dass wir glücklich sind. Denn angeblich nur glückliche Menschen, die all ihre tiefen Verkettungen entfernt und prägenden Krusten abgeworfen haben, sind in der Lage, die unmittelbare Wahrheit zu erfahren, was mein tiefster Wunsch ist.

Ich darf das Schöne erleben, es hegen und pflegen. Nur will ich mich darin nicht ergießen, da ich sonst an ihm hafte. Und diese Anhaftung ist gemeint mit Verlangen. Grob gesprochen, sind es die Süchte, nicht nur die bekannten Krankmacher wie Alkohol, Zucker, maßloses Essen etc., sondern auch die vertrackten Süchte, wie Sentimentalität, übermäßige Freundlichkeit, frömmelnde Hilfsbereitschaft, Jammerei, Anhänglichkeit, Arbeit, Spielen, Sport, Pc, Kinder, Urlaub, Cafébesuch …

Man weiß doch selbst nur allzu gut, wann ein Vorhaben ein schlichtes lebensbejahendes Unterfangen ist und wann es der Vermeidung eigener Ohnmacht dient und in Verlangen umschlägt.

Es kommt eben gar nicht darauf an, was es ist, was ich erlebe, vorhabe oder tue. Solange ich mit hellem Herzen handle, ist alles erlaubt. Wenn ich die Schönheit über alles verehre, da in ihr die Liebe erstrahlt, ist es also völlig o.k. Nur in blinder Zuneigung fortschwimmen wäre fatal, da mein Geist dann in trüber Schwammigkeit verwesen würde.

Nun bin ich doch wieder meinen gewohnten Weg des Schreibens gegangen.

24. Aug. 2015

Schönheit 2. Meine Selbstkritik am Arrangieren in Liebe in dem vorangegangenen Tagebucheintrag *Schönheit 1* vom 10. August lässt mir keine Ruhe. Auch bedrängt mich weiterhin der dort zitierte Ausspruch von Ashtavakra *Meide die Sinnesobjekte wie Gift.*

R. Balsekar gibt uns zu den konzentrierten Aufforderungen von Ashtavakra jeweils sich anschließende Erläuterungen. Durch unsere Prägung fällt alles, was wir hören und erleben, in ein Raster von Gut und Böse, von Sünde, Schuld und Scham. Vernehme ich also von einem maßgeblichen

Geist eine Mahnung mit dem Inhalt *Sinnesobjekt=Gift*, entsteht mir sofort ein entsprechendes *Du musst*. Interessanterweise kommentiert R. Balsekar die Worte dieses Weisen in keiner Weise hinsichtlich Moral, Gebot, Verzicht oder Selbstkasteiung. Er konfrontiert uns stattdessen an dieser Stelle mit dem Kernproblem menschlichen Leidens, dem *Verlangen*, und lenkt uns schrittweise zu der notwendigen Einsicht, dass wir nicht die Täter sind. Dies wiederum einzusehen, erfordert Hingabe. Das Verstehen dieser komplexen und zugleich einfachen Tatsache ist nun kein intellektuelles Verstehen, sondern eines, das auf Vertrauen basiert. *Alles, was notwendig ist, um Erleuchtung geschehen zu lassen, ist das klare Verstehen einer Dimension, die völlig unterschiedlich vom intellektuellen Verstehen ist. Das, was ein intellektuelles Verstehen hervorbringt, ist ein Glaube an das, was verstanden wird, aber ein intuitives Verstehen basiert auf Vertrauen. Intellektuelles Verstehen – Glaube – basiert auf Argumentation, Logik, Anstrengung und Konflikt. Intuitives Verstehen – Vertrauen – basiert auf einer gewissen zwangsläufigen Unvermeidbarkeit, einem entspannten Akzeptieren des Was-ist, völlig frei von irgendwelchen Zweifeln oder Meinungen.* (Ramesh S. Balsekar, *Duett der Einheit, Der Ashtavakra Gita Dialog*, S.10) Die hier angesprochene Einsicht in die Nicht-Täterschaft ist nur möglich, wenn wir uns fallen lassen und unseren so hoch verehrten Glauben an unsere Ratio ins Wanken bringen. *Vertrauen ist die Kraft, die dich befähigt, die spontane Annahme der Wahrheit zu ermöglichen. Vertrauen erkennt intuitiv den Klang der Wahrheit und öffnet „das Auge des Herzens", um die Wahrheit zu empfangen.* (Ramesh S. Balsekar: ebenda) Nichts von Verzicht, von Fastenkuren oder strengen

Übungen. Keine Gebote, Vorschriften oder Verbote. Also ich darf meine Liebe zu den schönen Dingen weiterhin pflegen. Warum denn nicht? Zumal mir nicht selten ein Empfinden für Schönheit entsteht, auch wenn die Dinge im landläufigen Sinne gar nicht schön sind, wie z. B. eine welkende Blüte, ein alter Mensch, eine herunter gekommene Straße oder ein Café mit schäbigem Mobiliar.

Die Künstler der amerikanischen Pop-Art in den 60er Jahren des 20. Jh.s haben mich in ihrer Direktheit, einer uns Europäern eher fremden Schlichtheit, nachhaltig berührt. Der Ausspruch von Jim Dine *I love things* ließ mich nie los. Wie unendlich oft es mir geschieht, dass ich die Dinge liebe! Es kann eine Schale sein, ein Postkasten, eine Strickjacke, eine Stuhllehne o. a. m. Andy Warhol's *All is pretty* hat mich ebenso gefangen genommen. Es wird den Giganten der Pop-Art leicht unterstellt, dass sie lediglich den Kontrast zur hehren Kunst aufzeigen wollten, dass für sie nicht die Noblesse der Ästhetik von entscheidendem Wert sei, sondern eher die bescheidenen Dinge des Alltags, des populären Lebens, ihre Bedeutung hätten. Es wird leicht die Schlussfolgerung gezogen, sie verwendeten Klischees, seien oberflächlich in ihrer Auffassung, könnten nicht malen o.ä.m. Aber geht nicht oft ein Zauber von den Werken dieser einzigartigen Pop-Art aus, z. B. auf den *Bedroom-Paintings* von Tom Wesselmann, im Licht der *Vinyl-Plastiken* und *Giant Objects* von Claes Oldenburg, von den Abstraktionen und den Skulpturen Roy Lichtensteins? Waren sie evtl. klüger als wir es zu wissen meinen? Wenn sie für den Alltag und seine Oberfläche schwärmten und meinten, alles in ihr zu sehen, beginnt der tiefsinnige Europäer sogleich zu zweifeln und zu kritisieren.

Ist in der Erscheinung der Dinge die Bewegung des kosmischen Geschehens nicht ebenso präsent, wie in deren Hintergründigkeit? Lauert in der angestrengten Auslotung ihres Tiefsinns nicht eine mindestens ebenso große Gefahr wie in einer laxen Hofierung deren Oberfläche? Kaum ein europäischer Künstler oder Schriftsteller des 19. und 20. Jh.'s ist ohne Drogen ausgekommen. Warum eigentlich nicht? Sartre z. B. hat sich halb umgebracht mit Alkohol, Tabak, Kaffee und Tabletten. Und ausgerechnet seiner Philosophie sollen wir trauen? Das Spätwerk von A. Giacometti, Wols oder H. Janssen gleicht häufig von Gift zerfressenen Auswürfen. Sie haben in der Tiefe nach der Wahrheit gesucht. Mir fällt dagegen Picasso ein, der Drogen gemieden hat. Das Beharren darauf, den geheimnisvollen Wert der Sinnesobjekte ausschließlich in seiner Tiefe auffinden zu können, ist sicherlich fragwürdig. Allerdings ist Genügsamkeit mit dem brüchigen Schein der Dinge, unschwer zu erkennen in unserer momentanen Wohlstands- und Kulturlandschaft, ebenfalls mehr als bedenklich.

Heute will ich meine Reflexionen mit Jim Dine beenden *I love things.* Ich entspanne mich in diese optimistischen Worte der Hingabe an die Sinneswelt. Schlummern nicht in jeglichem Ding Schönheit, Liebe und Tod gleichermaßen? Ich will mit den Dingen tanzen und spielen; sie umgarnen, zeichnen, malen, beschreiben; sie arrangieren, ordnen oder entsorgen; sie kaufen, mich mit ihnen schmücken, sie verschenken. Ohne mich von ihnen beherrschen zu lassen beobachte ich mein Verlangen und halte es domestizierend in Schach wie der Heilige Georg den tödlichen Drachen.

16. Sep. 2015

Schönheit 3. Schnell noch ein nervöser Blick in den Ashtavakra Gita Dialog, bevor ich den Parkplatz verlasse, um ins Café zu gehen und dort zu schreiben: *„Liebes Kind, lange warst Du in den Fesseln der Identifikation mit dem Körper gefangen. Durchschneide sie mit dem Schwert des Wissens und sei glücklich."* (14) Die Worte des Weisen Ashtavakra an seinen Schüler, dem König Kanaka, treffen mich, und auf der Stelle kann ich wieder atmen.

Gerade lese ich bei Ramana Maharshi, dass das Kreuz Jesu sein Körper war und dass er diesen als Menschensohn kreuzigen ließ, um danach wieder als das glorreiche Selbst zu erscheinen. Mahnend fügt der Meister hinzu: *„Gib dieses Leben auf, wenn du leben willst!"*

Nun vernehme ich seit vielen Jahren, dass es einzig die Identifizierung mit dem Körper ist, die uns leiden macht, und dass alle Suche im Äußeren vergebliche Mühe ist, die uns am Ende in Verwirrung treibt. *Fliehe, du bist in dichte Wolken gehüllt. Nimm eine Axt gegen die Wände des Gefängnisses. Dein bisheriges Leben war ein aufgeregtes Wegrennen vor der Stille. Schlüpfe an der Seite hinaus wie jemand, der in die Farben geboren wurde. Stille ist ein sicheres Zeichen, dass du entkommen bist. Der lautlose Mond steigt jetzt auf.* Liebster Rumi, kannst du mich hören? Ich schreibe dieses Poem von dir aus meinem Gedächtnis nieder, in der Hoffnung, dass es mich retten möge. Ich zerreiße.

Ich gleite in meinem nagelneuen Auto per Automatik und Stereosound in die City Hamburg, um zum 3. Mal über Schönheit (s. *Schönheit 1; Schönheit 2*) zu schreiben. Ich gerate in einen kilometerlangen Stau, sehe die unendlich vielen teuren Fahrzeuge, meist wie bei mir von Singles besetzt. In den Radionachrichten vernehme ich die schon zu unserem Alltag gehörenden Berichte über fliehende Menschen aus aller Welt, die in äußerster Bedrängnis sind und sich in Sicherheit bringen wollen, die Bekanntgabe von weiterhin Ertrinkenden im Mittelmeer und Informationen über die mageren Bemühungen seitens Europas all diesem zu begegnen. Wir hören von Ghetto ähnlichen Einrichtungen, in denen eine sortierende Aufnahme der Flüchtlinge vorgenommen wird, um diese im Bedarfsfall zurück zu schicken. Kilometerlange Grenzzäune werden errichtet, um die Flüchtlinge gar nicht erst ins Land hinein zu lassen. Die Bevölkerung Europas spaltet sich in Befürworter und Gegner der Integration von Fremden.

Die Flüchtlingsströme werden mit Sicherheit zunehmen, wir werden uns auf eine sich ständig verändernde Lebenssituation einstellen müssen. Eine umsichtige stabile Lösung von oben wäre dringend erforderlich. Aber genau das passiert nicht. Die enorme Hilfsbereitschaft der Bevölkerung bewirkt zwar ein Nachziehen der deutschen Regierung, sodass unser Land jetzt scheinbar gut dasteht. Aber weiterhin herrschen doch in den Auffanglagern desaströse Zustände. Steckt wie bei der Griechenlandpolitik System hinter der Haltung der deutschen Regierung? In nationalen Krisensituationen wie bei Überschwemmungen, Bankenkrisen o.ä. werden schnell riesige Summen locker gemacht, für die Flüchtlingssituation geschieht dies nur zögerlich, nach und nach. *Europas Verhalten in der Flüchtlingskrise ist eine einzige Kapitulation* sagt der Fernsehmoderator Michel Friedman, der einen Rückfall Europas in alte nationalistische Verhaltensmuster befürchtet, und weiter: *eigentlich steht die EU für Menschenrechte und Solidarität, aber derzeit sehe ich weder das eine gegenüber Flüchtlingen noch das andere bei den Mitgliedsstaaten untereinander.*

Schlimmste Gedanken in mir werden laut. Erinnerungen und Vergleiche zwängen sich auf. Bahnt sich unterschwellig eine Art Wiederholung des triebhaften Ausgrenzungs- Vertreibungs- und Vernichtungswahns an? In der Nähe von Wien gab es jetzt den Fall eines abgestellten und verschlossenen Lastwagens, aus dem 71 tote Flüchtlinge herausgeholt wurden. Es waren auch Kinder dabei. Mein alter Nachbar meinte zu diesem Vorfall lakonisch: „Nach gut deutscher Art." Im Dritten Reich wurden im Zuge der Germanisierungspolitik Deutschlands nahe Lodz in Chelmno/Kulmhof Hunderttausende in verriegelten Lastwagen vergast, im besetzten Osten wurden wehrlose Menschen massenweise in Gotteshäuser und Scheunen gejagt, eingesperrt und verbrannt.

Neurotische Angst um die eigene Sicherheit treibt die Menschen in der satten BRD seit langem um. Wir spüren, dass Eigenverantwortung auf uns zu kommt. Niemand kann heute sagen, er wüsste nicht, was passiert. Ständige Nachrichten versorgen uns mit Berichterstattungen über die große Not und eine entsprechend unzulängliche Verwahrung der Flüchtlinge, über Ausgrenzung und Abschiebung. Der Untertitel des Artikels *Fühlt euch wie zu Hause!* von Ralf Schröder in der konkret 9/15, S. 12 lautet: *Rassistischer Realismus: Mit einem Mix aus Hass und Verwertungsinteresse empfängt der Exportweltmeister die Opfer seiner internationalen Erfolge.* Müssen wir nicht einer Flüchtlingspolitik zusehen, die weitgehend auf humanitäre Hilfe der Bevölkerung setzt anstatt durchschlagende Erleichterung finanziell angemessen zu planen, menschenwürdig zu organisieren und unmittelbar umzusetzen?

Und ich will über Schönheit schreiben! Wie kann ich? Was gibt es für mich zu tun? Soll ich meine Wohnung an eine Flüchtlingsfamilie abgeben? Oder ehrenamtlich arbeiten? Während ich mich frage, spüre ich bereits, dass dies im Angesicht meiner Bemühungen an innerer Arbeit der letzten Jahre keine Lösung für mich bedeuten kann.

Aber genügt es denn wirklich, zu fragen: *Wer bin ich?* Und zu *vertrauen* darauf, dass mir die Gnade zuteil wird, die Identifizierung mit meinem Körper aufzugeben, sie mit dem *Schwert des Wissens zu zerschneiden?* Fragst Du Ramana Mahrshi nach dem Sinn von Krieg und Grausamkeit in dieser Welt, antwortet er wie auf alle dringenden Fragen: *Erforsche erst, wer es ist, den die Grausamkeit stört, und dann sieh weiter.* Und er fügt hinzu: *Einen Weisen berührt es nicht, und wenn die Welt unterginge.* Heute will es mir nicht gelingen, hinter die brennenden Zweifel zu gehen und das Sinnen über Schönheit weiter zu verfolgen.

Auf meinem Heimweg im weißen Blitz, diesem schönen blanken Auto, Mona Lisa 3140, wird mir etwas leichter ums Herz: Seit Jahrhunderten Kolonialismus, Imperialismus und Ausbeutung! Die Politik der Europäer erlebt eine gerechte und überfällige Antwort. Es ist ja nur gut, dass die unerträgliche Selbstgefälligkeit der Deutschen endlich ins Wanken gerät und wir unausweichlich zum Nachdenken und Handeln gezwungen werden.

26. Sep. 2015

Manchmal ist es wie ein Fluch, dieses immerfort Wachsenmüssen. All die Prozesse, die mit diesem Wachsen in Zusammenhang stehen, die durchlitten und durchgestanden sein wollen. Sie können nicht umgangen werden, wenn du eine künstlerisch veranlagte Seele in dir trägst.
Der Künstler in dir ruft dich auf den Plan zur Innenschau. Sie verlangt von dir die Einlösung von Reaktionen auf Ereignisse, Erfahrungen, Handlungen und vor allem der Reaktion auf die eigenen Werke. Die Einlösung, wie ich sie einmal nennen will, hat viele Gesichter. Sie kann sich in Form von gelassener Betrachtung oder aber von Anspannung wie Trauer, Schmerz, Zweifel, Wut, u.a.m. zeigen.

Um diese inneren reaktiven Bewegungen zu beruhigen, bringst Du sie in eine Form. Entweder schreibst du Tagebuch, gehst z. B. ins Café und notierst deine Gedanken, oder du beginnst ein Bilderbuch, schreibst Briefe, notierst Entwürfe für größere Bilder oder bereitest sie vor, wenn innere Anlässe bereits gewachsen oder schon gereift sind.

Ahnungen, Betrachtungen und Vorstellungen halten eine künstlerische Seele in ständiger Vibration. Ist die Bewegung aller vibrierender Facetten derartig schnell, dass es für dich gleichsam für kurze Zeit zu einem scheinbaren Stillstand kommt, wie bei einem Ventilator, der wegen seiner hohen Geschwindigkeit ein Bild von Ruhe abgibt, sind das dann die seltenen Glücksmomente für deine Seele. Im Allgemeinen aber werden eher Schmerz, Kummer und Leid hochgespült, drängen zum Ausdruck und erhalten dann durch deine Schaffenskraft Gestalt. Entsprechend können Freude, Anteilnahme und Begeisterung zum Ausdruck drängen.

Nicht selten bin ich ein wenig neidisch auf meine Nachbarn, wenn sie so arglos im Garten arbeiten und sich dabei lauthals wohl fühlen. Heute sprach ich meine Nachbarin und Kunstkollegin an, und bewunderte sie ob der Tatsache, dass sie und ihr Mann ihren sehr großen Garten allein ohne Hilfe bewältigen. Ihr Mann stand dabei und meinte scheu: „Vielleicht schaffen wir uns bald einen Gärtner an." Da sah sie mich an und entgegnete trocken: „Wenn ich das alles nicht mehr allein machen kann, ziehe ich aus." Dann lächelte sie dieses bestimmte Lächeln des überzeugten Verzichts im Sinne abendländischer Verstrickung. Mir lag auf der Zunge: „Wenn ich den Garten ganz allein bewältigen müsste, würde ich ausziehen", aber ich lächelte nur zurück. Dann trieb es mich an den Schreibtisch zu diesem Tagebucheintrag.

28. Sep. 2015

Schönheit 4. *Poesie ist die rhythmische Schöpfung von Schönheit* (Edgar Allen Poe). Was ist es, das ich noch sagen möchte. Seit Tagen tanze ich um das Thema Schönheit herum. Weiß ich doch nur zu gut, was mich erwartet und dass es gar nicht möglich ist, der Erwartung einer endgültigen Aussage gerecht zu werden. In *Schönheit 3* bin ich der Schwierigkeit geschickt ausgewichen, indem ich das Schwere der Welt vorschob und mich hinter meiner mitfühlenden Seele versteckte.

Aber ich weiß, der Schönheit ist nicht auszuweichen, wenn es sich um die Schönheit handelt, von der ich immer wieder betroffen bin, nach der ich mich unendlich sehne, von der ich tagein und tagaus gelenkt und getrieben bin und von der ich auf keinen Fall lassen will noch kann. Und diese Schönheit ist nicht zu beschreiben. Sie ist nicht einmal zu fassen. Wie sollen meine Worte dieses Inkommensurable erörtern können? Schweig, schau dir eine Rose an und sei still.

Warum möchte ich dennoch weitermachen mit diesem vergeblichen Versuch, ihr verbal auf die Schliche zu kommen? In drei vorangegangenen Texten habe ich meine Liebe zur Schönheit schreibend tangiert und erörtert. Aber die Natur ihres Wesens erfasste ich nicht wirklich. Ist die Liebe zur Schönheit der Dinge, von der ich sprach, nicht gleichsam das Wesen des ursprünglichen Bewusstseins, das sich in der Welt manifestiert und für uns offenbar wird? So gesehen müsste ich nicht über Schönheit sondern eher über Liebe sprechen, die uns im Gegenüber und in den Dingen erscheint.

Müsste dann aber nicht alles schön sein? Die Erscheinungswelt lässt uns leider vergessen, dass unser wahres Wesen Liebe ist. An ihre Stelle tritt das Haften an Materie. Ich spüre Liebe zu bestimmten Dingen und Abneigung gegenüber anderen, empfinde hässlich und schön, alt und neu, krank und gesund, frisch und verdorben. Diese miteinander verklammerten Gegensätze halten mich davon fern, Schönheit wertfrei und ganzheitlich zu erleben. Sofort kommt ein Drang hinzu, ein Festhalten, ein Besitzen wollen, und schon erleidet die absolute Schönheit in meiner Empfindung Schaden. Sie verhärtet, wird beschnitten, veräußerlicht. Wahre Schönheit aber kann nicht beurteilt werden und kennt wie die Liebe kein Gegenteil. Solange wir bedingt lieben, handelt es sich nicht um Liebe sondern, zumindest unbewusst, um Vergleich, Angst, Besitzgier und Ausnutzung. Aber ich bin doch in dem uns prägenden Weltbild gefangen, das aus Gut *und* Böse, Schön *und* Hässlich besteht! Darf ich die Schönheit der Dinge nun deshalb nicht wahrnehmen, schmecken, fühlen, schauen, hören, erleben und genießen? Wo ich sie doch über alles liebe?

Zum Schmerz der Sehnsucht sagt Papaji: *Wenn der Schmerz zu groß wird, ist es die Liebe, die Dich ruft.*

Ich hatte einen brasilianischen Tanzlehrer, der den Tanz liebte. Er sagte einmal zu uns und unseren tänzerischen Bemühungen: „Hauptsache, es sieht schön aus." Ich war verblüfft und verstand ihn nicht. Wie kann er nur so äußerlich reden, dachte ich. Da er aber ein guter Lehrer und begnadeter Tänzer war, blieben mir seine Worte im Gedächtnis. Heute wird mir die Bedeutung seiner Aussage bewusst. Er meinte die Liebe, das Wesen der Schönheit, auf die wir unsere Bewegungen hin ausrichten sollten.

Mein Körper ist der Tempel der Schönheit. Ihn will ich schmücken, ihn rein halten und verteidigen. Mein Haus und mein Garten sind die Felder, in denen ich der Schönheit zuliebe wirken kann. Meine Bilder und meine Texte sollen dieser Schönheit dienen und sonst nichts. Den Müll, der sich vor meiner Haustür ansammelt, will ich verbrennen, solange, bis seine Schatten meine Seele nicht mehr verdunkeln.

26. Okt. 2015

Auf einem Elbspaziergang kam mir heute, meine Wahrheitssuche betreffend, die Zerstörung der Natur entgegen. Die Laubfärbung im Herbst ist im Hirschpark wegen der vielen prächtigen Exemplare des Baumbestands von berauschendem Charakter und ich muss mir Mühe geben, nicht in Verzückung zu geraten. Freude will ich mir weiterhin gestatten, auch sanftes Lächeln ob der Schönheit des Blättersegens im Herbst. Schon häufig hat sie mich veranlasst, ihre Erlesenheit in Texten oder Bildern zu besingen und ich verstehe es nur zu gut, dass mich dieses Phänomen des Sterbens, von Bewegung und Tanz, von Hingabe und Vergehen, von Licht und Färbung der Millionen von Blättern so sehr berührt. Aber ich verlange seit einiger Zeit von mir, dass ich nicht in Verzückung gerate, nicht im kindlichen Ich-Bewusstsein verharre oder gar einen Ersatz für unser leidvolles Dasein in der Natur wittere und ausagieren möchte. Und da half mir heute meine Wahrnehmung des kränkelnden Herbstlaubs. Zunächst war ich entsetzt ob einer veränderten Herbstlandschaft: Die Blätter sehr vieler Bäume, Hecken und Büsche trocknen aus, bevor sie sich verfärben und fallen frühzeitig zu Boden, wo sie eher grau statt bunt liegen und auf ihr Vergehen warten. Auch dem trocknen Gezweig merke ich eine Veränderung an. Ich beobachte, wie ich meine Begeisterung nicht erleben darf, wie mir quasi weggenommen wird, was ich doch so liebe! Zudem bedrückt mich die Vorstellung, dass meine Mitmenschen diesen Unterschied kaum wahrnehmen, da sie ja ohnehin meist schwatzend durch den Park gehen etc.

Die Erde ist tatsächlich sehr verwundet. Mir wird bewusst, dass ich keinerlei Einfluss auf all diese Phänomene habe und dass ich mich nicht von schön und hässlich abhängig machen sollte.

Wen stört es denn überhaupt? Und wer möchte so sehr

gern den goldenen Herbst erleben? Und wer ist traurig, wenn es so schnell dunkel wird? Was sind das alles für Gedanken? Schaffen sie nicht nur Leid? Ashtavakra sagt: *Gib alle Unterscheidungen auf wie „ich bin dies" und „ich bin dies nicht". Sei überzeugt, dass alles, was es gibt, Bewusstsein ist. Frei von allen Konzepten, sei glücklich!* (140) aus: Ramesh Balsekar, *Duett der Einheit, Der Ashtavakra Gita Dialog*, S. 96.

29. Okt. 2015

Hola Angel, obwohl ich heute nicht mehr an den PC. gehen wollte, wegen Strahlenbelastung, notiere ich noch kurz meinen fließenden Tagebucheintrag, der heute als Brief formuliert wird: Mit einer Kopie des heute redigierten Textes *Blüten* von 2008 fuhr ich ganz zufrieden mit meiner Leistung Richtung Atelier. Ich wollte noch an die Elbe, aber es dämmerte bereits und ich kehrte bei Witthüs ein, wo ich seit vielen Jahren nicht mehr war. Ich suchte mir ein Plätzchen und beobachtete. Wegen der stark klassischen Atmosphäre (gelinde ausgedrückt) wollte ich gerade wieder gehen, als mich die freundliche Bedienung schon nach meiner Bestellung fragte. Der köstliche Pflaumenkuchen, erst recht die Sahne und der wirklich gute Kaffee versöhnten mich und ich holte meinen Text hervor. Dann fiel es mir wie Schuppen von den Augen: Himmel, wie sentimental! Mich wundert es nicht, dass ich immer noch projizieren muss, z. B. auf all die Damen und Frauen in diesem Etablissement.

Angel, lege den Schrieb zur Seite, ich habe morgen noch etwa 10 Korrekturen zu erledigen. Oder mach es wie Du willst. Vielleicht überschneiden sich ja unsere Einwände.

Und der eigentliche Grund für diesen Tagebucheintrag ist der: Gestern war ich noch unsicher und unschlüssig, ob der wirklich großen Arbeit, die noch vor mir liegt, wenn ich all die Texte von 2006-2010 zum TagebuchVII verarbeiten möchte. Heute weiß ich, dass ich es *muss*. Das Redigieren wird mir, hoffentlich, zur weiteren Abtragung meines Schattens verhelfen. Und bevor mein Schatten sich nicht wesentlich verjüngt darstellt als in meiner heutigen Arbeit, will ich nicht ein einziges neues Bild malen. Damit ist die Frage nach dem Zeitpunkt für die Wiederaufnahme meiner Malerei beantwortet.

Liebster, niemals will ich dich wieder der Sentimentalität bezichtigen; na ja, und wenn schon, weiß ich doch, dass ich nur sehen kann, was ich bin. Dg. Hasta manana

30. Dez. 2015

Liebster, an der Wand hinter meinem PC ist ein Stück Notenpapier geheftet mit der Notiz Möglichkeiten unendlicher Variationen. Ich habe diesen Zettel dort schon sehr lange hängen und weiß nicht genau warum. Ich vermute, ich träumte diese drei Worte und fahnde immer noch nach deren Bedeutung. Immer wenn ich einmal auf die drei

Wörter sehe, fühle ich, dass sie mir gefallen, dass ich ihrem Sinn noch nicht erschöpfend nachgespürt und dass ich deren Potential in mir zwar ahne aber nicht ausreichend verwirklicht habe. Ob ich die Umsetzung des Sinns nun mithilfe der Künste vornehmen soll bzw. werde oder ob deren Verwirklichung mein Leben als solches betrifft, weiß ich zurzeit noch nicht. Es wird sich eines Tages zeigen und erst dann werde ich den Zettel von der Wand entfernen.

Ich habe solche kleinen Ermahnungen oder geheimen Lieben immer um mich herum, verwerte sie eines Tages und entferne sie dann wieder. Viele solcher kleinen Zeichen, wie ich sie einmal nennen möchte, schleichen sich in mein Dasein ein, landen oft an den Wänden, verharren dort mehr oder weniger von mir beachtet, werden eines Tages direkt (z.B. Collage) oder indirekt (Poem/Text/Bild) verwertet und verschwinden dann wieder. Einst hatte ich dir zu Weihnachten ein Künstlerbuch arrangiert, in dem etliche solcher Sammlungsstücke von mir verarbeitet wurden. Es ruht in deinem Regal.

Weißt du, warum ich all dies erzähle? Ich hatte soeben den Gedanken, dir noch schnell einen Brief im alten Jahr zu schreiben, um ihn dir morgen Abend zu überreichen, wie ich es schon häufig machte, und wusste nicht, wie ich beginnen sollte. Da fiel mein Blick auf diesen Notenzettel an der Wand vor mir. Aber jetzt ist es schon spät und ich werde morgen, immer zwischendurch, an diesem Liebesbrief an dich weiter schreiben, einfach so in den PC und werde ihn nicht von dir redigieren lassen, wie Du es sonst mit dem von mir Geschriebenen seit einigen Jahren gewohnt bist. Das wäre jetzt der erste Gedanke, der in einen solchen Jahresbrief hinein gehörte. Ich werde ihn morgen früh ausführen. Good night angel, hasta manana, dg.

31. Dez. 15

Next morning. Nun sitze ich hier in einer Stimmung, die um 180° gedreht ist und es sieht so aus, als wenn ich nicht weiter schreiben kann. Schon morgens liebe ich rhythmische Klänge. Sooft, wenn ich dich abends Klassik hörend allein lasse, stelle ich mir noch irgendetwas im Radio an, wonach ich mich bewege und ein wenig tanze. Darüber streiten wir? Kinderkram im wahrsten Sinne des Wortes. Über derlei streiten sich Kinder, allenfalls Pubertierende, aber niemals siebzigjährige Erwachsene, die sich mit Alter und Tod auseinandersetzen. Also ich fahre fort: Im letzten Jahr stand die Arbeit am Erwachsen-Werden im Mittelpunkt, was besser heißt am Erwachsen-Sein, da wir es ja schon sind und nur den Ballast abwerfen müssen, der uns daran hindert. Wir erhielten durch W. Nelles einen erheblichen Impuls, der uns zumindest hilft, daran zu arbeiten, wenn auch die Einlösung dieser Art Arbeit eher auf Gnade beruht. Auch das lernten wir im letzten Jahr einzusehen, vor allem über die Schriften von R. Balsekar. Wie unglaublich aber wahr, dass wir beide ohne Unterlass seit langem die Lektüre der Weisen in uns aufnehmen und wirken lassen. Angel, ich schreibe ein wenig in Hast, weil ich es versäumte, wie ich es in den Jahren zuvor gern tat, diesen Brief in Ruhe im Café an dich zu schreiben. Aber es ist dieses Mal eben so und ich werde das Niederschreiben ohne Punkt und Komma mit Unterbrechungen von außen heute fort führen. Du weißt schon selbst, wie gut ich es an deiner Seite habe, dass du mich in jeder Facette meiner künstlerischen Ambitionen unterstützt, außerdem sind wir beim Tanzen auf der Stelle ein Paar der Liebe, sodass die Sache mit dem Rhythmus letztlich vielleicht keine Rolle spielt. Michael Weber sagte einst zu dir: „Man muss sich eben entscheiden, ob man ein Leben mit oder ohne Rhythmus führen will." Wie er es nun wirklich meinte, ist nicht zu erkennen, außerdem hat der Rhythmus seiner Trommel ihm letztlich auch nicht viel genützt? .-) Schade, dass ich gestern Abend nicht einfach weiter geschrieben habe. Draußen regnet es und ich bin bei diesem nassgrauen Himmel nahe dran, zu entscheiden, Raketen sowie mein gesamtes Feuerwerkmaterial einzutüten und für das Osterfeuer aufzubewahren. Wäre das nicht einmal etwas Tolles? Heute Nacht einfach still und Ostern die Auferstehung mit Raketen? Was meinst du dazu? Die Enkelkinder würden sich freuen. Überhaupt sind deine vier Enkelkinder ja ziemlich süße Glamourwesen aus dem All, die dir beschert wurden, oder soll ich sagen uns, wie du es immer möchtest? Nach allen Regeln der Weisheit haben wir ja keine Kinder und sind keine Eltern, auch keine Großeltern? Es macht mir viel Spaß mit den Kindern umzugehen und ich mag sie alle vier wirklich gern. Das Altwerden, was ist das nun schon wieder für ein Begriff, neben dem Heranwachsen der Kinder zu jungen kräftigen intelligenten Königskindern erscheint mir manchmal schwer, besonders, da ich mit ihnen nicht verwandt bin. Aber es ist wohl alles Unsinn, so zu denken. Also der Schlaf ist wie der Tod nur ein Intervall des Daseins, der Schlaf ein kleines, der Tod ein größeres. Das Dasein, das Wirkliche ist von diesen beiden unberührt. Du spürst diese Berührung nur, wenn du dich mit deinem Körper identifizierst. Wenn du diese Identifizierung hinter dir lässt und in den Betrachter-Modus gehst, werden dir diese Intervalle lediglich wie Erscheinungen vorkommen, die zum Phänomenalen gehören und für dein eigentliches Wesen keinerlei Rolle spielen. Wie sollen dann noch solche Gedanken über Enkeldasein, Elternschaft und all dies überhaupt eine Rolle spielen? Es wird so deutlich, wenn ich darüber schreibe. Die Worte fliegen über die Tasten auf das Papier und zugleich verschwinden die Gedanken, als wenn sie sich durch das Aufschreiben einfach auflösen würden. Ob ich deshalb so gern an dieser Tastatur sitze? Weil hier etwas ähnliches passiert, als wenn ich tanze? Jetzt höre ich wie du unten in die Tür kommst und unterbreche das Schreiben. Bis später.

13:00. Eben ein missglückter verfrühter Besuch beim Friseur, den ich sehr schätze, der sich aber offenbar mit den traditionellen Cocktailparty-Zeiten nicht auskennt und seinen Empfang auf die Zeit der notwendigen Mittagsruhe vor der Sylvester-Nacht platziert. Ich möchte den Salon nicht mehr gern *Coiffeur* nennen, es ist eine zu feine Bezeichnung für einen Raum, der ein derartig unelegantes

Publikum (gefühlt antisemitisch) bedient. Ist es zu hart beurteilt, Angel? Also schmücke ich jetzt kurz unseren Sylvester-Raum, zunächst für den traditionellen Besuch von Erwin um 15:00 und schreibe dann später noch ein wenig weiter.

13:35. Schon wieder sind wir zerstritten wegen der Musik, die uns von Beginn unserer gemeinsamen Zeit an unversöhnliche Aspekte liefert. So gern würde ich herausfinden, wie wir diese Divergenzen verstehen können, damit diese ständig lauernde Gefahr sinken und unsere tiefe Zuneigung zueinander nicht mehr von ihr tangiert werden kann.

20: 00. Nach einigen erneuten Abstürzen meinerseits haben wir nun sehr gut und bekömmlich gespeist, nachdem wir Sir S. Rattle zuhörten. Auch hier befiel mich schon wieder die Wahrnehmung des Antisemitismus in unsrem Land. Anne S. Mutter mit Kreuz auf dem nackten Thymus, langem wallenden blonden Haar … und wenn sie noch so brillant ist, ich traue ihr nicht, ebenso wie der ganzen Musik-Veranstaltung, die mir nicht ans Herz ging. Und was soll Musik, wenn sie das Herz nicht erreicht? Angel, dass du so unter meinen Stimmungen leiden musst, aber wenn ich sie unterdrücken würde, könnte ich niemals die Bilder und Texte machen, die du liebst. Also, jetzt schließe ich diesen seltsamen Sylvester-Gruß an dich ab und sage dir,

¡quiere me mucho quérido!

¡hasta siempre!

¡bueno ano nuevo 2016 contigo!

dg.

2016

1. Jan. 2016

Angel, vorgestern Abend und anschließend gestern über den Tag schrieb ich an dich und stellte fest, dass diese schreibende Begleitung meines Daseins mir guttat. Schon mehrmals entdeckte ich das Bedürfnis in mir, ein fließendes Tagebuch zu schreiben. Damit meine ich keine gedanklichen Tagebuchnotizen zu bestimmten Ereignissen, wie ich sie schon mehrfach verfasste, sondern eher kleine Bemerkungen zu jedem Tag, wie früher unsere Mütter und Großmütter sie notierten in dieser seltsamen Manier kurzer kalendarischer, nahezu messbarer Daten, wie z. B. die Vermerke von Gewicht, Größe etc. bei der Babyaufzucht.

Ein derartiges schlichtes Benennen von Fakten interessiert mich nicht, sondern viel eher ein Betrachten der Dinge und Ereignisse, ein Schauen. Wie ich schon im Titel meines neuen Tagebuchs vielleicht unbewusst ausdrückte, möchte ich den Fluss unseres Daseins beleuchten, skizzieren, berühren. So ungefähr. Und dass ich mein Tagebuch zunächst an dich adressiere, lasse ich jetzt erst einmal zu, vielleicht wird es sich im Laufe der Zeit ändern. Ich vermute, dass ich mich gern mit diesen Betrachtungen an dich wende, da du wie ich nicht mehr so unbedingt an den äußeren Erscheinungen unseres Daseins interessiert bist und mich in Auffassung und Absicht immer sogleich verstehen würdest, ohne dass ich mich erklären müsste. Ich hätte einen Zuhörer, und das ist für mich ein gutes Gefühl, auch ein beflügelnder Ansporn. Canetti genügt sich selbst als Zuhörer, aber bei mir ist es momentan anders. Außerdem habe ich immer wieder das angenehme Empfinden, dass dir meine Texte Vergnügen bereiten. Die Texte gestern und vorgestern schrieb ich einfach so in den PC ohne sie zu korrigieren. Das möchte ich auch weiterhin bei meinem Vorhaben verfolgen, da das Tagebuch dann seinen fließenden Charakter bewahrt. Also keine Anstrengungen, keine Absichten, keine Korrekturen.

Heute ist der 1. Januar 2016. Der erste Tag eines neuen Jahres. Mein Inneres wird schillernd berührt, wenn ich dies nieder schreibe. Wie kurz dieses Leben ist. Es wird das 21. Jahr, das wir gemeinsam verbringen. Aber das Leben ist eben nicht kurz, sondern die Zeit, in der unser Körper existiert, ist bemessen, und zwar durch Geburt und Tod. Das Leben fließt dahin, ob mit oder ohne unsere Geburt, ob mit oder ohne unseren Tod. Unser Körper spielt für den Strom des Lebens keine Rolle. Eine ungeheure Vorstellung. Unser ganzes Trachten, Planen und Denken werfen wir nun ausgerechnet auf dieses kurze und verletzliche Dasein unseres Körpers. Wie dumm wir sind, Angel. Heute rührte ich einen von dir entworfenen Aura-Zettel mit der Aufschrift *Trauer um die Notwendigkeit des Verzichts · (- 1);* dafür danke ich dir an diesem ersten Tag des neuen Jahres. Wie viele von diesen halsbrecherischen Zetteln haben wir beide schon gerührt. Mit halsbrecherisch meine ich natürlich unser zappelndes Ich, das sich so maßlos dagegen wehrt, zu schrumpfen. Aber es muss. Es muss sogar nicht nur schrumpfen, sondern es muss sich auflösen. Nur sein phänomenales Schattendasein ist angemessen, damit wir überhaupt erkennbar sind für uns selbst und für die anderen. So, das soll für heute genügen, Liebster. Adios.

In einer halben Stunde haben wir beide etwas vor, aber was es ist, wird nicht verraten. Es hat etwas mit den Körpern und seinen Fähigkeiten zur Bewusstwerdung zu tun. Ein herrliches Geheimnis, das ich von Maria Magdalena gelernt habe. Bis morgen schöner Krieger.

2. Jan. 2016

Ich beschließe heute die Daten meines *Fließenden Tagebuchs kursiv/fett* zu drucken, ebenso wie ich die Überschriften meiner Berichte und Beobachtungen seit einigen Jahren zu kennzeichnen pflegte, da das Datum hier gleichsam Überschrift und Titel des Eintrags ist. Diese Einträge sind ja nicht etwa gezielter Rohstoff für anstehende Werke oder bewusste Gedanken zu erledigten Arbeiten. Es ist eher so, dass es um die Dringlichkeit zu schreiben geht, weil ich ohne diese Tätigkeit für mich selbst oder andere leicht unerträglich werden kann. Eindrücke, Reaktionen auf Erlebtes oder innere Befindlichkeiten treiben mich an, zu reagieren, mich zu äußern, Stellung zu beziehen, mir Klarheit zu verschaffen und all das zu artikulieren. Ich schreibe ja nicht immer Tagebuch. Plötzlich gibt es Phasen, da wird es mir Bedürfnis in der einen oder anderen Form. Zeitweise schrieb ich z. B. sehr häufig in ein *Kunsttagebuch*. Es waren mein Schaffen im Atelier begleitende Einträge. Dann wiederum schrieb ich an einem einzigen *Kunsttagebuch* über einen langen Zeitraum von vier Jahren gerade einmal 21 Seiten. Ein *fließendes Tagebuch*, so wie dieses jetzt mit den Alltag begleitenden Niederschriften, schrieb ich vielleicht in verwandter Form nur in meiner Jugend. Auslöser ist zur Zeit der einfache Tag.

3. Jan. 2016

Unsere sehr große Zuneigung, von der wir im tiefen Innern beide überzeugt sind, gerät bei der kleinsten Berührung diverser Verletzungen, Wunden und Narben aus der Frühzeit unserer Jugend immer wieder ins Wanken, Straucheln und Bersten. Erwartungen, Vorwürfe, Schuldzuweisungen und Forderungen an den anderen werden unmissverständlich bis heftig und laut ausgetragen. Obwohl wir genau wissen, dass uns etwas treibt, das nicht zu uns und unserer Liebe gehört, sind wir oft nicht in der Lage, Herr der Situation zu bleiben.

Wie sehr kann ich die Menschen verstehen, die sich gegenseitig verletzen, schlagen und umbringen. Eigentlich wundert mich beinahe, dass nicht viel mehr passiert als das wenige, von dem wir etwas wissen. Auch Mord und Todschlag sind absolut im Bereich meines Vorstellungsvermögens. Aber es würde ja sehr vielmehr passieren, wenn nur einmal Fernsehen, Pc, iPhone, Fußball, Alkohol, Kirche und alle Bäcker ab morgen ausfielen. Unser Volk würde in Mord und Selbstmord verenden. Da wir beide nun schon seit vielen Jahren durch Hinschauen, Verstehen und harte innere Arbeit dem Moloch des Ahnensogs ins Auge blicken, kann uns zum Erhalt unserer Liebe möglicherweise nur noch Gnade helfen, da wir ja nicht alles in der Hand haben, was wir uns aber immer wieder weismachen wollen. Die gute Absicht ist eine Farce. Vorsätze sind etwas für den Müll. Sie nützen nicht nur nichts, sondern erzeugen sogar das garantierte Fortbestehen des Phänomens, das verschwinden soll. Der Feind hört immer mit und lauert geradezu auf seine Chance. Beim nächstbesten Vorsatz formiert er sich zum Sprung, um in die weiche Stelle einzuhaken, die sich unweigerlich auftut, z.B.: Ich will nicht mehr beleidigt sein, wenn der Fernseher nebenher läuft: Es entsteht eine schöne Atmosphäre und der Partner stellt den Fernseher an, nur so, wie er sagt, als Begleitmusik. Ich gehe bei diesem Wort Begleitmusik noch eher in die Luft als zuvor, als ich ohne Vorsatz lebte. Warum nur? Ich möchte es verstehen. Der Vorsatz läuft ausschließlich über das Gehirn, und das Gehirn ist nicht in der Lage eine emotional geprägte Verhaltensänderung auszulösen. Das innere Wachstum muss von der Zentrale aus gesteuert werden und die müsste neu geeicht werden. Wie geht das? Es ist ohnehin nur möglich, wenn wir im Alter eines Erwachsenen handeln. Die meisten Konflikte aber, Reibereien, Streits, ja Kriege, entstehen unter Kindern, Erwachsenen im Alter von Kindern. Wir sind aber nicht mehr das Kind, das einst durch die Dominanz der Familie erniedrigt wurde. Wir können jetzt als Erwachsener die Lage sehen, erkennen und handeln, z. B. in dem wir uns vom Konfliktherd abwenden oder darum bitten, in diesem Falle z. B. den Fernseher auszustellen. Nahezu alle Streitigkeiten in Familien und Partnerschaften entstehen in einer kindlichen oder pubertären inneren Haltung. Man könnte sich auch gemeinsam klarmachen, woher die jeweilige Empfindlichkeit rührt und dann mit dem eigenen inneren Kind Kontakt aufnehmen, indem man es als solches sieht, ihm zeigt und sagt, dass man jetzt kein Kind mehr ist und als Erwachsener in der Lage ist, die Situation zu meistern. Dann kann sich das innere Kind entspannen und braucht nicht mehr zu rebellieren. Diese klugen Gedanken lernten wir bei W. Nelles kennen. Es ist ein guter, möglicherweise der einzige Weg, um mit den inneren Quälereien umzugehen. Allerdings sind die Prägungen verteufelt fest geschmiedet und häufig schon in grauer Vorzeit entstanden. Dafür sind dann Lösungen mit Nes, Tomatis und Aura/Klügl geeignet, die sich direkt an die persönlichen energetischen Zellbetriebe wenden und dort ihre Wirkung tun. Allerdings sind natürlich auch hier Grenzen gesetzt, sonst würden ja all die einsichtigen Menschen, denen diese Methoden bekannt sind, mit sich ins Reine kommen, was aber bekanntlich keineswegs der Fall ist, wie man unschwer an etlichen dieser maßgeblichen Leute selbst sehen kann. Mir fallen ein: G. Klügl, W. Nelles. M. Weber, M. Kunze, K. Knei. und nicht zuletzt wir beide! Also kommen wir wieder zu den Weisen wie z.B. R. Balsekar und erkennen, dass wir nicht der Täter sind und die Aufgabe haben, in Hingabe es geschehen zu lassen und dabei als Zuschauer zu fungieren. Mein Gott, ja, so ähnlich geht es.

4. Jan. 2016

Gestern Morgen am 3. Januar war ich noch nicht einmal in der Lage, deinen Namen beim Schreiben auszusprechen, obwohl es für jedermann zu erkennen wäre, dass es sich um uns beide handeln muss. Um wen denn sonst Angel. Am späten Nachmittag konnten wir uns dann bereits wieder auf unsere Art begegnen, du hast Bratäpfel zur Versöhnung zubereitet, deine Histamin-Intoleranz negiert und trotz Ohrbeschwerden alle süßen Trockenfrüchte vertilgt. Es war ein warmes leckeres Versöhnungsessen mit Spekulatius, Sahne, Café, Likör, Mandarinen, Nüssen und Schokolade. Dann haben wir heraus gearbeitet, was es mit den Streits auf sich hatte, und nun habe ich erneut einen gewaltigen Zipfel meiner Vergangenheitsdramatik zu fassen: Du sprachst vor kurzem von einem Vortrag von A. Grün über das Phänomen der Erniedrigung in der Kindheit. Wenn ein Kind immer wieder an der Entwicklung seiner eigenen Melodie gehemmt wird, wendet es lebenslang dieses grausame Muster auf sich selbst und auf andere! an. Das heißt, wenn dieser Mensch nun Positives erlebt, wird er nicht eher ruhen, bevor er es wieder zerstört, eben genauso wie er dieses Muster als Kind erlebt hatte. Auch kann er nicht ertragen, wenn andere, besonders seine Liebsten, Positives erleben und trachtet auch hier danach, diesen Menschen deren Freude zu zerstören, etwa durch Neid, Ablehnung u.ä. Als du vor kurzem davon erzähltest, sagtest du, dir wäre ein Schauer über den Rücken gelaufen in Bezug auf dein eigenes Leben und du möchtest diesen Vortrag unbedingt kennenlernen. Ich habe mich heftig dagegen ausgesprochen, weil ich einfach keine Lust mehr habe, Schriften und Gedanken der Geisteswissenschaftler zu erkunden, die vor der Zeit der Erkenntnisse der Neuzeit gedacht und geschrieben haben und du bist darauf eingegangen. Gestern wusste ich plötzlich, dass es wieder einmal die typische Falle war und ich die Möglichkeit genau deshalb so heftig ablehnte, da gerade diese Erkenntnisse für uns Gold wert wären. Nun hast du den Vortrag doch bestellt und ich kann es kaum es kaum abwarten, ihn in den Händen zu halten. Du hast mir dann in diesem Sinne einen Aura-Zettel geschrieben *Festhalten an kindlichen Mustern* und ich rührte ihn. Stell dir vor, ich vergaß den Punkt und die Klammer · *(-1)* und rührte mir nun das Symptom so ordentlich in die Seele. Zum Glück entdeckte ich es und rührte dann eine doppelt lange Zeit die richtige Version. Tatsächlich verlief der Abend dann in alter Form, ich konnte dir einige Klänge auf dem kleinen Akkordeon zur Nacht schenken, was du so gern magst und wir trafen uns heute früh wieder. Aber so einfach ist es nicht, wie wir schmerzlich immer wieder erleben, und meine Stimmung heute Morgen war tiefer als tief. Ich vermutete schon, dass ich bald sterben werde, wollte gar nicht aufstehen, träumte die alte Litanei, fand mich mager und alt, hatte Mühe angemessene Kleidung zu finden und brauchte eine Ewigkeit, den Tag überhaupt nur zu beginnen. Der *Ahnensog* schleicht sich besonders gern in der Nacht in unser Gewebe. Als ich dann Nes/Lib. genommen hatte, klärte sich etwas und mir fiel alles wieder ein.

Das Muster, das wir gestern ansprachen und das ich jetzt über eine längere Zeit aus meinen Zellen heraus rühren werde, hat mich mein Leben lang begleitet, besser gesagt es unterlaufen. Mir wird ganz seltsam zumute, wenn ich daran denke, wie lange und wie sehr ich mit diesem Phänomen gekämpft habe und weiterhin kämpfe. Wenn ich z. B. an die ersten zehn Jahre der Arbeit am Gymn. Blkn. denke, 1985-95 bin ich selbst verwundert, dass ich es überhaupt durchgehalten habe. Jeden Morgen die erste Stunde in Freude, Liebe, Zuversicht, Klarheit, dann bereits um 9. 30 ein Kippen in das radikale Gegenteil. Ich schlich mich in das Beratungszimmer und erholte mich so gerade und eben für die kommenden Stunden. Dann bis Mittags irgendwie durch, auf Messers Schneide, bis ich dann endlich ins Bett fiel und im Tiefschlaf eine positive Version meines Zustandes wieder herstellen konnte. Eine mich überschwemmende Flut tausender Träume schrieb ich in der Zeit rasend nieder, Tag und Nacht...

Und dann später, viel später, als ich nicht mehr unter diesem radikal schmerzhaften seelischen Geflecht litt, habe ich dennoch in deutlicher Form mit derartigen Schwankungen gelebt. Du hast wirklich sehr viel an meiner Seite ausgehalten. Wenn ich an all die Urlaube denke, auf die ich mich doch gefreut hatte, aber wenn es dann soweit war, wollte ich nicht mehr mitkommen und auch dir noch die Freude verderben. Und dasselbe Muster erleben wir bis heute in den kleinen Situationen des Alltags. Wir lieben uns z. B. in schönsten Energien und Zärtlichkeiten, wie ich sie früher kaum kannte und mit fast tödlicher Sicherheit bringe ich die Situation in der kommenden Zeit für uns beide zum Kippen und zwar ins Gegenteil. Wie schrecklich, Angel! Es tut mir sehr sehr leid und ich kann es kaum ertragen, das alles so klar zu erkennen.

Und dann dieses Muster für mich allein gesehen: Wie häufig schon bahnte sich z. B. eine mögliche Ausstellung für meine Bilder an, die durch irgendetwas vereitelt wurde, was natürlich an mir lag und nicht an… In den ersten Jahren meines freien Schaffens wollte ich meine Bilder zerstören, wenn sie fertig waren oder habe häufig solange an ihnen herum gearbeitet, bis sie tot gemalt waren und ich sie dann mit gutem Grund zerstören konnte.

Obwohl wir eben zuerst herrlich miteinander kommunizierten… du sagtest, als ich dir von meinem Morgen und meiner Entdeckung berichtete, dass es eigentlich tragisch wäre, wie man sein Leben geopfert hätte, aber dann sagtest du, und deshalb liebe ich dich, dass wir noch 25 Jahre Zeit hätten, um unser Leben in Freude zu führen. Ja, das werden wir machen. All die alten Einsichten, meine beiden Bücher *Ahnensog* und *Ahnensog 2* und die vielen Texte, Bilder und Bilderbücher berichten von diesem Kampf, aber zum Glück auch von dem Licht jenseits dieses Kampfes.

Nun habe ich für mich einen Gedanken entdeckt, der vielleicht all die anderen zusammenfasst, nämlich dass ich all die Verstrickungen, Fallen und rückwärts gewandten Triebe nur lösen kann, wenn ich meine kindlichen Muster verlasse. Und die werde ich bewusst, ich sage es laut und deutlich, hinter mir lassen. *Ich sage Ja zu meiner Vergangenheit, lasse sie dankbar los und segne sie.* Da hat Klü. sich wirklich keinen schlechten Satz ausgedacht. Heute Morgen suchte ich mir dann endlich so gegen 10:30 Kleidung heraus, die zu einer Lady in meinem Alter passt, verzichtete auf die zwanghafte Alltags- oder Jeansmode der jungen Mädchen, dann die goldene Uhr von dir, den Duft *j'adore* von Dior, hohe Schuhe und bereitete mir ein fürstliches Frühstück zu. Dann dieser Tagebucheintrag, das Telefonat mit dir und Zuversicht durchströmt mein Herz.

8. Jan. 2016

Dabei dachte ich doch, dass ich nun jeden Tag dieses *fließende Tagebuch* verwenden würde, um Ruhe in mein System zu bringen. Ja, ich gestehe, es ist eine Art Beruhigung. Damit ich nicht explodiere, schreibe ich auf, was sich in mir bewegt, ohne dass ich weiß, was ich gleich notieren möchte. Aber genau das ist es, was beruhigt. Das Geschriebene, in Form gebrachtes Inneres, ist mir auf dem Papier gegenüber. Losgelassen dient es der Beruhigung meines inneren Labyrinths. Während Wort- und Satzeinfälle fliegend sich dauernd wandeln und neue gebären, Reaktionen auslösen, unendliche Ketten hervorrufen und nicht zur Ruhe kommen, können sie durch das Niederschreiben eingefangen und gebannt werden. Der Gedanke ist nun als Satz auf dem Papier in eine Form gegossen, quasi logisch und berechenbar. Zumindest ist endlich Ruhe im Labyrinth der tosenden Gedanken. Die Bedrängnis kann in gestalteter Form entlassen werden.

Heute müssen die letzten Einträge von Anfang Januar unbedingt eine Erweiterung, Ergänzung, Richtigstellung erfahren: Wenn ich dann von dir getrennt bin, komme ich mit fliegender Seele zu dir zurück in der Gewissheit, dass wir ein unsäglich gutes Paar sind. Es ist so einfach, dass ich mich totlachen könnte. Du bist doch so, wie du bist, unendlich großzügig im Umgang mit all meinen Gaben und Talenten, denen du unbegrenzten Raum gewährst und zudem noch unterstützend kommentierst. Es kann nur an mir selbst liegen, dass ich mir nicht genügend Raum nehme, wenn ich ihn brauche. Vom Kopf her weiß ich es seit Ewigkeiten, aber heute verstehe ich es auf einmal im Herzen. Da ich in meinen frühen Jahren harter Erziehung nicht genügend gelernt habe, meine ureigene Melodie wahrzunehmen, musste ich auch später immer wieder einen Schuldigen finden, der mich an diesem essentiellen Phänomen der Selbstwahrnehmung hinderte; Und das eben solange bis mir ein Licht aufgeht.

Heute morgen ist es mir endlich eingefallen. Nicht über Bücher, Therapien oder weise Texte. Nein einfach so. Mir fiel dazu eine Filmsequenz ein, die ich etwa mit 16 Jahren einmal im Kino sah. Den Film erinnere ich nicht mehr, aber eben diese Szene, die ich damals nicht verstand, die mich aber so tief beeindruckte, dass ich sie bis heute in mir speicherte: Ein junger Mann kommt aus seiner Wohnung, schließt hinter sich die Tür, springt eine Treppe hinab und läuft in die Stadt hinein. Er hüpft und dreht sich, tanzt als wolle er fliegen, streckt die Arme in die Lüfte, schaut nach oben und singt: „Ich liebe meine Frau, ich liebe meine Frau." Er strahlt eine so helle Freude aus, dass ich mich verwundert fragte, warum ein Mann, der, wie ich wusste, eine Frau hat, von ihr sagen muss, dass er sie liebe. Ist ein Mann mit einer Frau nicht glücklich und liebt er sie nicht gerade deshalb, weil sie seine Frau ist? Für mich war es in dem Alter wohl eine Tatsache, das ein verheirateter Mann seine Frau liebt und die Frau ebenso ihren Mann liebt, weil es ihr Mann ist. So verstand ich den Mann nicht in dieser übergroßen Freude, als hätte er eine unglaubliche Entdeckung gemacht. Nun weiß ich heute, wie schwer es ist, einen Menschen vorbehaltlos über einen längeren Zeitraum zu lieben und welche Steine sich dir dabei in den Weg legen können und dass unendlich viele Paare sich trennen, die sich doch einst in Zärtlichkeit größte Treue schworen. Es hat eben in der Regel einen anderen Grund als den, dass der andere plötzlich von schrecklichen und schwerwiegenden Fehlern behaftet ist. Es ist ganz einfach. Abgesehen von großen Vorfällen, die strafbar sind, bist du es, der im anderen sieht, was du selbst nicht gelöst hast.

Ramana sagt *Du bist die Welt*. Es gibt tatsächlich nichts, was der andere tut oder sagt, das dich aus dem Gleichgewicht bringen könnte, wenn du in deinem Gleichgewicht bist, besser, wenn du in der Liebe bist, im Gleichgewicht des Universums. Dann nämlich liebst du die Welt, dich selbst und die anderen. Wie groß die Freude ist, wenn die Steine, die dich daran hindern, plötzlich wie weggeräumt sind und nur noch helle Freude zu spüren ist. Dann kann ich tanzen und mich des Lebens freuen und singen „Ich liebe meinen Mann."

Heute hörte ich im Radio FSK Hamburg einen hinreißenden Beitrag. Es war ein verlesener Tagebuchtext von einem Freund von Max Reger. Er beschrieb den Zustand Max Reger's nach dem Tod seiner Frau in Zitaten. Max Reger hat in furioser Ehrlichkeit und Offenheit zu diesem Freund gesprochen. Er habe seine Frau derartig geliebt, dass er nach ihrem Tod ohne sie keine Freude mehr am Dasein hatte. Er aß und trank einige Zeit nichts. Er stellte fest, dass er ständig an sie denken musste, aber wenn er an ihrem Grab stünde, spürte er nichts. Dieses *Nichts* wurde von dem Vorleser mehrfach wiederholt. Es war für Reger von nicht zu fassender Qualität, dieses *Nichts*. Er beschrieb dann seine Versuche, bei den großen Dichtern und Denkern Trost und Zuflucht zu finden und wie er darüber feststellte, dass es ihm in keiner Weise half. Er kritisierte sich dabei auch selbst, indem er meinte, dass er sie missbrauchte, sozusagen wie ein Medikament benutzen würde, aber selbst das nichts nützen würde. Er war sprachlos angesichts der Tatsache, dass ihm seine gesamte Bibliothek schal und leer erschien. Menschen wollte er schon gar nicht sehen und sprechen, all diese schrecklichen Menschen, wie er von ihnen sagte.

Selbst Musik bedeutete ihm nichts mehr, gar nichts. Er wunderte sich zutiefst darüber, dass die gesamte Kunst und Philosophie, die immer sein Ein und Alles war, zu einem Nichts zu schrumpfen schien im Angesicht des Todes seiner Frau, die er über Alles geliebt hatte und an die er ständig denken musste, die sich aber entzog, wenn er sie täglich am Grab besuchte. Reger wunderte sich darüber, dass er sich nicht umbringen würde, konstatierte aber einfach, dass er es eben nicht tat. Und dann berichtete er plötzlich von der inneren Freiheit. Er wäre mit einmal frei, frei von der Liebe zu seiner Frau und empfand in dieser Freiheit Leichtigkeit. Er schwärmte nicht von dieser Freiheit, auch beschrieb er sie nicht genau, konstatierte aber, welche angenehme Freiheit ihn überkam. Es sei keine Freiheit von etwas, sondern einfach Freiheit. Es war äußerst spannend, diesem Berserker von Mann zuzuhören, wie er der Erfahrung vom Tod genau in sich nachspürte und ohne Moral oder Sentimentalität einen Zustand beschrieb, der von der inneren Freiheit durchdrungen war. Es berührte mich sehr. Wieder einmal konnte ich Zeuge davon sein, dass Künstler, wenn sie eben welche sind, an der Wahrheit interessiert sind und an nichts anderem. Es geht einfach nur um sie.

Wie albern sind in diesem Licht meine Empfindlichkeiten mit dem, wie ein anderer ist oder nicht ist und so weiter. Liebster, ich verlasse für immer das Feld der Nörgeleien, des Jammerns und Klagens, der sentimentalen Wünsche und all der anderen überflüssigen Auswüchse meiner inneren Unzufriedenheiten. Und zwar nicht, weil ich es mir vornehme, denn das funktioniert bekanntlich nicht, sondern einfach so, weil es sich ergibt. Ist das nicht eine gute Nachricht? Die drei Tage, an denen ich aussetzte in das *fließende Tagebuch* zu schreiben, in denen es mächtig in mir brodelte, haben ihre Bedeutung erhalten. Der Eintrag von heute ist eine Art Antwort auf die Einträge von Anfang Januar. So kann ich mich jetzt ein wenig entspannen.

9. Jan. 2016

Kaum sind einige Tage vergangen und du hast dich schon an das Neue Jahr gewöhnt. Wenn auch trotz des zunehmenden Lichts etliche Nachbarn weiterhin die Weihnachtsbeleuchtungen in Gärten und Fenstern bewahren – wie wär's, sie gleich bis zum kommenden Weihnachten hängen zu lassen, die Deutschen sind doch so praktisch veranlagt – ist mir doch die Zahl 2016 schon ganz vertraut und es wird mir eigenartig bewusst, wie wenige Jahre ein kleines Menschenleben währt. Und während dieses kurzen Daseins im stofflichen Körper kümmerst und plagst du dich angestrengt überzeugt um seine Oberfläche. Wie dumm wir doch sind. Hier höre ich für heute auf. Es drängt mich nichts, es entsteht in mir nicht wirklich etwas, das mir oder anderen nützen könnte. Ich gerate ins Plappern mit mir selbst, und das tue ich dann doch lieber im Smalltalk mit irgendjemanden. Aber auch dabei will ich mich in acht nehmen vor dem Sog, der lauert, vor dem wir uns besonders dann hüten müssen, wenn es uns gut geht. Aber wir haben da so unsere Tricks. Aura: *Gegenbewegung · (-1)*, raus aus den Zellen, juchhe, und dann? Ashtavakra sagt, dass es einen Weisen nicht kümmert, ob etwas gut oder schlecht ist, ja, er erkennt es nicht einmal mehr als solches. Holá Liebster, welche Gnade, dass ich dir so etwas sagen kann. Jetzt ist aber wirklich Schluss für heute. Heute Abend gehe ich tanzen nach Bremen, du willst mich ritterlich hinbringen und abholen, merci roter Ritter; gestern, das war wirklich nicht schlecht mit uns beiden.

17: 00. Und dann drehe ich plötzlich ein *Tagebuch-Video*. Meine kleine Kamera steht geduldig auf einem Ministativ und wartet, seit etwa zwei Jahren. Sie wurde in dieser Hinsicht von 2007-14 vielfach bemüht. 2015 drehte ich nur noch einen einzigen Film zur Schönheit einer Callablüte. Dann nichts mehr. Jetzt gerade drehte ich wieder einen, da ich den Eindruck hatte, es sei etwas mit mir passiert, ich bräuchte nur drauf zu halten und der Film muss gut werden. Heute früh war ich in allerbester Stimmung und bemerkte, wie sehr ich Gestaltung, Umgebung, Erinnerungen etc. meines Schreibtisches eigentlich liebe. Diese Liebe zu den kleinen Dingen wollte ich bannen und griff zur Kamera. Umso enttäuschender war dann das Ergebnis. Nichts von meiner Erwartung – die ich brav vergessen hatte, während ich drehte, sonst wird es ja eh nichts – hatte sich im Bild manifestiert. Die Liebe, von der ich dachte, dass sie im Zauber der kleinen Dinge zu uns sprechen würde, hat sich absolut nicht gezeigt. Also löschte ich das kleine Kunstwerk, was keins war, und durchlebte dann diese mir nur allzu gut bekannte Enttäuschung.

Irgendwann hörte ich ja mit den Videos auf, als Ph. S. sagte, „das macht doch jetzt jeder." Obwohl ich wusste, dass es stimmt und ich doch einst etwa 1970 als Referendarin als absolutes Novum Videos gedreht hatte, und überhaupt wusste, dass eine solche Bemerkung von einem Nichtkünstler mich völlig kalt lassen müsste, entfachte sie irgendetwas in mir, sodass ich dann keine mehr drehte. Was dieses Etwas wohl war. Ich muss es nicht wissen. Plötzlich weiß ich es. Der Zeitpunkt des Aufhörens fällt mit der Zeit des Aufhörens mit der Malerei im Atelier zusammen. Natürlich, das war's. Es waren ja vorwiegend mein Schaffen im Atelier begleitende Videos. Heute beschließe ich, die Kamera wieder mit ins Atelier zu nehmen und sie vielleicht einzusetzen, wenn ich wieder an meine Bilderproduktion heran gehen werde. Vielleicht wird es bald geschehen. Seit 2010 male ich nicht mehr.

Gestern stellte ich das Bild *Danae VII (lotus)* aus der Serie *Danae* von 2008 auf und will es überarbeiten. Es treibt mich, es zu tun, wie ich es bei einem anderen aus der Serie *Danae V* mit Erfolg schon machte. Es ist ein sehr großes Format, 120x90cm, und wird mich schon von daher ziemlich beanspruchen. Große Bilder stellen automatisch eine höhere Anforderung an mich als kleinere, klar oder?

An den schwirrenden Aktivitäten der letzten Zeit wird deutlich, dass ich schwimme, was die Kunst angeht. Meine letzte zeitaufwändige Arbeit war die Aufarbeitung der *Kunsttagebücher*. Das mache ich jetzt seit etwa rund einem Jahr. Davor redigierte ich den Text des Buches *Ahnensog 2*.

Davor war es die Arbeit an *Ahnensog,* dessen Manuskript 2010 entstand. So kann ich sagen, dass ich etwa seit fünf Jahren keine Bilder im Atelier mehr erstelle. Zwischendurch sind die *Bilderbücher* entstanden. Aber die Malerei im Atelier liegt jetzt seit fünf Jahren brach und ich fragte mich nicht nur einmal, ob sie vielleicht gar nicht mehr von mir bemüht werden wird. Nun habe ich in dieser längeren Periode meinen Hang zum Schreiben entdeckt und ich weiß noch nicht, wohin mich all dies treibt. Noch spüre ich nicht genau, was es werden soll. Und so will ich weiterhin warten auf das, was sich zeigen will.

25., 26. Jan. 2016

Aura: *Christlich-kirchliche Moral der Eltern · (-1), Festhalten an Schuld und Sühne · (-1), Festhalten am Verbot der freien, sexuellen Liebe · (-1).* Drei kleine quadratische Zettel mit diesen entworfenen Wortkombinationen für die verkleisterte Schicht innerer Prägungen lehne ich an die Uhr auf meinem Nachtisch und lege mich schlafen. Ich stelle mir vor, dass es eine ruhige Nacht für mich geben wird. Aber genau das Gegenteil tritt ein. Stundenlanges Wachliegen mit tobenden Füßen, einem nervösen Körper und angestrengten, schmerzenden Beinen. Ich komme nicht darauf, dass es die Auswirkung der Zettelenergien ist. Bevor ich diese meistere, werfen sie gewaltige Schatten auf meine Seele. Wie kann ich es nur immer wieder vergessen. Welche Macht ist in ihrer bleiernen Düsternis verborgen! Können wir ihr entkommen? Erst am Morgen entscheide ich mich, einen Zettel zu rühren, was heißt, seine Energie an ein Glas Wasser abzugeben, das ich dann trinke. Ich spüre Verwandlung. Im Laufe des Tages rühre ich einen weiteren Zettel. Am Abend arbeite ich an einer neuen Serie lyrischer Aquarelle mit dem Titel *The Golden Square* (mal wieder *Das Goldene Quadrat...*). bei der Musik des Violinkonzerts von B. Britten. J. ist im hinteren Raum und weiß, was ich tue. Schwarzroter Mohn; herzgleich tropfen, weinen, schweben und strahlen seine Blüten auf dem weißen Papier. Schwarz, Rot und Gold. Wie seltsam. Meine Sehnsucht nach anderen Farben wird wach, Farben der südländischen Wärme und des Lichts, die ich schon als Kind liebte und die zu mir gehören, wenn ich nicht überschattet bin. Aber zunächst ruft die Gestaltung des inneren Aufruhrs nach genau diesen Farben.

In der Nacht überfällt mich ein friedlicher Tiefschlaf. Dann heute früh rühre ich den dritten Zettel. Zuversicht durchströmt mich. Wer einmal von dem Segen der inneren Freiheit berührt worden ist, lässt nicht wieder von ihr, unmöglich. Das Feuer der Wandlung im Schimmer der Glückseligkeit des absoluten, von jeglichen äußeren Umständen unabhängigen inneren Friedens, versengt dich. Seine Glut schweigt nie wieder und treibt dich leicht durch jegliche Anstrengung, da du die Gnade der Befreiung spürst, die dir angekündigt wird.

Für fremde Ohren mag all dies versponnen klingen, ist es

aber nicht. Es geht um die Wahrheit, und die ist wirklich. Unsere angeblich reale Welt ist versponnen und unwirklich. Dass die Realität nicht nach der Wirklichkeit ausgerichtet wurde und wird, wird uns jetzt deutlich vor Augen geführt. Menschenmassen fliehen und strömen über die schon vielfach zerstörte Erde, um einen Ort der Sicherheit zu ergattern. Sie kommen und suchen Sicherheit bei uns, bei ihren Peinigern, die sich seit langem an ihnen bereichern. Unsere über eine endlos lange Zeit praktizierte Gewalttätigkeit beginnt sich zu rächen. Noch ist nicht genau zu erkennen, wohin es führen wird.

Ps. In der Frühe entwerfe ich kleine Aura- Zettel für J., da er schon seit einigen Tagen nicht gut schlucken kann, *Schuld · (-1), sich opfern für · (-1)*, immer wieder. *Schuld und Sühne*, die herzlose Erfindung der christlichen Kirche im Namen von Macht, Herrschaftsanspruch und Grausamkeit wuchert bis heute im Fleisch des sogenannten Abendlandes.

Pps. In der Praxis soll es heute ganz leicht gewesen sein und die Patienten hätten so fein und gut reagiert. Es ist eben unser Feuerweg, dieses Hinschauen, Verstehen und durch den Schmerz gehen.

13. Febr. 2016

Freitag, der 13. Ist nicht potentiell jeder Tag ein Unglückstag? Ein Tag, an dem das Unglück des falsch verstandenen Daseins seine Schatten über meine Seele wirft?

Ein Tag, an dem ich zu meinem Tagebuch flüchte, um nicht den Verstand zu verlieren?

Endlich. Mit einer Tasse Café setze ich mich an meinen Schreibtisch am Fenster mit Blick auf die stabile alte Eiche, lasse die Finger geräuschlos über federleicht gängige Tasten gleiten und Ruhe kehrt ein. Es ist das Selbstgespräch, welches mir erlaubt, gelassener zu werden, dieses Niederschreiben innerer Spannungen, die in unserem Alltag einfach keinen Platz haben, offiziell eben von keinem Wert sind. In ihrer ungeliebten Überflüssigkeit stauen sie sich an und lauern darauf, heraus zu dürfen, gehört zu werden, eine Gestalt im Zusammenhang zu erhalten und ins geschriebene Wort zu fließen. Jetzt können sie sich auf der Fläche entspannen, diese ewigen Betrachtungen, die niemanden interessieren und dich permanent quälen.

Ja, natürlich weiß ich, dass *Mouna* das Zauberwort ist. Mouna, das Schweigen, die Stille jenseits jeglicher Bemühung und jeder Frage. Womit nicht gemeint ist, den Mund zu halten, sich nicht zu Wort zu melden, nicht auszusprechen, was dich doch brennend beschäftigt. Wer will denn schon der Wahrheit ins Gesicht schauen? Wie erholsam wäre es, eine solche Frage einmal am Familientisch zu stellen. Jeder in der Runde sollte dann zum besten geben, was er unter Wahrheit versteht. Wie wohltuend, zu verharren und auf die diversen Antworten zu warten, sie in Empfang zu nehmen und in die Seele fallen zu lassen. Wie angenehm, anstelle von einem weiteren übersüßen Stück Frust-Kuchen einfach einmal eine solche Frage kreisen zu lassen. Oder die Frage: wie stehst du zum Antisemitismus in unserem Land? Warum eigentlich nicht dies fragen und darauf einige Worte in die Runde werfen, vielleicht von einigen ganz unbedacht, von anderen voller Entsetzen, von einigen fragend oder sich einen schweren Brocken loseisend, den er immer schon mit sich herumgetragen hat. Vor wenigen Tagen sahen wir den Film *Triumph des guten Willens* im Polittbüro Hamburg. Mikko Lindemann konfrontierte uns in diesem Film mit der absoluten Wahrhaftigkeit: Eike Geisel widmete sein literarisches Werk der unumstößlichen und wohl nicht mehr zu verändernden antisemitischen mörderischen inneren Haltung der Deutschen. Er verpflichtete sich ausschließlich der Wahrheit und verfolgte seine Überzeugung bis in die kleinsten Winkel der Gegenwart. In diesem stillen Film, der leider peinlich schlecht moderiert und beschämend schwach besucht war – wo sind die Linken?! – äußern sich H. Gremliza und H. B. Broder mit sensibler Hochachtung zu Eike Geisel. Er arbeitete und lebte derart aufrichtig, dass er am Ende ohne Anerkennung sein Leben dafür gab.

Natürlich, so war es immer. Jesus hat sich für die Wahrheit verhöhnen, verachten, verraten und ans Kreuz nageln lassen. Sokrates erhielt für seine Reden im Namen der inneren Freiheit die Todesstrafe und musste den Schierlingsbecher trinken. Sagst du die Wahrheit, musst du sterben, sagst du sie nicht, wirst du unglücklich. Gibt es keine andere Möglichkeit? Doch es gibt sie. Osho, der den Wahnsinn dieser Welt erkannte, sagte einst: *Entweder Du wirst verrückt oder Du wirst Sanyassin.* Es gab ja nicht wenige Menschen, Philosophen, Wissenschaftler, Künstler, Heiler, aber auch andere, welche mehr oder weniger bewusst den Kampf mit der Verzweiflung in sich trugen, die ihr Leben selbst beendeten. Nun bedeutet Sanyassin zu werden nicht unbedingt, sich dem Herdentrieb einer Gruppe anzuschließen, in der Welt umher zu reisen und sich einem erleuchteten Meister auszuliefern. Damit wäre nichts gewonnen.

Seit etlichen Jahren können wir nicht davon lassen, in den Schriften einiger Weiser aus dem morgenländischen Raum zu lesen, ihren Worten zu lauschen und uns mit ihnen im Innern zu verbinden. Es ist eine Wahrheit, um die es darin geht, die sich noch jenseits jeglicher politischen Haltung oder Tätigkeit zeigt. An der Glut dieser Worte können wir unsere Flamme immer wieder entzünden und dürfen atmen ohne uns zu verraten. Aber wir müssen uns diesem Feuer vorbehaltlos hingeben wie ein Falter, der sich vom Licht verbrennen lässt. Das ist die einzige unumstößliche Forderung: Hingabe an *Mouna*, der Stille, dem großen Schweigen, in dem alle Worte und Taten der Welt Platz haben, ich traue mich, auszusprechen, wie auch immer sie geartet waren oder sind.

20. Feb. 2016

Neti, Neti (nicht dies, nicht das). Maredo schließt. Zum Gedenken an meine nicht gerade seltenen Besuche im Steakhouse bei mir um die Ecke ein Notizbucheintrag, wie häufig während des Essens formuliert. Leider hatte ich ihn nicht datiert: Ein Ribeyesteak, Pimentos de padron, ein Glas Weißwein Santa Helena, als Weib solo bei Maredo. *Neti, Neti* – die Begeisterung an der Emanzipation ist es nicht.

Immer wieder komme ich mir schäbig vor, wenn andere weniger haben als ich. *Neti, Neti* – dein Mitgefühl ist es nicht.

Endlich keine gelben Papierservietten mehr bei Maredo auf den Holztischen. Aber warum weiterhin gelbe, ausgeleierte, verblichene, in einigen Fällen bis zu graugelb verfärbte Poloshirts für die Bedienung? Zwei alerte männliche Angestellte tragen doch gebügelte weiße Hemden, die dicke weibliche lehnt dies ab und trägt ein solch schmuddeliges Shirt, dass es mir schwer fällt, mich von ihr bedienen zu lassen. *Neti, Neti* – deine hochmütige Aufregung ist es nicht.

Gern erinnere ich mich dann an die Noblesse meiner Herkunft. *Neti, Neti* – der Adel deiner Geburt ist es nicht.

Die Liebe zur beflügelnden Wirkung des kühlen Weißweines. *Neti, Neti* – diese Glückseligkeit ist es nicht.

Die Gaumenfreuden bei süß, weich, warm, bitter, fett, leicht, gewürzt, salzig, … herrlich gourmet,

dazu die Farben, Formen, Gerüche, Düfte, … wunderbar gourmet! *Neti, Neti* – der sinnliche Genuss ist es nicht.

Angst vor den Beurteilungen anderer; z. B. wenn ich noch 0,1 Wein bestelle. *Neti, Neti* – die Scham ist es nicht.

Die von sich überzeugte Familie neben mir trinkt 0% Alkohol, stattdessen: viel Fleisch, riesige Gläser Cola, Mengen an kaltem Salat, viel weißes Brot. Bin ich besser oder schlechter? *Neti, Neti* – Vergleiche führen zu nichts-

Die angenommene Sicherheit in der Liebe zum Mann. *Neti,*

Neti – es gibt keine Sicherheit in Beziehungen.

Ich bin ein Augenmensch, ein Ästhet durch und durch; wie kann ich nur hier immer wieder sitzen? *Neti, Neti* – die Augen allein zählen nichts.

1. Mär. 2016

2. Mär. 2016

Ich sitze in der Berggaststube am Hainererhof.
Kornel spielt selbstbestimmte Töne auf dem Akkordeon.
Besucher treten ein, setzen sich, reden irgendetwas,
die Mutter will, dass ihr Sohn leiser spielt,
ich sage, „Bitte nicht leiser", die Mutter lacht.
Er beendet seine Weise und spielt jetzt Marschmusik.
Ein Mann summt mit, klatscht und fragt Kornel,
ob er Unterricht nähme und wie oft dieses,
Der stattliche Bauernjunge antwortet brav.
Die Sanftheit seiner ersten Melodie zieht sich zurück.
Und wieder brummt der Besucher zur Musik.
Schade, sehr schade, ich zögere. Unerträglich, soll ich gehen?
Nun fragt der Gast den Musiker, was er denn eben gespielt
hätte. Wieder antwortet dieser gehorsam.

Und dann urplötzlich:
Kornel atmet, legt los und spielt *Stille Wasser*,
eine Melodie, die mich jüngst am Abend tief berührte.
Der Mann kann das *Lied vom Taurachtal* nicht mitsingen.
Mein Herz geht auf. Welches Glück.
Dieses Mal klatscht er nicht.
Ich schaue mich zu Kornel um, unsere Blicke treffen sich leise,
ich lächle ihm zu, flüstere „Sehr schön", und er nickt sanft
wissend.
Die Wahrhaftigkeit von Liebe und Schönheit kennt kein Alter.
Nun hört er auf zu spielen,
verschwindet in der Küche, kommt zurück und
serviert dem Gast sein bestelltes Bier.
Jetzt kann ich gehen.

3. Mär. 2016

Es gab am 1. März kein Wort,
das meine innere Befindlichkeit
getroffen oder gar beschrieben hätte.
Ein unglaubwürdiger Zustand von Nichts umfing mich.
Selbst das Wort Nichts traf nicht,
da sogleich das Gegenstück von Nichts
dieses Nichts beschrieb.
Es sollte aber eben durch nichts beschrieben werden,
was meinen Zustand ausdrücken würde.

Also sprach ich lieber gar nicht.
Mouna, das große Schweigen,
ich hatte eine Ahnung von dem grandiosen Phänomen,
auch wenn ich es nur durch die Negation jeglicher Hoffnung
auf einen Wert in mir erahnte,
der mein Leben gerechtfertigt hätte.
Diesen knappen Text schreibe ich in Erinnerung
an den Zustand vom **1. März**,
heute, zwei Tage später.
Am 1. März war das Blatt leer.
Ich konnte kein Wort formulieren.

5. Mär 2016

Ich möchte schreiben. Das leere Blatt starrt mich an. Es verschließt sich in der Bereitschaft, Worte aufzunehmen. Nichts in mir stellt Fragen. Nichts fordert mich auf, Worte zu formulieren. Will ich denn eigentlich schreiben?
Ich weiß nur, dass ich jetzt nicht Skifahren will. Heute im kalten Wind erscheint es mir eher kriegerisch. Einmal keine schweren Stiefel, keine stahlharten Skikanten auf der Schulter, keine enge Jacke ohne BH, keine knappe Skihose, kein ungeschminktes Gesicht, keine kalten Füße auf der Hütte, keine Bange um eine schlecht sitzende Frisur unter dem Helm, keine begrenzte Sehfähigkeit unter der Schicht von ungenügsamen Kontaktlinsen+Skibrille, keine Liftgeräu-

sche, keine scharrenden oder gar kratzenden Skibewegungen auf den für die Touristen präparierten Hängen (wie nur allzu gern würde ich, wenn ich's könnte, im zerstäubenden Tiefschnee der Naturhänge gleiten!), keine zu überwindende Angst vor der Steilheit schwarzer Pisten und vor Wahnsinnigen, die mörderische Gefahren riskieren, wenn sie mich schneidend überholen, keine lauthals palavernden, bärtigen, mattschwarz behelmten Männer neben mir im Lift, keine Hüttenatmosphäre mit den vielen Biertrinkern, kein beschwerliches An- und Ausziehen der Skistiefel, keine belächelte Angst beim Autofahren über Eis, keine Kritik an all diesen Empfindlichkeiten, vielleicht doch eher weiblichen Empfindungen.

kalter winterwind
gegen den berg
schärft meinen sinn.
kristallklares
kühles bergwasser
pure vesper
café, brot und speck.
schwingende abfahrt
hänge im schnee
führen uns durch
stille weite.
wohlig weiß
ihr riesigen höhen
mächtig und milde.

Im Verhältnis zur Herrlichkeit der majestätischen Berge sind diese Bemerkungen wahrscheinlich unangemessen und unerheblich. Dient denn uns Großstädtern nicht alles hier der Regeneration? Das Quellwasser, die naturnahe Kost, die Stille der Bergwelt, das Zirbenzimmer, die weißen Riesen, auf denen wir gleiten dürfen, deren Energien uns umfangen und die uns seelisch erneuern? Ist es nicht eine besondere Gunst, dass wir in unserem hohen Alter diese kraftvolle Schönheit noch sportlich genießen können?

Tiefe Ahnentreue zieht mich nur allzu schnell hinab und dann will ich mir die Freude am Leben vereiteln. Viel zu oft macht sich das Gegenstück von Lebensfreude, das ja immer da ist – der Feind hört immer mit – in mir breit und zwingt mich in den Sog. Allerdings sollen wir auch dieser Seite in uns Raum geben, las ich gerade bei dem Sohn von W. Nelles in einem Interview seines letzten Rundbriefes.

Oder ist es eher nur, dass ich einmal allein sein wollte? Einige Stunden nicht auf Menschen bezogen? Vielleicht als Thema oder Titel gedacht? Vierundzwanzig Stunden im Stück, vierzehn Tage hintereinander bei ausgeprägten Charakteren und bei meinem chronisch verminderten Selbstwertgefühl (ich benötige nahezu permanent *Larch*). Es ist ein Drang zum Allein-Sein in mir, der sich fest etabliert hat in den letzten dreißig Jahren. Das Allein-Sein, das ich bis dahin eher als Einsamkeit erfuhr, verwandelte sich in der Zeit etlicher Krisenjahre zu einer Notwendigkeit der Innenschau, die nur ohne einen anderen Menschen erfahren werden kann. Es ist ein sich in den Riss fallen lassen, ohne zu argumentieren, ohne Erwartung an etwas Bestimmtes, ohne den Drang, sich erklären oder gar rechtfertigen zu müssen. Eine Habachtstellung darf sich setzen und ein gewisses Lauern macht sich breit, das jetzt auf keinen Fall gestört werden will. Es ist etwas im Entstehen, das in dieser Inkubationsphase leicht zerbrechen kann, z.B. durch Fragen wie: *Was machst du?, Was willst du schreiben?, Was hast du vor?* oder auch durch überraschende Telefonate, besonders der Familie. Wenn allerdings der Fluss der herauf beschworenen Absicht im Gange ist, kann nichts der Welt stören, das mich in die psychologische Zeit holen will. Seit Jahrzehnten arbeite ich an der Auflösung meiner seelischen Begrenzungen, am Verstehen von verklebenden Prägungen, die mich am inneren Frieden hindern, dem einfachen Sosein, das ich doch so sehr ersehne und das mich zum Beispiel jetzt umfängt, wenn ich schreibe, da ich dann nahezu augenblicklich in seinem Strom schwimme. Es geht dabei nicht um das Genießen. Es geht weder um Schmerz noch um Freude. Worum geht es denn dann? Wir sollen nach den Weisen nichts dazu lernen, da alles schon da ist. Wir sollen nur etwas verlernen, nämlich all das, was uns hindert an vollkommener Freude. Und das sind die Vasanas, wie Leidenschaft, Rastlosigkeit, Sucht und brütende Trägheit. In der *Ashtavakra Gita* wird als erstes das Verlangen thematisiert als das große Hindernis am Erkennen der Wahrheit.

Gib dich hin, du wirst vom kosmischen Geschehen geführt und brauchst nichts zu tun. Wenn ich dieses niederschreibe, wird es leicht und alles ist in scheinbarer Ordnung. Im Augenblick des Eintauchens aber in die Welt von Maya mit all ihren von uns internalisierten Anforderungen des Alltags zersplittert diese Leichtigkeit und löst sich auf zugunsten einer in der Tiefe meiner Seele lauernden Trauer mit diversen Flughindernissen. So gebiert dann das zerstörerische Verlangen erneut wuchernde Wünsche, Kritik, Schmerz und Tränen.

Sind wir derart gelenkt, dass uns der Blutstrom infiltrierter Energien einfach in seinen Klauen hat? Bleibt uns keine andere Möglichkeit, als uns lebenslang an Lehrer, Therapeuten und Philosophen mit immer neuen erkenntnistheoretischen Einsichten zu wenden und uns wie Kinder von ihnen führen zu lassen? Gibt es keine andere Chance? Ich ahne, dass der Weg einer langsamen Loslösung von prägenden Werten und Krusten uferlos ist und kein Ende nehmen wird, dass auch er, selbst in seiner anerkannten Vornehmheit, zu einer Art Sucht wird und dann zum Tenor des Verlangens zählt. Habe ich nicht in meinen beiden Büchern längst aufgezeichnet, wie Vorstellung und Absicht zur Wesensschau von innerer Freiheit in mir brüten? In *Ahnensog* schrieb ich mir den Schmerz von der Seele und erkundete in seinem Licht mein sogenanntes Leben. Ich rang dabei um die Liebe und wollte nicht in der Anklage stecken bleiben. In *Ahnensog 2* schlüsselte ich Gegenbewegungen auf, die das erste Buch in mir auslösten, und beleuchtete allerlei Facetten des Lebendigen, die mich zum Entschluss lenkten mit dem Ahnensog endgültig zu brechen, mich mit einem Schwerthieb von ihm zu trennen.

Ich muss gestehen, dass mir bis heute nichts Besseres einfällt. Springe, meine Seele und gib dich dem Leben hin, wie es nun einmal ist, damit du das Leben gewinnst.

6. Mär. 2016

Zu lieben fällt mir immer noch schwer,
aber ich bin jetzt ganz dazu bereit.
Diesen Satz sagt die 72-jährige Sigrid als Frau zu dem 8-jährigen Mädchen, der kleinen Sigrid.
(aus W. Nelles, *Umarme dein Leben*, S.143)

14. Mär. 2016

Leicht betäubt und mit verwundeten Sinnen, hautnah an der Verzweiflung entlang, bei den leisesten freundlichen Tönen anderer Menschen sofort Tränen, schlittere ich durch den Tag und erledige das Notwendige. Ich traue mich kaum in Worte zu fassen, was durch mich hindurch geht, da ich sofort zweifle, ob es der inneren Wahrheit überhaupt noch entspricht, oder ob es eine andere Stimme ist, die mich besetzt, die mich auf mir fremde Bahnen lenken will, der ich mich anheim gebe, der ich mich opfere oder die meiner Kinderseele entspringt. Gestern dachte ich noch – wie ja schon oft – nun ist es soweit, nun bin ich im Erwachsenen- Modus angelangt, einem Reifestadium, das nicht mehr angreifbar ist, das sich nicht beugt und sich den Fangarmen des Ahnensogs, der wir ja schließlich selbst sind, nicht ausliefert. Aber nur ein winziger Auslöser genügt offenbar, dass alles wieder zusammen bricht. Ich möchte das Wort Streit nicht gern verwenden, da es mir zu mager erscheint und ich so schnell bei heftiger Selbstkritik lande, die mich zu Schuld und Scham erniedrigen will und ich dann keine Zuversicht mehr aufbringen kann. Was ist es nur? Was will das Schicksal von uns, mit uns? Gibt es eine geheime Bedeutung dieser Streits, die einen Höllenwechsel inszenieren im Kontrast zur feinsten Übereinstimmung gleich schwingender Seelen, einen Wechsel, der kaum ertragbar ist? Wie kann Liebe so massiv hin und her pendeln? Von einem Extrem zum anderen? Ist es denn Liebe?

Wenn ich die Fotografien von uns beiden sehe, oder von dir allein in deiner coolen Eleganz am weißen Strand, muss ich sofort weinen. Wie kann ich dich nicht so nehmen und lassen, wie du bist! Was geht es mich denn an, wie und was du tust, denkst, planst, bevorzugst oder ablehnst? Ich schäme mich zu Tode, dass ich dir vorhalte, wie du mit deinem Leben umgehst. Du nennst es Fehler, aber es gibt keine Fehler. Was ist denn ein Fehler überhaupt? Wenn es mir nicht gelingen wird auf dich so einzugehen, wie du nun einmal bist und lebst, warum auch immer, muss ich gehen.

Wenn wir auch wissen, dass wir es nicht selbst sind, die sich da immer wieder gegeneinander auflehnen und vernichten wollen, so nützt es ja schließlich nichts, wenn wir dabei zu Grunde gehen. Ich weine, während ich dies schreibe und frage mich, ob diese Tränen, die ich den ganzen Morgen vergieße, nun auch wieder jemand anderem gelten? Ich wünschte, es wäre so, dann gäbe es noch einen Schimmer der Zuversicht für uns beide?

Pierre Soulage, Maler von wunderbaren, ausschließlich schwarzen Bildern, sagte einmal: ... *das Licht, das wir in uns tragen, in unserer eigenen tiefen Nacht. Dieses Licht wohnt in uns allen.*

15. Mär. 2016

19. Mär. 2016

Mohn oder Goldenes Quadrat. Poetischer Anstoß zur aktuellen Ausstellung in der Praxis Dr. Hans Schulz: Mein Ausgangsmotiv war eine Mohnblüte, die mich auf einer Parfumwerbung in ihrer Schönheit nicht mehr losließ. Ihre feinen und zugleich leuchtenden Blütenblätter, ihre Vergänglichkeit. Diese Erlesenheit wollte von mir verarbeitet werden. Die Aquarelle ranken sich zudem jeweils um ein Goldenes Quadrat. Die neun Bilder können in diesem Licht einzeln betrachtet werden.

Sie sind aber auch als Folge zu sehen, da sie eine Geschichte erzählen: Ein junge Frau versteckt sich vor der Anmut des Mohns. Der dynamische Aspekt dieser Schönheit zieht sie magisch an und zugleich fürchtet sie seine Kraft. Doch die Energie der feurigen roten Blüten umfängt sie und verlangt von ihr die Aufgabe ihrer Unschuld. Chaos und Träume, nächtliche Anwandlungen, Sehnsucht und Treue treiben sie um. Schließlich gibt sie auf und überlässt sich dem goldenen Regen der Liebe. In Hingabe erblüht sie zu einer reifen Frau und wird zum Mohn.

In den Bildtiteln ist die Reihenfolge der Blätter abzulesen. Nummer 1 beginnt im Wartezimmer am Fenster rechts, dann weiter links, dann weiter im Flur.

14. Apr. 2016

8. Mai 2016

Percy Shelley spricht von der Dichtung als *Spiegel riesenhafter Schatten, die die Zukunft auf die Gegenwart wirft.* Dieses Zitat wird von David Nirenberg in dem Buch *Antijudaismus* auf Seite 428 verwendet und leider nicht datiert und spezifiziert. Aber mich traf es, als J. es mir vorlas. Ja, genauso muss Kunst funktionieren, wenn sie denn welche ist. Sie ist der Freiheit der Menschen verpflichtet, und das heißt, sie muss wenigstens vorausschauend sein.

So gesehen war die Botticelli-Ausstellung, die kürzlich in Berlin ausgerichtet wurde, eher mager, wenn sich auch etliche Künstler auf amüsante, hin und wieder eindrucksvolle Weise um eine Interpretation oder eine individuell zeitgemäße Auffassung vom Schönheitssyndrom Botticelli bemühten. Eine zukunftsweisende Auffassung vom gängigen Schönheitsideal der *Primavera*-Madame Botticelli's, nicht nur lediglich variiert, wie durch Negation o.ä., war nicht zu entdecken.

Ich hatte vor längerer Zeit im Frühjahr 2009 *Springtime* erarbeitet, eine kleine Serie größerer Leinwandbilder, in der ich Botticelli malerisch zitierte und gar nicht ahnte, wie zukünftig diese Bilder eventuell seien. Sie hätten mit Verlaub leicht in der Berliner Bilderschau einen Platz haben können. Bei dem oben genannten Zitat muss ich nicht nur an diese Bilder von mir hinsichtlich der Boticelli-Ausstellung denken. Ebenso fallen mir dazu auch meine drei letzten großformatigen *Lotus, Mohn* und *Iris* aus diesem Jahr ein. Die drei haben allerdings nichts mit der Zukunft unserer horizontalen Zeitrechnung zu tun, sondern eher mit einer Zukunft, die sich vertikal in uns selbst ausrichtet, wobei zu bedenken ist, dass es sich hier gar nicht um Zeit dreht, also auch um keine Zukunft.

Ich will diesen Eintrag als Notiz so stehen lassen, möchte aber noch gern eine Selbstanalyse hinsichtlich dieses Zitats vornehmen.

2. *Juni.* *2016*

Kleine Einführung zur Ausstellung *Fährmann Nowhere* Praxis Dr. H. Schulz im Juni 2016. Der Fährmann Charon, in der griechischen Mythologie Diener des Hades, gilt als ein düsterer greiser Fährmann, der die Toten für einen Obulus in seinem Boot über die Styx als Grenze des Reiches der Lebenden und der Toten zum Hades bringt. Die Styx ist ein in vollkommener Dunkelheit sich durch tiefe Höhlen schlängelndes Wasser, tödlich für alle Lebewesen. Auf die Fähre dieses unbestechlichen Fährmanns gelangt nur, wer die Totenriten empfangen hat, nicht bestattete Tote müssen zuvor hundert Jahre am Ufer der Styx als Schatten umherirren. Der Hades wird als Seelenlager für die toten Sterblichen gesehen und ist kein Verbannungsort wie die christliche Hölle. Das selig machende glückselige Weiterleben im Elysion wird nur wenigen Auserwählten des Hades zuteil, ist aber nicht zu vergleichen mit dem Gedanken des christlichen Paradieses, in das bekanntlich nur die Guten gelangen. Bilder des Jüngsten Gerichts aus der europäischen Kunstgeschichte belegen die Auffassung von Moral, Strafe und Belohnung für die christlichen Seelen auch nach dem Tode. Ein Beispiel ist ein Ausschnitt im Fresko des Jüngsten Gerichts von Michelangelo in der Sixtinischen Kapelle im Vatikan, in dem Charon die Verdammten aus seinem Boot in die Hölle treibt. In Variationen findet der Fährmann Charon in der Bildenden Kunst sowie in Literatur, Film und Theater seinen Niederschlag: Vergil, *Aeneis*; Dante, *Göttliche Komödie*; Visconti, *Tod in Venedig*; Dürrenmatt, *Der Richter und sein Henker* u.a.m.

Zur Ausstellung: *Der Fährmann* begleitet meine bildnerische Arbeit: sporadisch: kleinere Arbeiten auf Papier und Holz aus früheren Jahren, auch: das große Bild auf Leinwand, zuletzt: die Reihe der weiß gerahmten Aquarelle.

Der Fährmann jenseits von Ideologie, Dogma, Moral, Schuld und Sühne. Durst nach innerer Freiheit, Ringen um Wahrhaftigkeit, Feuer der Wandlung. Geburt und Tod als pulsierende Pole, die im Strom des Lebens auf- und abtauchen. Der Fährmann bringt uns ans andere Ufer. Wohin? Lass Dich von ihm tragen und führen. Gib Dich hin. Sind wir am Ende selbst der Fährmann?

Dazu der Weise aus Indien H. W. L. Poonja in *Der Gesang des Seins*, S.169: *Alle sind unwissend, aber ohne es zu merken. Jeder ist stolz auf das, was er fertiggebracht hat, und das nennt man „Weltgewandtheit". Aber Du hast deine Ignoranz wahrgenommen und bist zu mir gekommen. Das allein genügt. Im Satsang* (Zusammen Sein mit Weisen, Anm. von mir) *wird der Sumpf der Ignoranz überquert. Jetzt musst Du nichts mehr tun, noch nicht einmal deinen Standpunkt erörtern, sonst wirst du von den Krokodilen links und rechts verschluckt. Unzählige Menschen verschwinden jeden Tag im Maul von Krokodilen, weil keiner weiß, dass es einen Ausweg aus dem Sumpf des Samsara* (die Welt der Erscheinungen, Anm. von mir) *gibt. Steig in die Fähre ein und bleib schön ruhig darin sitzen. Der Fährmann kennt den Weg und trägt die volle Verantwortung für deine Überfahrt. Du wirst wohlbehalten ans Ufer getragen, verlass dich darauf.* [...] *Vorerst genügt es, dass du weißt, wie grauenerregend der Morast ist: Voll von Krokodilen mit aufgerissenen Mäulern. Die Krokodile sind dein Verlangen nach Objekten, Personen und Dingen,*

91

die dir vorübergehende Befriedigung verschaffen sollen. Sobald du aufhörst, dich an das Unhaltbare zu klammern, bist du vollkommen sicher.

10. Jun. 2016

24. Jun. 2016

Mein letzter Tagebucheintrag dieses Jahres ergab lediglich ein leeres Blatt mit Datum. Es sieht ganz nach einer Wiederholung aus. Schon eine halbe Stunde sitze ich im Café und warte. Ich hatte doch so große Lust zu schreiben. Aber es will sich nichts zeigen, was aufs Papier drängte. Etwa das Jammertal, in dem sich so eine verloren gegangene City am regennassen Morgen zeigt? Oder der Verfall meines Körpers, dem ich ins Auge schauen muss, dem sogenannten Alter, das mich unwiderruflich in seine Bahnen zwingt? Etwas in mir weigert sich, der Trostlosigkeit dieser steinernen konsumorientierten Leere und erst recht meiner Jammerei über ein verpasstes Leben meine Worte zu widmen. Aber es brodelt doch heftig in mir.

Ehemals sah ich einen Sinn darin, all dies zu beleuchten, zu hinterfragen und nieder zu schreiben.

Aber ich bin nicht mehr überzeugt von der Mitteilung meiner Statements an die Welt. Das Unterfangen wäre uferlos. Einzig die Texte der Weisen scheinen mir noch einen Sinn zu haben. Und die konnten es doch so viel besser als ich, eben weil sie mehr als weise waren. Rumi, Maharshi, Balsekar. Ihnen ist nichts hinzuzufügen.

Also nichts tun und schweigen? Wo wir doch in süchtiger Lüsternheit, ignoranter Zerstörungswut und mörderischem Hass uns selbst, die Tier- und Pflanzenwelt, unsere Meere und Wälder vernichten? Ja, auch dann. Wobei nichts tun heißt, einfach tun, was Sache ist. Wir haben doch keinerlei Ahnung von den Beweggründen göttlicher Abläufe.

Wenn ich mich aber nicht äußere, nichts sage, keine Meinung verteidige, keine Fragen stelle, verdränge ich dann nicht wie unsere schweigende Vätergeneration? Sie bescherte uns doch eine dumpfe, ignorante Lebensauffassung, die wir mühselig beginnen aufzubrechen und zu wandeln? Wir beobachten, wie sich ihr unwahrhaftiges Schweigen fortsetzt in der Generation der Enkel, unseren Kindern. Und dem soll ich wortlos zuschauen und meinen Mund halten? Das kann doch nicht der rechte Weg sein? Oder eben doch?

Ist die politisch-soziale Bewegung nach Rechts in den dumpfen reaktionären Nationalismus vielleicht der Beginn einer Komplettzerstörung, die vom kosmischen Geschehen genau so gemeint ist wie sie ist? Der wir also zustimmen müssen, auch wenn wir in ihr den Untergang von Liebe und Schönheit erkennen? Birgt sie nicht vielleicht sogar eine Chance, dem Tod zu begegnen? Kann ich all das in seinen möglichen Auswirkungen überhaupt beurteilen, zumal tief geprägt durch eine christlich-abendländische Geisteshaltung? Was ahne und fühle ich wirklich?

In den Heiligen Gesängen Indiens agiert der Gott Vishnu manchmal unergründlich radikal und zerstörerisch. Er mischt sich dann auf eine für uns undurchschaubare Art und Weise in das Schicksal der Menschheit ein. Sind wir heute möglicherweise Teil einer riesigen Zerstörungswelle, der wir uns in all ihren Bedingungen und Auswirkungen hingeben müssen, ohne die Ereignisse im Einzelnen zu verstehen oder gar gut zu heißen? Warum können wir nicht die universalen Abläufe einfach ohne Bewertung wahrnehmen und unser Schicksal in Wachsamkeit bejahen? Hält unser Ich mit seiner kleinmütigen Moral ein derartiges intelligentes Gewahrsein in Liebe überhaupt aus? Irgendwo auf diesem Gedankenacker liegt wahrscheinlich der Schlüssel. Unser Mut, in den Zeugenstand zu gehen, ist gefragt. In stiller Achtsamkeit und bewusster Hingabe dem zu zustimmen, was nun einmal geschieht, wäre etwas vollkommen anderes als zu verdrängen, Augen, Ohren und Mund zu verschließen oder ständig zu befinden und zu kritisieren und gleichzeitig angestrengt nach dem Genuss von angenehmen Erlebnissen zu schielen.

13. Jul. 2016

für dich

Peinigender Schmerz,
brennende Sehnsucht,
durch nichts zu tilgen,
nichts.

Nicht die Neugier des Kindes,
nicht die Unschuld seiner Augen,
nicht das Leuchten eines erfüllten Tages,
nicht die Wucht des herrlichen Stroms,
nicht die Weite des Firmaments,
nicht die Grazie deiner Liebe,
nicht meine zärtliche Zuneigung zu Dir,
können meinen Schmerz lindern oder lösen.

Umso beißender nagt mein Schmerz,
wenn ich nun, beschenkt vom Leben,
sehe, dass keine Herrlichkeit dieser Erde
das Begehren stillen kann.
Je schöner der Tag,
je erfüllter die Stunden,
je sanfter die Nacht,
umso flammender mein Sehnen
desto qualvoller mein Schmerz.

Wovor die Angst?

Was ist es, das mich hält?
Warum gibst du nicht endlich auf?
Warum springst du nicht
in den Ozean der Liebe?

Schwarze Rose,
die mich ruft
aus der Tiefe des Seins,
Schönheit, die schon da ist
und ich nicht fassen kann.
Der Schmerz treibt mich um,
die Ketten will ich sprengen,
jetzt.

15. Jul. 2016

Die Intensität meiner Zuneigung zum Kind ist dermaßen hoch, dass ich mich veranlasst fühle, künstlerisch etwas mit ihr zu unternehmen. Aber was kann es sein? Die Frage treibt mich um und lässt mich nicht los.

Als ich den Schnuller – was für ein hässliches Wort – von Paul auf dem Holzfußboden im Flur entdeckte, traten mir Tränen in die Augen. Es war nach ihrem Besuch an der Elbe am folgenden Morgen, als ich meine Wohnung verließ und mein Blick sich von meinem Bilderregal auf den Boden senkte. Morgens, nachdem der vergangene Tag mit der Mutter und den Kindern längst vorbei war und die drei, wie mir schien, seit einer Ewigkeit nicht mehr in meiner Wohnung waren. Als wären sie nie dagewesen. Aber der süße Fund als Beweis. Ein blauer sogenannter Schnuller, den der kleine Paul wohl fallen ließ und offenbar noch nicht vermisst hatte. Hier lag er nun am Fuße meiner großen Leinwandbilder. Sofort griff ich zur Kamera und wusste, mit diesem Motiv wird etwas geschehen. Natürlich weiß ich, warum dieses winzige Ereignis mich derart tief berührt. Ich habe den bitteren Verzicht auf eigene Kinder nicht überwunden und werde ihn möglicherweise niemals gänzlich überwinden, es sei denn, … ich springe.

Meine Sehnsucht nach der *schwarzen Rose* steht in Flammen. Jeder Wunsch schwindet, jegliche Trauer erlischt, jeder Verlust verblasst im Angesicht dieser Glut.

Was gibt es zu tun? Hingabe ist das Zauberwort.

Emily, die Schwester von Paul, berührt mich durch ihren tanzenden Körper, ihre zärtlichen und zugleich sicheren Bewegungen, einzig filigran und zielstrebig, charmant und endlos bewegungshungrig. Sie läuft anmutig lange Strecken, barfuß im Sand, auf Wiesen und Feldern und kann nicht genug davon kriegen. Sie läuft wie der Wind, leicht, mühelos und voller Freude. Ähnlich ihren Bewegungen sind ihre endlosen Erfindungen für Beschäftigungen voller wundersamer Phantasie und vollster liebevoller Hingabe. Wie schön sie ist. Ihr feiner und zugleich kräftiger Körper spricht eine Sprache voller Grazie und selbstverständlicher Anmut.

Wie oben der süße Fund berührt mich eine Fotografie, auf der Emily den Elbstrand entlang läuft, so sehr, so tief, dass ich etwas mit diesem Bild unternehmen muss, da meine Sehnsucht mich sonst fortträgt, es sei denn … ich springe.

Meine Sehnsucht nach der schwarzen Rose steht in Flammen. Jeder Wunsch schwindet, jegliche Trauer erlischt, jeder Verlust verblasst im Angesicht dieser Glut.

Was gibt es zu tun? Hingabe ist das Zauberwort.

18. Jul. 2016

Heute versehe ich meine aktuellen Bilder der Serie *Beauty* mit Seilen zum Hängen und beschrifte ihre Rückseiten direkt auf die Leinwand mit den Daten.

Plötzlich starte ich dasselbe mit den Leinwandbildern der letzten zwanzig Jahre und nehme mir vor, es in der Winterzeit fortzusetzen. Das Vorhaben zielt auf eine eventuelle Übergabe aller Bilder, Bücher und Mappen bei meinem Tode oder auch für ungeahnte Möglichkeiten zu Ausstellungszwecken. Dann hätte ich schon einmal eine Art Übersicht. Leider kann ich die Bilder nicht zusätzlich chronologisch ordnen, da ich sie ihrer Größe nach den Regalen entsprechend stellen muss, um ihre Oberflächen zu schützen. Dabei gilt die Regel: Groß vor Klein, so dass möglichst auf keiner bemalten Leinwand kleinere Formate lehnen und bei längerem Stehen durch das Lehnen Druckstellen hinterlassen würden. Dies ist die mögliche Minimalschonung meiner Bilder, die ohnehin beim Herausziehen und Hineinschieben jedes Mal etwas Schaden erleiden, da sie ja eben unverpackt aneinander stehen. Zu feinerer Schonung reicht meine räumliche Möglichkeit nicht. Optimal wären die Schiebe- und Zieh-Metallgitter- Regalsysteme der Museums- oder Galerie- Depots :-)

Übersicht und Ordnung meiner Kunst machen mir neuerdings Sorgen. Ich wünschte mir so sehr jemanden zu wissen, der meine Kunst liebte, ihr so zugetan wäre, wie ich es ausschließlich von Hans weiß, dem ich sie ans Herz legen könnte. Vielleicht tue ich Phillip, dem Sohn von Hans, Unrecht, wenn ich diese Gedanken äußere, da er sich anbietet, meine Kunst bei meinem Tode zu archivieren, was natürlich grandios wäre, zumal ich ihn von Herzen schätze und mir gerade von ihm extrem gut vorstellen kann, ein Werkverzeichnis zu erstellen. Da es allerdings viel Arbeit ist und er sich mit meiner Kunst wenig auskennt, noch überhaupt echtes Interesse an ihr hat, ich aber niemand anderen weiß, fühle ich mich immer wieder in innerer Verpflichtung, mich auch selbst darum zu kümmern. Es gibt Werkverzeichnisse von Künstlern, die zu Lebzeiten erstellt werden oder eben nach ihrem Tode. Ich hätte so sehr gern die Gewissheit, dass es mit all meiner Kunst geschehen würde. Und es ist nun einmal eine Tatsache, dass es besonders schön wäre, wüsste ich sie in Händen von jemanden, der sie liebte und dem ich sie aus genau diesem einzig in Frage kommenden Grunde im Ganzen vererben könnte. Wenn mir das nicht mehr passieren sollte, bin ich bereit,

Phillip zu bitten, gegen eine angemessene Entlohnung meine Kunst zu verwahren und zu archivieren. Vielleicht wird er sie ja im Laufe der Zeit immer mehr erkennen und annehmen und eines Tages mehr als Freude daran haben, was sich ein wenig schon jetzt abzeichnet.

Was mich heute wesentlich stärker als diese Überlegungen beschäftigt, ist die Qualität meiner Bilder dieses Jahres. Nachdem ich mich jahrelang vom Malen auf Leinwand fernhielt, packte es mich plötzlich zu Beginn dieses Jahres, wieder einmal zu malen, was für mich vor allem bedeutet, Bewegung mit Farbe auf Leinwand und nicht zu klein, damit es sich überhaupt um Malerei handelt.

So startete ich mit der Übermalung eines großen Bildes aus der Serie *Danae* und setzte dann eine Reihe von Blütenbildern in die Welt. Es entstand eine Serie, die ich *Beauty* nennen möchte. In diesem Titel steckt Sehnsucht, Tatsache, Ironie und Verzweiflung.

Schönheit, ja um die geht es mir in der Tat, um was denn sonst. Aber natürlich nicht um die Oberflächenschönheit einer Blüte, sondern um das nicht zu Beschreibende ihrer Schönheit. Kann ich diese denn malen? Um Gottes Willen, was habe ich mir da zugetraut, ausgerechnet Blüten! Das kann ja nur Kitsch werden. Und es ist nicht selten, dass das Alterswerk von Künstlern gefällig oder schlimmer als das wird. Die freiheitsbetonte Vitalität erlahmt, die Altersmilde setzt ein. Das durch harte innere Arbeit gestärkte Bewusstsein gibt zurecht seinen revolutionären Charakter auf. Dafür erlebe ich Momente und Zustände ganz anderer geistiger Kraft als in jüngeren Jahren, eher durch Reife, Gelassenheit und Weite geprägt. Allerdings sind alle Zwischen-stufen oder täglichen Erlebnisqualitäten nicht viel anders als sie immer waren. Schmerz, Trauer, Freude, Verzweiflung, Erwartung, alles gibt es weiterhin, nur werden sie viel eher wieder losgelassen oder zumindest eher betrachtet und fallen gelassen. Das zeigt sich natürlich in den Bildern. Soll es ja auch. Nur, ich darf auf gar keinen Fall erwarten, dass die Bilder nun vielleicht schöner werden als früher. Es gibt keinen Komparativ von schön. Was heißt denn schon schön! Wenn ein Künstler ein wahrer Künstler ist und verwirklicht, was er geschaffen hat, dann wird es sich unweigerlich im Werk niederschlagen. Also weg mit den Reflexionen über die eigenen Schaffensprozesse und ihren Bedingungen, erst recht mit Erwartungen oder Zweifeln. So gesehen hatte doch ein alter Dozent recht, der mir einst riet: „Denken Sie nicht soviel, malen Sie." Wie hatte ich ihn für diesen Ratschlag damals gehasst.

Mit diesen Gedanken beende ich die Serie *Beauty* und will mich von den Forderungen der großen Leinwände ein wenig ausruhen. Möchte meiner erzählenden Phantasie Raum geben und mich auf kleinen Formaten an der Feinheit von Lineatur, Papier, Feder, Tusche, Grafit u.a. erfreuen. Allerdings ist bei alledem nicht zu vergessen, dass Kunst ohne Feuer niemals aus meiner Feder kommen soll, und sei es das Feuer des Todes.

Mir fällt ein, dass ich 2010 aus genau demselben Gefühl heraus mit dem Malen auf Leinwand aufhörte, nachdem ich *Rosen auf Gold* erarbeitet hatte und die Bilder letztlich als ziemlich kitschig empfand. Es ist einfach so, dass ich, wie auch damals, nicht mehr gewillt bin, meinen Schmerz darzustellen. Wie seltsam, dass ich mit Blüten aufhörte, jetzt erneut Blüten malte und nun wieder mit Blüten aufhöre.

Wir werden sehen. Ganz im Inneren ist es schon angelegt, wohin es mich treibt. Aber das darf ich nicht aussprechen, noch nicht einmal im Tagebuch, sonst kann es sich nicht in Ruhe entfalten.

21. Jul. 2016

Der Eintrag vom 18. Juli muss heute etwas korrigiert werden. Es betrifft meine Einschätzung der letzten Serie *Beauty* von diesem Jahr, die ich kürzlich abschloss. Wenn ich auch sehe, dass, wie ich darin sagte, die Verwandtschaft zu der Serie *Rosen auf Gold* von 2010 besteht, und die Nähe zum Kitsch auch an dieser neuen Serie bestimmt ablesbar ist, muss ich doch einige Bilder von dieser Einschätzung ausschließen. Es handelt sich um *Lotus, Iris* und die zuletzt erstellten Arbeiten *Pik As, Karo 3, Herz Dame.*

Es bleiben dann die drei im kleineren Format, *Mandala, amarillo, russisch grün* und vor allem *Mohn.* Auf dem großen Bild *Mohn* habe ich wie bei den Rosen von 2010 Gold verwandt. Gold steht in vielen meiner Bilder für den Wert des Unvergänglichen. Eine ganz andere Qualität von Gold steht in einer Reihe meiner Bilder für die menschenfeindliche Kirchenmoral des Christentums, die den Künstlern lange verbot, den Himmel darzustellen, den offenen Raum der Weite. An seiner Stelle wurde Gold eingesetzt. Mit diesen beiden Aspekten des Gold habe ich in *Rosen auf Gold* gekämpft. In *Mohn* wollte ich eigentlich nur die Schönheit des faszinierenden unvergänglichen Edelmetalls einsetzen, muss aber bei der nachträglichen Betrachtung feststellen, dass doch wieder ein Kampf mit dem Gold zu spüren ist und es dem eher fest gefügten Bild wie bei den Rosen an Leichtigkeit mangelt. Das betrübt mich ziemlich, da ich sehe, wie sehr die Kunst bei mir weiterhin unter dem Diktat des Kirchendogmas leidet. Der Trost ist nicht sehr groß, dass ich diese Tatsache bis heute bei sehr vielen Künstlern wahrnehme.

Die drei kleinen Blütenbilder sind Oden an die Farbe und die Welt der Blüten, bei denen ich in eher naturalistischer Manier gearbeitet habe, was ich, auch bei näherer Betrachtung, durchgehen lassen kann, in der Hoffnung, einigen Menschen damit echte Freude zu machen. In *Iris* habe ich das Gold zunächst einfach auf die Leinwand geworfen, was mich nachträglich ziemlich passabel berührt.

Diese Gedanken entstehen heute nach einer einschneidenden Krisensituation, in der mir noch einmal unter heftigen seelischen Schmerzen ein dicht verwobenes Stück Schleier wegriss. Massive Nebelschleier, die mich gefangen halten in der Unmündigkeit eines braven Kindes, das seine Seele dem Dogma, dem Verbot und der Sühne schenkt. Dieses Schenken, eher Verschenken, zieht uns in den selbstgewählten Untergang. Das ersehnte Glück ist nicht durch Anstrengung zu erlangen, nicht im schönsten Garten auf

Erden, nicht in Ehe und Familie, nicht durch eine jung gebliebene Haut, nicht durch irgendwelche Essensveranstaltungen und, was ich heute lernen soll, eben auch nicht in der besten Partnerschaft der Welt. Die unvergängliche Weite der Schönheit, der vollkommenen Freude oder wie auch immer wir das Unaussprechliche mit unseren Worten versuchen zu tangieren, ist fraglos höchstens mit einer erwachsenen Seele zu erkennen, die alle Schatten der Vergangenheit abgeworfen hat. Für das erneute Erleben dieser Erkenntnis hat sich die Krise vielleicht doch gelohnt. Die weiße Leinwand, die ich eben vorbereitete, muss noch etwas warten.

6. Aug. 2016

Nun sind Sie fort und wir haben uns nicht mehr gesprochen. Als wir vom heute früh atemberaubend schönen Gestade zurückkamen, standen Sie vor dem Hotel, abreisebereit. Ich hoffte noch auf einen kurzen Blickkontakt, aber es ergab sich nicht.

„Die Frau liest mein Lieblingsbuch" mit diesen Worten sprachen Sie mich an. Sagten Sie diese Worte zu Ihren Töchtern, zu Ihrem Mann, zu sich selbst oder zu mir und meinem Liebsten? Ich schaute auf und sah in die freundlichen Augen einer engagierten jungen Frau und Mutter. Meinem fragenden Blick antworteten Sie mit Ihrer Verehrung von Sandor Marai. und der Begeisterung für Die Glut. Charmant warnten Sie dann noch meinen Mann, dass er für den kommenden Tag auf

mich verzichten solle, was tatsächlich auch genauso eintraf. Ich war in einem lesenden Sog gefangen. Facetten vielerlei Emotionen, Erinnerungen und Assoziationen trieben mich in die Spannung eines riskanten Lesevergnügens, das sich in der Tiefe meines Seelenhaushalts auswirkte. Warum nahm ich gerade dieses Buch mit auf die Reise an die Nordsee, das doch schon seit langer Zeit ungelesen bei mir lag und das ich mehr als zufällig geschenkt bekam?

Dann ergaben sich kleine heitere Begegnungen mit Ihnen, die dieses Buch streiften und nur zu gern hätte ich Sie noch gefragt, warum Die Glut Ihr Lieblingsbuch ist. Können Sie ungarisch? Ich finde den Titel nicht gut gewählt und vermute, dass der Originaltitel von vier Wörtern ganz anders lautet …

Aber das ist im Zusammenhang mit diesem Brief unwesentlich. Ich habe einfach das Bedürfnis Ihnen mein Buch Ahnensog zu senden, das ich 2015 schrieb. Es ist eine Art Antwort auf den nicht statt gefundenen Dialog mit Ihnen. Genau weiß ich nicht, warum ich es Ihnen geben, schenken überreichen o.ä. möchte; aber wann wissen wir schon etwas genau?

Meistens haben unsere Vorlieben für bestimmte Poesie, Bilder, literarische Werke oder Musikstücke etwas zu tun mit unserem Inneren. Die Werke der Künstler berühren uns in der Tiefe und fallen so auf einen bereiten fruchtbaren Boden, um dann dort, wie auch immer, ihre Wirkung zu entfalten. Die Glut mit seinen vielgestaltigen Ebenen und Melodien löste bei mir eine Unzahl an unterschiedlich gefärbten Emotionen aus. Vor allem aber traf mich die spezielle Verbindung der beiden Hauptprotagonisten, die Brüder, Freunde, Rivalen und vieles mehr waren, ein symbiotisches Paar. Das Buch fesselte mich ja auf diversen Ebenen literarischer Feinsinnigkeit, sodass ich erst später nach schweren Träumen den Kern meiner sogartigen Hingezogenheit zu ihm erkannte.

Nun ist es so, dass ich das Buch unbedingt wieder zur Seite legen will, um mich von der Melodie des Untergangs wieder ganz zu befreien. Denn bei aller Vielfalt, Klugheit, sensiblen Intelligenz und Schönheit ist es doch ein Buch der unerfüllten Sehnsucht. Und sehen Sie, das ist genau das mächtige Kapitel des christlichen Abendlandes, mit dem ich mich seit langem beschäftige und dem ich nicht mehr auf den Leim gehen will.

Ich bin so frech und sende Ihnen einfach mein Buch Ahnensog. Wenn Sie Lust haben, mich in diesem Unterfangen ein bisschen kennen zu lernen, lesen Sie es einfach. Sollten Sie es wirklich lesen, lesen Sie es doch bitte ganz, auch hinten, die Briefe, das Nachwort, die Zitate, den Anhang …

Mit besten Grüßen aus Hamburg, zurzeit von Langeoog
Sigrid Crasemann
Ps.: 8. August 2016

Heute beschließe ich, Ihnen den Brief vom 6. 8. nicht zu senden. Es bereitet mir einige Schmerzen, aber ich bin in meiner Seele als Künstlerin der Wahrheit verpflichtet.

Ich werde versuchen, Ihnen meinen Entschluss zu erklären:
Gestern tippte ich den Namen unseres Schriftstellers von Die Glut, Sandor Marai, in mein iPhone.

Ich wollte ein wenig über sein Leben erfahren. Da geriet ich auf You Tube und wurde Zeuge einer Verlesung des Textes Man altert langsam. Es war kein langer Text, nur ein knapper Essay oder vielleicht eine Passage aus einem Buch, aber die Aussage dieser Worte waren Ausdruck einer Lebensauffassung, die mir nicht nur fremd ist sondern gänzlich zuwider läuft. Alles, was ich von Kunst erwarte, wurde in diesen das Leben negierenden Worten zerstampft. Das Alter des Men-

schen wurde von Sandor Marai abgehandelt wie ein Stück trocken Brot, das es aus lauter Not wehrlos zu schlucken gilt. Entsetzlich, wie ein Schriftsteller, der einst feinste und lebenskluge Beobachtungen zum Ausdruck brachte, nun abgleitet in eine hoffnungslose, depressive Stimmungslage, die vom Alter des Lebens nichts mehr erwartet, außer eben sein dürftiges Ende. Keinerlei Möglichkeit für einen Aufschwung in die Altersweisheit wurde geäußert, kein Bedauern über ein verpasstes Leben, nicht einmal Hoffnung o.ä., nichts. Ein einziger Abgesang. Damit will ich nichts zu tun haben.

Somit endet nun leider auch mein kleines heimliches Vergnügen an der Vorstellung, mit Ihnen einen Kontakt über Die Glut zu knüpfen.

13. Aug. 2016

Zwei Armbanduhren von mir, die ich seit längerer Zeit im Wechsel täglich trage, sind stehen geblieben. Ist es ein Zeichen der Mahnung? Wache endlich auf, denn es gibt keine Zeit? Die gemessene Zeit ist eine Erfindung des Menschen. *Die Zukunft ist Jetzt.* Stirb der Vergangenheit. Stirb aller Gedanken, jeder Erinnerung und jeglichem Wunsch.
Du musst allem sterben, was dein Geist angesammelt hat. Dann bleibt er frisch, kann nie verwesen oder die Welle der Dunkelheit in Bewegung setzen. Das sagt uns J. Krishnamurti, der große Weise aus Indien. Aber wir wollen es nicht hören. Uns der abendländischen Moral verpflichtend gehen wir lieber den Verführungen der gemessenen Zeit auf den Leim und schauen unendlich oft auf unsere Uhren. Wir opfern unser kleines Leben der tödlichen Liebe zu Leid, Neid und Hass und haften an dem uferlosen Verlangen nach selbstzerstörerischen Wohltaten. Wie sehr, sehr schade! Ich gehe zu Christ und lasse die Uhren reparieren.

22. Aug. 2016

Schmerz, immer wieder
Schmerz, ziehendes Dunkel,
mich vernichtender schwarzroter Schmerz.

2017

10. Jan 2017

Allein im Atelier

12. Jan 2017

Malen á la prima

13. Mär 2017

Ich fürchte mich so vor des Menschen Wort (Rainer Maria Rilke)

16. Mär 2017

Jella ist Sigrid. Notiz von Jella auf einen Zettel, die ich dann lesen soll aber auf keinen Fall weiter sagen darf. „Soll unser Geheimnis bleiben?" frage ich sie. Sie nickt lächelnd und schaut mir tief und bestimmt in die Augen.

17. Mär 17

Fotgrafiererei

19. Mär 2017

Das Notizbuch von Jiddu Krishnamurti. Das ist es, was mir als fließendes Tagebuch vorschwebt. Vielleicht ist die Zeit noch nicht reif für mich.

19. Mär 2017

Kornel spielt für uns *Stille Wasser* und *Das Lied vom Taurachtal.* (s. dazu Tagebuchblatt vom 2. März 2016)

23. Mär 2017

Mouna oder *Das Atelier*
(Mouna = in Sanskrit Schweigen)

1. Apr 2017

Malerei · zwei sich ankündigende Werke mit Frauen, echten Frauen
1 · eine sitzende Frau
am Strand vor dem Meer · horizontales Bild · rotes fülliges Weib · mit dem Blick nach innen und in die Weite · geschlossen und stark
2 · ein stehendes Weib ·
bereit für eine innige Umarmung · einer anderen Frau · vielleicht einer Tochter oder einer jungen Freundin · moosgrüner weicher Pullover · umschmeichelt ihren fülligen Oberkörper · Wärme · Wohlbefinden · Liebe

2. Apr. 2017

Sünden   Zweifel
   Unbeherrschtheit   Angst

4. Apr. 2017

Spinnweben, abgelagerter feuchter Staub, Risse in alten Wänden, abgeblätterte Farbe, klamme Luft. Ratten, Mäuse und allerlei Getier in der gestapelten Unordnung abgelegter Gegenstände. All das nehme ich schlagartig in der Dunkelheit eines Kellerraums wahr, in dem ich zum ersten Mal seit langem das Licht einschalte. Zuvor hatte ich hier immer nur schnell eine Flasche Wein heraus geholt. Aber jetzt! Unrat gestriger Dinge, übler Geruch, graue Feuchtigkeit. Mir wird schlecht und ich bekomme Angst. Schnell will ich das Licht wieder ausschalten. Aber zu spät. Es gibt kein zurück. Ich habe alles gesehen. Was mache ich? Wohin mit dem Unrat, dem Druck des Schreckens, der Angst. Es gibt nur eins.

Ich mache mir bewusst, dass all dies immer schon da war. Du hattest es nur nicht wahrgenommen. Du holtest den Wein aus dem Kellerraum und hast Dich nicht umgesehen. So hat sich nach und nach ein unüberschaubarer Abfallberg gebildet. Nun plötzlich im Licht, in seinem hellen Schein, wird deutlich, was eigentlich immer schon da war. Die Büchse der Pandora ist geöffnet. Du siehst, und erkennst. Der Unterschied ist lediglich in Deiner Wahrnehmung begründet. Deine Angst gilt einer Illusion.

Verbannen wir all das Schreckliche, was sich in der Welt zeigt, verdrängen wir all das Dunkle, das in uns aufsteigt oder das Bedrückende, das uns umgibt, dann schwimmen wir lediglich auf einer illusionären Oberfläche. Auf ihrem Wellengekräuse pendeln wir haltlos dahin und meinen, es wäre das Leben. Seltsamerweise erfassen uns aber Zweifel, Zorn, Neid, Unbeherrschtheit und Angst. Diese Sünden am Lebendigen machen uns das Leben derart schwer, dass wir den Süchten erliegen. Wir halten das Oberflächen-

Dasein nicht aus und geraten in einen Sog aus Begierde und Genuss, Sucht und vorübergehendem Wohlbefinden. Das Leid hat uns im Griff, es bereitet uns Schmerz und Kummer. Durch unsere Ignoranz stapelt sich der Unrat in unserem seelischen Kellerraum.

Schalten wir das Licht ein, erblicken wir schlagartig die Wertlosigkeit der Geschichte, auf der unser schales Leben sich aufgetürmt hat. Entlarven wir den Betrug von Vergangenheits- und Zukunftsgeplänkel, von Erinnerungen und Hoffnungen, von Glaubenssätzen, Geboten und Versprechungen, zerbricht das Gesicht der Fassade und in ihren Scherben erkennen wir die Hohlheit unseres bisherigen Daseins.

Die Einsicht der Zusammenhänge löst die Verklebungen angehäufter Geschichte in meinem Blut. Im Feuer der Erkenntnis erlischt die Vorstellung von einem angenehmen Leben. Die Schönheit der Stille ergreift Besitz von meiner Seele.

5. Apr. 2017

Herr Nast und meine Kunst – ein echtes Gespräch mit dem Arbeiter der Firma Badewannendoktor.

6. Apr. 2017

Neti - neti
es ist nicht dies – **es** ist nicht das
nicht die Worte von Osho
nicht die Worte von Gangaji
nicht die Worte von irgendjemanden
nicht die Elbe
nicht meine Bilder
nicht die Liebe zu Angel
nicht die Reise ans Meer
nicht das Gut der Gesundheit in hohem Alter
all dies ist es nicht

7. Apr. 2017

Nes
Er-43 (Ei12, Bcmh: Milz) Schlüsselwort: *Blut.* Affirmation: *Pure Lebensfreude pulsiert reichlich durch meinen Körper. Er-57 (Ei-5, Ei-11, Cmh, Cch:* Zähne) Schlüsselwort: *beißen oder gebissen werden.* Affirmation: *Ich habe alle Fähigkeiten und Talente zu tun, was mir mein Herz als richtig mitteilt. Er-60 (Ei-1, Bsh, Cbh:* Bauchfell, Rippenfell) Schlüsselwort: *verletzlich.* Affirmation: *Ich fühle mich sicher und beschützt in der tiefen Liebe, die mich durchfließt.*

8. Apr. 2017

Der Feind hört immer mit. Vergiss nicht deinen Schatten. Jede Stimmung, jedes Empfinden, jeder Genuss, jeder Missmut, jeder Gedanke hat seinen Schatten, der nicht weicht. Er gehört einfach dazu. Es gibt nichts ohne den eigenen Schatten. Es sei denn … Aber solange … Der Schatten ist immer dabei. Wenn du versuchst ihn zu vergessen, zu verleugnen oder gar ihn zu verdrängen und zu unterdrücken, rückt der Schatten dir erst recht auf den Leib. Er zeigt sich in Form von blitzartigen Gegenbewegungen oder er tritt in Figuren um dich herum auf. Du kannst in ein fernes Land reisen, und plötzlich begegnet dir auch dort ein Wesen, das deinem Schatten, dem du doch entfliehen wolltest, furchtbar ähnelt.

Durchbruch. Wie ich gerade noch kämpfte. Und plötzlich fließt das Leben. Auf einmal geht es. Seit Wochen und länger warte ich verzweifelt. Und dann dieser Dammbruch. Noch heute früh wollte ich kaum aufstehen, so derartig schwer und erschlagen war mir zumute. Ich war auch nicht mehr bereit, mich mit den Fragen aus der Weisheitslehre zu ermahnen, zu trösten.

Ich fahre Angel um 6 Uhr morgens an die Bahn, lege mich danach erneut ins Bett, da ich unsäglich müde bin, kann aber keinen Schlaf finden. Mit einem Mal, ungewöhnlicherweise vor dem Duschen etc. im Bademantel auch vor dem Frühstück, bewege ich mich an den Pc, lösche die Daten meiner Verwandten aus meinem Adressbuch, lösche ebenfalls noch restliche familiäre E- Mails, reduziere dann ihre Adressen auf minimale Daten, speichere diese lediglich auf meinem back-up und lege ihn in ein entferntes Fach im Schrank. Auf einmal kann ich atmen.

In den letzten Wochen rang ich mit dem Symptom Familie. Es fand ein hochbewusster, gnadenloser innerer Kampf in mir statt, besonders im Verhältnis zur älteren Schwester. Ich war der Verzweiflung oft so nah, dass ich keinen Lebensmut mehr für mich aufbringen konnte. Mir half auch die Frage *wer bin ich* nicht weiter, da ich keine Substanz mehr in mir spürte, die diese Frage stellen konnte.

Die Zukunft ist jetzt. Ja, ich werde sie eben doch ganz und gar im Außenraum verlassen, meine Verwandten. Es gibt keine andere Lösung für mich. Auf einmal sehe ich klar. Vielleicht hat NES bei mir gegriffen und eine alte traumatische Prägung aufgebrochen. Zitat zu Nes: *Die Hirnhologramme sind geeignet die gefangene emotionale Energie sich unendlich wiederholender Schleifen aus dem morphischen Feld rauszubrechen und in eine bewusste Ebene zu überführen.* Ich setze mich an den PC, arbeite mit meinen Tagebucheintragungen der letzten Jahre und weiß plötzlich genau, was ich tun will. Ich will versuchen, mich regelmäßig täglich etwa 4 Stunden künstlerisch zu betätigen. Es soll dann endlich ein unumstößliches Ritual werden und ein lebenslanges bleiben.

Nachdem ich diesen Beschluss in mir spüre, durchflutet mich eine schon seit sehr langem abhanden gekommene Zuversicht. Ich ahne, dass ich heute meine Spur erneut entdecke, die Spur, die das kosmische Geschehen für mich bereit hält und nichts anderes. Auf einmal wird es leicht.

9. Apr. 2017

Und wenn ich mir dann überlege, dass die erzielte Marge meiner verkauften Print-Bücher bei BoD 1,43 € ist, und von den gedruckten Büchern so gut wie nichts gekauft wurde, bleibt für mich nur einzusehen, dass die Menschen meine Gedanken, Empfindungen, Texte, Zeichnungen, Ideen einfach nicht interessieren.

Gestern sah ich mir einen Film mit und über Neo Rauch an. Ein deutscher Künstler, der zur Zeit millionenschwere Einkünfte bezieht, in den größten und renommiertesten Galerien dieser Erde ausgestellt wird, malt Bilder, die in meinen Augen wenig und in meinem Herzen nichts mit Freiheit zu tun haben, die keinerlei Aufbruchstimmung in sich beherbergen, die zwar leicht beunruhigen aber das Funkeln der Stille nur auf einer Ebene berühren, die ungefährlich ist. Kunst sollte nicht nur handwerklich zu bewundern sein und gerade mal leicht gruseln, da sie nicht zu entschlüsseln ist. Sie muss verunsichern, sollte im Mark erschüttern, wenn sie wirken will, den Menschen erfassen und in seinem Stolz vernichten, sodass sein Ich schmelzen kann. Was soll sie sonst. Schöne Bilder für die Wände sind keine Kunst.

Wie seltsam, dass J. meine Kunst liebt. Er ist ein Mensch von äußerster Sensitivität, von Mut und rebellischem Charakter, von Feinsinnigkeit, Humor und herrlichem Großmut. Ausgerechnet so ein Mensch liebt meine Kunst. Oder ja eben. Hin und wieder widerfährt es mir, dass Menschen sich von meinen Arbeiten entzünden lassen. Aber es ist die

Ausnahme. Manchmal kaufen mir Menschen auch Bilder ab und gehen glücklich mit dem erstandenen Werk nach Hause. Mit Büchern erlebe ich es seltener. Sie sind ja allesamt, selbst die fragilen Bilderbücher, von einem freiheitsorientierten Charakter. Sie berühren die Seele an ihrer empfindlichsten Stelle. Der Scheitelpunkt vom Leid zur Freude wird berührt. Er lässt sich nur aktivieren, wenn der Mensch bereit ist hinzuschauen, die Büchse der Pandora zu öffnen, den Schmerz der Wandlung zuzulassen.

Vielleicht werden meine Bilder und Bücher einst nach meinem Tod einmal von Wert sein? Die Zukunft wird aufrechte Werke dringend brauchen. Die Menschen wollen aber nichts wissen von der inneren Freiheit. Unser Dasein gleicht Babylon, einem Tanz auf dem Vulkan. Lieber im Schlamm der Unwissenheit hin und her pendeln. So lehnen wir alles ab, was nach Freiheit riecht, was tote Ruhe ankratzt und unsere satte Langeweile bedroht. Wenn die Digitalisierung den analogen Menschen weiterhin korrumpiert, wird er irgendwann nach stofflichen Bildern der Freiheitsliebe fragen, da sie ihn atmen lassen und Mut machen. Vielleicht werden meine Bücher eines Tages leuchten. Wenn das christliche Abendland seine Schafe weiterhin kurz hält bis zur Vernichtung und sie einst kein Futter mehr finden, mit dem sie sich über Wasser halten können, werden meine Bilder in edlen Rahmen an den Wänden funkeln, meine Bücher und Bilderbücher angemessen gedruckt in ihre Häuser gelangen.

Wenn ich das schreibe, werde ich ruhig. Ist es lediglich die Beruhigung meines Ich? ist es die Angst vor dem Tod? Ist es Eitelkeit, die ich doch so lächerlich finde? Ist es Neid, den ich ablehne und als Kind nicht kannte? Den Schmerz unerkannt zu sein, mussten schon viele Rebellen – Musiker, Maler, Dichter, Ärzte, Philosophen – ertragen. Er birgt in sich das schwere Erleben von Ablehnung. Dein größter Schatz, das innere Wissen um Schönheit, wird ignorant abgelehnt. Es zerreißt dich. Aber es führt dich schließlich zur Aufgabe jeglicher Erwartung. Und genau dies ist es, was dich befreit. Du fängst Feuer und verlässt das Gefängnis aus Vorstellungen, Wünschen und Abhängigkeiten. Es schmilzt und du kannst sehen. Die Zerstörung jeglicher Bindung macht dich schließlich frei. Anerkennung sowie Ablehnung haben plötzlich keinerlei Kraft mehr deine Seele zu berühren.

10. Apr. 2017

:-) +++ Frau Wichelmann +++:-)
Förmliche Zustellung, Verwarnung, Bußgeldbescheid, Behörde für Inneres, Bußgeldstelle, Ordnungswidrigkeit begangen, Kosten des Verfahrens , Strafprozessordnung
:-) +++ Frau Wichelmann +++:-) überspringt die Bürokratie und die Sonne scheint.

11. Apr. 2017

Gin Dan, Spiegel, die... 2005, 80x100cm, Öl a/Lw. Mein Herz schmerzt, wenn ich sehe, wie leichtfertig ich dieses große Bild von mir weggab. Dabei hatte ich doch die Wahl, ein anderes zu geben, alternativ. Aber da die Wählerin dieses bevorzugte, willigte ich ein, aus Gutmütigkeit.

Ich war ein gutmütiges Kind, gab immer gern ab, wie es hieß, teilte, was es zu teilen gab. Soweit so gut. Es ging aber nicht um erwachsene Großzügigkeit, die von Herzen kam. Ich gab auch weg, was mir lieb war, was mein Herz gern in seiner Nähe bewahrt hätte. Zum Wohle anderer schädigte ich meine Seele. Das ist deshalb schlimm, da Gutmütigkeit zusätzlich noch bestraft wird. Bewahrst du nicht deinen Stolz, wirst du von deinen Mitmenschen schlecht behandelt. Im Kleinen wie im Großen. Es war das unterentwickelte Selbstwertempfinden. Es war geschwächt von einer viel zu harten Erziehung und durch falsche Opferbereitschaft. So lauerte das Innere auf stabilisierende Einflüsse von außen, die stärken sollten, die mich aber ganz im Gegenteil in diverse Fallen trieben.

Was meine Bilder betrifft, habe ich eine Reihe fortgegeben, die ich wohl, da von mir hochgeschätzt, hätte behalten sollen, - und können! Es bestand häufig kein zwingender Anlass. Sowie jemand sagte, *das Bild von dir gefällt mir*, war ich auf der Stelle bereit, es demjenigen zu schenken. Auch anders herum: Wenn jemand, der mir am Herzen lag, sagte, *das Bild gefällt mir nicht*, habe ich mich auf der Stelle daran gemacht, es zu verändern, was dann meistens zum

Untergang des Bildes führte oder ich habe es sogar vernichtet. Zum Glück waren wenige Menschen an meinen Bildern interessiert im Guten wie im Schlechten, sodass mein Werk noch einigermaßen einheitlich vorliegt.

Die Geschichten, die mir dazu einfallen, gehören in die Vergangenheit, die ich ruhen lasse. Dass das Phänomen eines wenig entwickelten Selbstwertgefühls jetzt so deutlich auftaucht, liegt wahrscheinlich an der inneren Arbeit mit *Nes*. Es ist äußerst schmerzhaft und stößt mich schließlich auf das Erwachsenenbewusstsein, in dessen Licht es geradezu lächerlich ist, an Dingen aus der Vergangenheit, und seien es die eigenen Kunstwerke, zu hängen.

Immer wieder gab es Künstler, die ihre eigenen Werke zurück kauften. Es sind Anekdoten von Malern bekannt, die ihre Werke aus schlechten Ausstellungsverhältnissen zurück geordert haben und ähnliches. Auch veränderten oder vernichteten Künstler ihre Arbeiten plötzlich. Zudem wechseln ja durch Kauf und Verkauf Kunstwerke Ort und Besitzer. Welche Wege und Umwege haben nicht einige Kunstwerke unseres Abendlandes schon erleben müssen. Kunstwerke sind Lebewesen, wenn sie etwas taugen. Und die sind nicht einfach als Ware zu benutzen, wie man es im allgemeinen mit Kreaturen, wie Menschen, Tieren, Pflanzen, ja auch nicht macht, es sei denn auf verachtende, erniedrigende oder gar grausame Art und Weise. Hätte ich von Beginn meines Lebens an gelernt, nicht gegen meine eigene Seele zu handeln, wären einige Bilder noch in meinem Besitz, die mir jetzt schmerzhaft in den Sinn kommen. Hätte ich mir meine Fähigkeiten und Talente erhalten und getan, was mir mein Herz als richtig mitteilte, würde ich diesen Schmerz jetzt nicht erleben. Halt. Was machst du. Wie du jammerst und dies alles noch schlimmer macht. Es führt dich in die Irre. Betrachte deine Situation. Draußen leuchten die Blüten unserer Obstbäume, der Frühling lässt die Natur aufbrechen, du sitzt nahezu in der Krone einer herrlichen Eiche, die ihre Stabilität vor meinem Fenster verschenkt, unten wartet ein Mann, der mit mir heute Abend zu Bob Dylan gehen wird, und du jammerst über alte Begebenheiten. Vergiss nicht mit deinen 73 Jahren: bald musst du alles weggeben. Das Leben ist unwiderruflich begrenzt. Es lässt nichts zurück, absolut nichts. Es sind ausschließlich deine Gedanken, die dich besetzen, aus denen du jetzt ein Konzept für dein Wohlbefinden konstruierst. Vernichte sie auf der Stelle.

Der Schmerz führt mich in die Tiefe. Die Wächterenergie unseres Schattenreiches umfängt meine Seele. Hellwach spüre ich den Zusammenbruch der Bindung an meine Geschichte. Vergiss die Vergangenheit. Das Feuer der eigenen Hölle ergreift von mir Besitz. Die Bilder, die mir in den Sinn kamen, leuchten jetzt und verströmen ihre Energie, gleichermaßen, ob sie nun hier, dort oder sonst wo sind. Es spielt keine Rolle. Ich hing an dem Schmerz des Kindes in mir. Im Erwachsenen kann dieses Phänomen keinen Schmerz auslösen. Die Gedanken an meine Geschichte hielten mich gefangen. Der Verlust der Selbstsicherheit aus der frühen Kindheit kann heute nicht mein Thema sein, ausgeschlossen, es sei denn ich identifiziere mich mit dem Kind. In dieser Erkenntnis fühle ich mich

sicher und beschützt von der Energie einer ureigenen Tiefe
und muss auf keinerlei Zuwendung von außen warten.

12. Apr. 2017

in love for Bob Dylan, Hamburg 11. April 2017, *Bob Dylan
and His Band!*

kadmos
zerrissen
zermürbt
nicht wissen
nicht tun
was zieht mich
von hier fort

fluch der ahnen
lastet schwer
der erde braunes blut
saat der zwietracht
zerrt und quält
entkräftet meinen sinn

fremde tränen
sucht ins aus
ermüdet meine kraft

drachenzähne krallen mich

der sog ins nichts

zieht mich hinab

ein Poem zum Künstlerbuch *Mein Herzenswunsch, KB 34,*
2016

12. Apr. 2017

∞∞∞∞∞∞ und wenn ich auf einem mal alles verstehe ∞∞∞∞∞∞

18. Apr. 2017

All your sorrows will disappear.
Sie werden ein langes und unbeschwertes Leben haben.
Niemand wird versuchen, dir dein Glück zu nehmen.
Sie werden viel Glück haben und Schwierigkeiten überwinden.
Diese vier Sprüche waren jeweils in meinem Knallbonbon
in vier aufeinander folgenden Jahren am jeweiligen Sylve-
sterabend, etwa vor 10-12 Jahren.

20. Apr. 2017

Gärten sind abgeschlossene Welten, wie das Konzentrat einer Ge-schichte — jeder Garten ist ein Ort der Begegnung. Hier tauschen wir uns aus mit Freunden, erleben friedliche Stille...
aus: Jean Claude (Parfumeur), *Die Welt der Düfte*

22. Apr. 2017

Wir sind fähig, innovative Methoden zu ersinnen, unaufhaltsam neue Therapien zu entwickeln, Medikamente und Schmerz lindernde Mittel zu erfinden, unsere Körper zu reparieren und zu verjüngen, um so unser stoffliches Leben zu verlängern. Aber wir werden niemals leugnen können, dass unser analoger Körper von stofflicher Beschaffenheit und damit dem Verfall unausweichlich ausgeliefert ist.
Willst du mit ansehen, wie du am Ende um ein verpasstes Leben weinst? Möchtest du dem Vergehen deines Körpers nicht in Freude begegnen? Möchtest du nicht glücklich sein, bevor der Tod dich ereilt?
Ignoriere alle Vorstellungen von Bedingtheit. Löse deine Dummheit auf, wirf sie wie eine Puppe aus Salz ins Meer. Du bist schon frei. Erkenne dich im Ozean der Liebe, in dem du schon bist. Wirf die Lasten ab, die nicht zu dir gehören, die du dir unnötigerweise aufgeladen hast.

23. Apr. 2017

… um zu gewinnen, muss man sich selbst verleugnen. Das sind die Worte des Kronanwalts in dem Film *Die Verleugnung*. In dem Film geht es um die Verleugnung des Holocaust. Die Frau, die sich gegen dieses Verbrechen zur Wehr setzt, gerät an einen sensiblen und zugleich siegessicheren britischen Anwalt. Er verlangt von ihr hundertprozentiges Vertrauen. Sie muss ihm ihr Gewissen anvertrauen, sich ihm gänzlich ausliefern. Als sie zögert, spricht er die oben zitierten Worte. Absolut kompromisslos und zugleich in aufrichtiger Liebe sieht er seiner Mandantin in die Augen. Sie willigt ein und er gewinnt den Prozess.

Schlagartig und metertief berührte mich die unumstößliche Festigkeit des Anwalts, sein menschlicher und zugleich extrem fordernder Appel an das Vertrauen seiner Mandantin, ohne das er nicht in der Lage war, für sie zu arbeiten. Der Anwalt konnte ohne vollständige Hingabe seiner Auftraggeberin nicht wirken. Nach einem schweigenden Moment verstand sie und überwand ihr Beharren auf das eigene Gewissen, das für sie lebenslang die alleinige Richtschnur war. Sie sprang, verließ augenblicklich ihr Ich und übergab sich dem Schicksal. Stille breitete sich aus und der Raum funkelte vor Liebe.

25. Apr. 2017

Telenbom in 3sat Kultur
Zitat von Deniz Yücel aus der Jüdischen Allgemeine

30. Apr. 2017

Nes. Er-8(Cmh: Lendenwirbelsäule) Schlüsselwort: *entwertet.*
Affirmation: *Ich nehme mich selbst an und öffne mein Herz den*
Werten Anderer. Er-62(Cch: Magen-, Gallen- und Pankreasgänge)
Schlüsselwort: *Angst um sein Territorium.* Affirmation: *Ich bin*
mir völlig im Klaren darüber, wer ich bin, wo ich in der Welt stehe,
und was mir und zu mir gehört. Er-70(Cch: Kehlkopfschleimhaut)
Schlüsselwort: *Sprechen.* Affirmation: *Ich kann frei sprechen und*
alles aus mir herauslassen.

8. Mai 2017

Schweigen ist ein nie endendes Mitteilen, dessen Wirken durch Gesprä-
che nur gehemmt wird. Im Schweigen ist man im engsten Kontakt mit
der Umgebung. Schweigen ist die Darlegung des Wahren; ihm wohnt
eine mächtige Kraft inne. Um sprechen zu können, brauchen wir
Sprechorgane, doch die Beredsamkeit des Schweigens bedarf keiner

Hilfsmittel – sie ist jenseits des Denkens. Sie ist transzendiertes Sprechen – das unausgesprochene Wort.

Ramana Maharshi, *Gespräche des Weisen am Berg Arunachala*, S. 78 f.

9. Mai 2017

Die Vergänglichkeit sieht mich überall an. In den Blumen, in den Dingen, in den Menschen, in der Welt, in mir. Warum nur bedrückt mich die Sterblichkeit dermaßen.

Wenn ich aufstehe, nehme ich meinen zunehmend alternden Körper wahr und sehe mein von der Nacht mitgenommenes Gesicht im Spiegel. Ich bin erst einigermaßen wieder im Lot, wenn ich mich bewegt, geduscht, gecremt, geföhnt, gekleidet, geschminkt, mit Schmuck und einem schönen Duft versehen habe. Dann ziehe ich mir hohe Schuhe an und begebe mich zum Frühstück, das ich, wenn ich Glück habe, am Abend zuvor eingefädelt hatte (Obst schneiden, aufdecken). Ich bereite mir einen bequemen Platz, zünde eine Kerze an und stelle fest, dass ich um diese Uhrzeit in früheren Zeiten bereits eine große Klasse unterrichtet habe … Ich sehe meine Hände und weiß: es ist Zeit, höchste Zeit, sich mit dem unaufhaltsam voran schreitenden Verfall des Körpers zu arrangieren. Getöntes Haar, geschminktes Gesicht, penibel durchdachte Kleidung. Der Blick in den Spiegel mit sich anschließendem Arrangement hat sich inzwischen zeitmäßig mindestens verdoppelt im Vergleich zu früheren Zeiten.

Weder Alkohol, selten Café, grünen noch schwarzen Tee, weder viel Süßes noch viel Weizen erlaube ich mir. Das ist härter als ich dachte. Mein Organismus verlangt es, sonst kann ich einpacken und in absehbarer Zeit abdanken. Wunderbarerweise gibt es in diesem Zuge Momente, da fühle ich mich wie befreit von all den stofflichen Abhängigkeiten. Aber immer wieder holt mich Verlangen ein, die Sucht nach den Aufhellern, den kurzfristigen Glattmachern. Ihr Genuss ruft nach seinem Recht und ist unwiderruflich verbunden mit seinem Schatten, der Reaktion, die sich auf unsere Gesundheit auswirkt.

Ist denn dieser Verzicht wirklich so schlimm, oder ist es nicht vielmehr etwas ganz anderes, durch das ich mir mein Leben schwer mache? Sind es wirklich Brötchen? Fehlen mir wirklich Bier oder Café, dass ich mich grämen muss? Ist es nicht eher etwas ganz anderes? Bei diesen Fragen spüre ich den mächtigen Sog in eine fatale, lebensverneinende Haltung, der mir teuflische Gedanken zuflüstert. Vielleicht sind es nicht meine Sorgen, nicht mein Schmerz, nicht meine Tränen? Vielleicht bin ich es gar nicht selbst, die unzufrieden ist? Ich war immer ein sehr zufriedenes Kind, warum sollte es jetzt anders sein? Der barbarische *Ahnensog* mit seinen verschlagenen Prägungen, die uns in ihren Fängen verklammern, ist von einer gewaltigen Macht, der es zu entkommen gilt.

Wenn ich nicht künstlerisch tätig bin, sehe ich mich organisieren, arrangieren, ordnen, aber vor allem, mich dabei kühl beobachten, unaufhörlich leise kritisieren; kaum irgendwann bin ich mit dem, was ich tue, sehe, empfinde, denke, einverstanden. Ich ordne und arrangiere den ganzen lieben langen Tag. Es schwelt eine latent rumorende Unzufriedenheit in mir. Permanent belauere ich mich in kritischer Begutachtung, überwache alle kleinen und großen Handgriffe, Absichten und Pläne. Was ist es nur, dass ich in meinem Lot nicht sein und bleiben kann, nicht einfach zulassen kann, was ich nun einmal tue, schlicht annehmen, wer ich nun einmal bin, akzeptieren, wie mein Leben gelaufen ist und wie es jetzt eben läuft. Natürlich weiß ich, wie enorm und unvergleichlich gut es mir geht, was für ein nobles Leben ich führe. Aber das äußere Wohlergehen ist nun einmal kein Garant für das Wohlergehen im Innern, was ja nur allzu deutlich an den unendlich vielen Menschen in unserem Wohlstandsland abzulesen ist.

Mein derzeitiges Steckenpferd für das Lamentieren ist die Vergänglichkeit. Warum bin ich nun schon so alt und habe noch nicht mehr auf die Beine gestellt. Wie kann ich meinen Körper erhalten, ohne hässlich zu werden. So ungefähr kursieren meine Empfindungen und Gedanken in meinem Gemüt – wenn ich nicht schummle, nicht um sie herumrede, sondern sie, auch vor mir selbst, zugebe und wahrhaft zulasse …

Seit vielen Jahren lese ich in den Büchern der Weisen und nehme wahr, dass lediglich meine Gedanken diesen Müll produzieren, der mir angeblich unüberwindbare Sorgen bereitet. Ich weiß seit vielen Jahren, dass nur ich es bin, der dieses ganze Elend selbst hervorbringt. Aber kaum lege ich die Bücher zur Seite, holt mich der Sog und zieht mich in die Tiefe. Wie kann ich nur erreichen, mich auch ohne Bücher an die Wahrheit der Weisheit zu erinnern, nein nicht nur erinnern, sondern sie in mir selbst zu haben, sie zu sein.

Wenn ich male, habe ich diese Gedanken nicht. Wenn ich tanze, habe ich diese Gedanken nicht.

Wenn ich mich im Garten meines Liebsten mit den Bäumen und Blumen beschäftige, habe ich diese Gedanken nicht. Wenn wir uns lieben, habe ich diese Gedanken nicht. Wenn ich in Kinderaugen blicke, habe ich diese Gedanken nicht. Wenn wir am Meer oder am großen Strom sind, habe ich diese Gedanken nicht.

Also ist es möglich, in diesem Leben, die Sorgen über die Vergänglichkeit, das Lamentieren über ein verpasstes Leben, zu lassen, loszulassen. Nicht nur wenn ich male, tanze, liebe, will ich loslassen, sondern immer.

Wie kann ich? Sei einfach still. Die Beredsamkeit des Schweigens ist jenseits alles Denkens.

12. Mai 2017

Du bist die Welt (Ramana Maharshi)

133

17. Mai 2017

Warum die Pause, in der ich zur Zeit durchhänge, genau richtig ist: Sie war die erste Amerikanerin, die eine Sinfonie schrieb, einer der vielen verwirklichten Pläne der Komponistin und Pianistin Amy Marcy Beach: *Alle originellen Kunstschaffenden haben diverse Pläne irgendwo im Hinterkopf gespeichert, die dort eine Art geistige Verarbeitung durchlaufen, ein unbewusstes Wachsen, bis zu dem Tag, an dem man sie braucht. Ich habe viele solcher Pläne, die darauf warten, dass ich etwas aus ihnen mache.* (Arche Musikkalender 2014, Dezember)

Diese Worte von Amy M. Beach fordern mich auf, die Pausen zwischen meinen Werken nicht nur zu durchleiden, sondern sie ernst zu nehmen als notwendiges Verharren im Zustand des Ungefähren, des Noch-Nicht, eines Abtastens dessen, was sich undeutlich geriert und noch reifen muss, bevor es Gestalt annehmen kann. Die innere Stimme dieser unbewussten Pläne will ernst genommen und nicht gestört werden. Wenn ich ungeachtet dieser sensiblen, eigenständigen Wachstumsprozesse in Selbstzweifeln und Eigenkritik hart mit mir umgehe, laufe ich Gefahr, die leisen Töne der sich doch erst zusammen brauenden Ideenfragmente für ein neues Werk zu zerstören.

Als ich im Herbst 2016 die Serie *Beauty* abschloss, war ich mir ganz sicher, dass etwas anderes hermuss, um mich intensiver, bedingungsfreier und klarer dem Thema der Schönheit zu widmen, was ich mit dieser Serie vorhatte. Es ist einfach nur dumm Schönheit überhaupt zu benennen. Dass dies mir klar war, zeigt sich darin, dass ich die Serie *beauty* nenne. In der englischen Übersetzung schwingt eine Entschuldigung für die Peinlichkeit mit, dieses Mysterium zum Thema zu machen. Was ja auch stimmt; es ist grotesk. Auf Englisch kann ich bei diesem Wort lächeln und seine Bedeutung nicht so ernst nehmen. In Wahrheit gibt es kein einziges Wort der Welt, das Schönheit thematisch entspräche, und natürlich erst recht kein Bild.

Also habe ich, nicht zufrieden, aufgehört. Dass ich mich unter Zuhilfenahme von Blüten und Blättern über Schönheit her machen wollte, ist nicht nur lächerlich sondern unmöglich. Ich kann doch ein nicht zu benennendes Phänomen nicht thematisieren! Entweder malt ein Maler Bilder, die schön sind oder eben nicht. Aber noch niemals hat ein namhafter Künstler Schönheit thematisiert.

Dass ich dieses Mysterium überhaupt zum Thema mache, hat viel mit der Zeit zu tun, in der wir augenblicklich leben, mit der Tatsache des 21. Jahrhunderts. Was sollen wir noch malen? Die meiste Kunst dieser Zeit ist nichtssagend, eher katastrophal. Errungenschaften von Quantenphysik und Weisheitslehren liegen uns zu Füßen und wir brauchen nur still zu sein, um zu erkennen, dass wir ja bereits in Schönheit gebettet sind. Wir brauchen nichts zu tun.

Jage ich der Erleuchtung nach auf dem Wege über meine Bilder? Nur das nicht! Aber mein innerer Drang, mich Schönheit zu verpflichten, wurde in letzter Zeit nahezu zur Besessenheit und nahm mich derartig gefangen, dass ich nicht umhin konnte, sie künstlerisch zu thematisieren. Wenn ich Blumen arrangiere, Gegenstände hin und her schiebe, trage, ordne, gestalte o.ä., wenn ich meine Kleider pflege, mich selbst kleide, den Tisch decke oder vieles andere mehr, werde ich immer erst dann still, wenn ich ein Optimum an Schönheit herrichten kann. Dieses ruhelose Agieren spaltet meinen ganzheitlichen Sinn. Es bleibt ein riesiges Fragen.

Gefangen in Selbstzweifeln hörte ich nach der Serie *beauty* auf zu malen und beschäftigte mich mit zwei Serien am Tisch – wieder einmal mit Themen, die unsere Verstrickungen ins Visier nehmen: *Mein Herzenswunsch* und *Kadmos.* Unterdessen, während dieser bildnerischen Auseinandersetzung mit den Bedingungen für unser Leiden, für das Herausgefallensein ein aus der Schönheit, lauert mein Inneres auf weitere Leinwandbilder, in denen Schönheit aufschimmern soll, ohne sie zu thematisieren. Das machte doch schließlich jeder große Künstler, ohne je ein Wort über sie zu verlieren, geschweige denn sie zu thematisieren. Von Modigliani weiß ich, dass er ganz verrückt nach Schönheit war und immer ganz ungehalten wurde, wenn sie in Gesprächen auftauchte. Wie gut, wenigstens ein Leidensgenosse, mit dem ich darüber ins Gespräch gekommen wäre. Und wie sehr gern!

Am Mühlenberger Weg schaue ich auf einem Abendspaziergang in eine beleuchtete Wohnung und erspähe ein Bild an der Wand, das zeigt, wonach ich suche. Ich bin gefesselt, fotografiere in die fremde Wohnung hinein und bewahre dieses Foto. Wie zu diesem Bild wandert mein Sinn immer wieder zu der Serie *Snowy* von 2008, in der ich die Farbe eher auf die Leinwand warf als sie zu malen. Und zudem denke ich auch an Louis Morris mit seinen riesigen

Leinwandbildern, über die er die Farbe eher fließen ließ als dass er sie auftrug.

Ich will den Prozess des Entstehens nicht länger durch meine Worte stören, ihn irgendwo speichern, damit er dort eine *Art geistige Verarbeitung durchlaufen kann, ein unbewusstes Wachsen, bis zu dem Tag, an dem ich ihn brauchen und etwas aus ihm machen werde.*

28. Jun 2017

20:30. Ein Telefonat mit Horst Dyckerhoff. Er ruft mich auf einen Brief hin an, den ich vor einigen Tagen an ihn schrieb:

Lieber Horst,

Hamburg, den 25. Juni 2017

dass ich Dich einfach so anspreche, liegt daran, dass ich eine Cousine von Dir bin, Sigrid Crasemann. Deine Postadresse habe ich von meinem Bruder Michael erhalten, der mir einmal erzählte, dass er einen Briefkontakt zu Dir hätte.

Wir sind uns vor langer Zeit in Frankreich begegnet, etwa vor 54 Jahren, als ich dort nach dem Abitur eine Au-pair Stelle hatte. Es müsste entweder in der Nähe von Bourges oder in der Normandie gewesen sein, wo ich Dich auf dem Lande traf. Ich erinnere Dich ziemlich gut, Du erzähltest mir, dass Du Landwirt seist. Allerdings erinnere ich keinerlei Einzelheiten.

Mein aktuelles Leben läuft in guten Bahnen und ich bin ganz einver-
standen mit meinem Dasein.

Dennoch schmerzt mich seit langem etwas, was mit meinem speziellen
Anliegen an Dich zu tun hat und ich will versuchen es kurz zu skiz-
zieren.

Seit etlichen Jahren plage ich mich mit einer familiären Verflechtung
herum, die über die Geschwister unserer beider Eltern läuft, meinem
Vater und Deiner Mutter, für Dich Onkel Oswald und für mich Tante
Leni. Es zeigte sich einst auf einer Familienaufstellung, dass ich mit
dem schweren Schicksal Deiner Mutter identifiziert sei. Ich bin nie
ganz frei geworden, was diese Problematik angeht, die mein Leben als
Frau bis heute nicht unerheblich beeinträchtigt.

Mein Vater war ja der Vormund Deiner Mutter als sie in Bethel war,
was wir damals als Kinder sehr deutlich miterlebten. Dein Vater war/
ist mein Patenonkel, den ich aber nie gesehen habe.

Mehr will ich zunächst nicht berichten. Es ist einfach so, dass ich
wirklich gern über diese Tatsachen mit jemanden sprechen würde, der
mehr von all diesem weiß. Da habe ich an Dich gedacht. Zum Beispiel
würde ich gern erfahren, ob Deine Mutter schon während des Krieges
nach Bethel kam oder erst danach …

Lieber Horst, nun weiß ich ja gar nicht, wie Dich mein Anliegen
berührt. Am liebsten würde ich gern mit Dir im Gegenüber sprechen.
Das hieße, dass ich Dich einmal kurz besuchen würde. Oder für mich
die zweitbeste Lösung, wir könnten uns schriftlich begegnen. - Hast
Du eine E- Mail- Adresse?- Die dritte Lösung wäre zu telefonieren,
was ich aber in dieser Sache nicht gern täte.

Bitte entschuldige, dass ich nicht mit der Hand schreibe. Ich habe mich

sehr an diese Pc- Tipperei gewöhnt und meine Handschrift ist manch-
mal nicht ganz leserlich.

Ich hoffe, dass Dich diese Problematik nicht zu sehr mit alten Erinne-
rungen belastet. Ich würde mich freuen, wenn Du mir entgegen kom-
men könntest und ich von Dir hören werde.

Mit besten Grüßen aus Hamburg

Sein Anruf war fast dringlich. Ich hatte meinen Brief noch am 25. Abends zur Post gebracht, sodass Horst ihn wohl am 26. erhielt und noch am selben Tag bei mir anrief. Auf meinen AB sprach er zweimal. Im ersten aufgezeichneten Anruf klang seine Stimme so, als wolle er das Gespräch mit mir unbedingt sofort erledigen. Im zweiten AB-Text mahnte er ein wenig, er hätte doch schon gestern Abend angerufen und ich solle ihn bitte anrufen. Es muss gestern am 27. gewesen sein, da ich den AB erst heute am 28. mittags abhörte und dann gleich dort anrief. Seine Frau war am Telefon, auf der Stelle rief sie ihren Mann, sagte mir, dass er draußen sei aber gleich kommen würde. Ich beruhigte sie und empfahl, ihrem Mann meinen Anruf schlicht aus-zurichten und ihm zu sagen, dass ich den ganzen Nachmit-tag über sowie abends unter dieser Nummer erreichbar wäre. Nun rief er mich heute Abend zurück. Alles fast eilig, wie ich empfinde, zumal ich ja im Brief geäußert hatte, dass ich ein Telefonat in dieser Angelegenheit schwierig fände und mir ein Gespräch unter vier Augen lieber wäre, wobei ich davon ausging, dass ich möglicherweise einen Besuch dort abstatten werde. Nun wurde es ein intensives Ge-

spräch am Telefon und ich hatte das Empfinden, dass es
für ihn mindestens von ebenso großer Bedeutung war wie
für mich, so schnell wie er sich dazu bereit erklärte, so intensiv, wie er mit mir sprach, ohne mich seit fünfzig Jahren
gesehen zu haben.

29. Jun. 2017

Nach dem sehr langen Telefonat war ich aufgewühlt, facettenreich berührt und betroffen, sodass ich erst heute Morgen weiter schreiben möchte.

Horst ist 83 Jahre alt, zehn Jahre älter als ich, 1933 geboren. Er hatte eine feste Stimme. Er wirkte auf mich wach
und klar in seinen Gedanken, Fragen und Erinnerungen.
Hin und wieder schaute er in einer Familienchronik nach.
Auch hatte er meinen Brief dabei und fragte zunächst
nach, was ich mit *familiärer Verflechtung* und mit *Identifizierung*
meine. Er hatte sich präpariert. Als ich versuchte, ihm ein
wenig von Systemik zu berichten, hörte er mit Anstand zu,
aber es berührte ihn nicht. Ähnlich war es mit der Frage
nach meiner künstlerischen Tätigkeit: *Was malst Du denn!*
Kannst Du denn Menschen abmalen? Sehr bald bot er mir an,
ich möge sie doch bald besuchen und erklärte mir väterlich
die Bahnverbindung bis zu der Station, an der er mich
dann abholen würde. Ich solle auch gern meinen Lebenspartner mitbringen. Wir beide könnten in einem kleinen

Häuschen wohnen. Nur wenn er mit mir über Leni sprechen würde, möchte er mit mir allein sein.

Seine Frau hätte er schon damals gehabt, als ich ihn etwa 1963/64 in Frankreich traf. *Dort hatten wir beide angefangen.* Sie haben vier Kinder, die alle in der Nähe wohnen und engen Kontakt zu den Eltern pflegen würden. Die Söhne gehen mit ihm auf die Jagd, die Tochter ist unverheiratet und kinderlos und wird jetzt zu den Eltern ziehen. Sie hat einen Lebenspartner, den die Eltern achten.

Seine Mutter, Tante Leni, die er am Telefon *Mutti* nannte, – *Ich spreche noch immer von Mutti*, sagte er und ich konnte sein liebevolles Lächeln sehen – ist 1902 im September in Hamburg geboren. 1948 ist sie nach Bethel gekommen und dort 1968 gestorben. Die Beerdigung fand in Hamburg Ohlsdorf statt. Die ganze Familie Dyckerhoff war dabei. – Schade, kein Wort in meinem Elternhaus über dieses Ereignis. Wir hätten doch mit zur Beerdigung gehen können. Wie gut wäre das gewesen – Horst erzählte von einem Rotkehlchen, das während der Beerdigung auf dem frischen Grab saß. *Onkel Oswald* machte ihn darauf aufmerksam und erzählte ihm, dass das Rotkehlchen der Lieblingsvogel seiner Mutter gewesen wäre und dass mein Vater ihm später ein Buch über das Rotkehlchen geschenkt hätte. – Wie unglaublich, bei meiner inneren Verbindung zu T. Leni, dass ich einst, viel später einmal, meinem Vater ein hinreißendes Buch von der Freundschaft eines Mannes mit einem Rotkehlchen schenkte. Wie schön wäre doch in diesem Zusammenhang diese Geschichte von meinem Vater gewesen. – Wiederholt drückte Horst seine Hochachtung sowie die seiner Familie für meinen Vater aus. Er schwärmte von ihm, wie er sich für alles eingesetzt hätte. – Ich weiß von einer Aufstellung, dass mein Vater sich zeitlebens für die nicht gelebte Trauer seiner Mutter ins Zeug gelegt hat, die das schwere Schicksal ihrer beiden Töchter Leni und Maria im christlichen Gebet versenkt hatte – .

Tante Leni war also zwanzig Jahre in Bethel von 1948 bis 1968. Mit 46 Jahren wurde sie dort im Alter einer reifen Frau eingesperrt und versuchte immer wieder von dort wegzulaufen. Sie ist also nicht während des Krieges nach Bethel gekommen und ist demnach nicht sterilisiert worden. Ich habe diese seit langem gehegten Gedanken am Telefon endlich ausgesprochen. Horst bestätigte diese Tatsache und fügte dann hinzu, dass seine Mutter dort mit Elektroschocks behandelt worden sei. Ich fragte nach ihrem Tod. Da erzählte Horst, dass sie 1968 wieder einmal heimlich geflohen sei. Dieses Mal zur Grabstelle der Familie Dyckerhoff, wo sie sich dann die Pulsadern aufschnitt. Man fand sie dort liegen. *War sie tot?* fragte ich. Sie war nicht tot, aber … Hier wurde seine Erzählung undeutlich und ich spüre eine Lücke in der Berichterstattung.

Nachträglich wird mir ganz elend. Habe ich versäumt genauer zu fragen? Mir wird schwindelig … Hans fragte gestern Abend am Telefon sofort, als ich ihm von dem Telefonat berichtete, ob dies zum baldigen Tod geführt hätte und ich konnte nicht exakt antworten, sprach mit derselben Undeutlichkeit wie Horst. Nun frage ich mich, nachdem ich meinen Schwindel überwunden habe, ob Bethel nachgeholfen hat, dem schweren Leben dieser Frau ein Ende zu bereiten. Möglicherweise ohne Bedenken, sozusagen in seiner Haltung gegenüber dem rassentheoretischen Wahn vom *Unwerten Leben* während der Zeit des Nationalsozialismus? Soll ich noch einmal telefonieren? Nein, es geht nicht. Was ist, wenn der Sohn davon weiß. Stimmt er vielleicht sogar zu? *Es wurde laut oben und endlos gestritten. Es ging einfach nicht mehr.* Diese Worte klingen in mir nach. Es lag ein dringlicher, ein klagender und zugleich ein nach Entschuldigung ringender Ton in ihnen. *Heute könnte man Schizophrenie sicher anders behandeln.* Auch diese Worte klangen …

Ich möchte nicht mehr an das Schicksal meiner Tante rühren. Es hat sich ja genau so zugetragen, wie es vom kosmischen Werden her bestimmt war. Wer weiß denn, ob nicht die musische Leni mit der Wurzelkraft aus Kunst und Freiheit der Sippen Speckter und Kerner den frühen Tod ihrer jüngeren Schwester, die sie sehr geliebt haben soll, nur schwer verkraftet hat. Wer weiß denn, ob sie wirklich schizophren war und was heißt denn schizophren überhaupt? Wann hat ihre seelische Zerbrechlichkeit begonnen? Tante Leni wollte ihr Leben beenden. Was kümmere ich mich jetzt und mische mich ein, gar mit etwaigen Gedanken des Verdachts.

Horst sprach mit warmer Liebe und großer Wertschätzung von seiner Mutter. Sie hätte am Hessler Hof eine wichtige und geachtete Rolle innegehabt, an einem Hof mit Tieren, Ländereien, viel Personal und so weiter. Sie hätte einen Steinway-Flügel von ihrer Schwiegermutter erhalten. Leni hat ein Konzertexamen absolviert, Konzerte gegeben und war eine leidenschaftliche Pianistin. Ihre schöne jüngere

Schwester, Maria ist während des zweiten Weltkrieges in München bei einem Luftangriff umgekommen. Sie hatte sich mit einer Gruppe von Menschen unter eine Brücke geflüchtet. Die Eltern hätten sich *immer wieder furchtbar laut gestritten, es ging einfach nicht mehr.* Er sprach auch von seinem Vater voller Achtung und berichtete, dass dieser sowie die ganze Familie Leni in Bethel besuchte; Horst erzählte, wie seine Mutter ihn als Junge in Bethel in die Arme geschlossen hatte, *sie trug einen grauen weichen Pullover und ich legte mich an ihren Busen. Es war alles ganz furchtbar für uns. Aber es ging einfach nicht mehr.* Für seine *zweite Mutter* wäre es *nicht einfach* gewesen, auf dem Hof die Rolle von Leni einzunehmen. Warum ich denn seinen Vater, Herrmann Dyckerhoff nicht kennen würde. *Natürlich war er in Hamburg. Dort hat er doch Leni kennen gelernt!*

Ich bedankte mich für das lange Gespräch, für die vielen intensiven Informationen, drückte meine Wertschätzung seiner von Herzen kommenden Sprache aus, was ihn glaube ich erfreute.

13. Jul. 2017

Wenn du die schönen, frohen Gesichter all der Frauen siehst, die dich begrüßen, dich umarmen, dir wissend zulächeln, *dann weißt du*, dass es nichts weiter ist als eben ein freundlicher, dir wohlgesonnener Gruß.

Wenn du ihnen dann beim Tanzen begegnest, den jungen Männern und Frauen, die du nun schon seit vielen Jahren kennst und in unterschiedlicher Häufigkeit und Intensität erlebst, *dann weißt du*, dass all dies lediglich besagt, dass du dabei sein kannst, sie allesamt deine Kinder sein könnten und du höchstens ein wenig zum Gelingen dieser Veranstaltung beiträgst, dass sie natürlich auch ohne dich stattfände und den meisten vielleicht mindestens ebenso angenehm ohne dein Erscheinen wäre.

Wenn du wahrnimmst, wie du dich mit Lust und Freude dem Raum öffnest, dich von der Musik tragen und entführen lässt, wie du dem pulsierenden Rhythmus deines Herzens, deinem Atem und der Bewegung deines Körpers erlaubst, dich dem Tanz mit all deiner Liebe hinzugeben, *dann weißt du*, dass du eines Tages nicht mehr tanzen kannst, weil dein Körper zu alt sein wird.

Wenn du zugleich bemerkst, wie Urteile über Menschen in dir auftauchen, wie gebannt du von der Schönheit, meist der Frauen, bist und wie abgestoßen von aufdringlichen, schwitzenden und herrschsüchtigen, meist männlichen, Wesen, die alles andere als Tänzer oder gar Männer sind, *dann weißt du*, dass du dich trotz harter innerer Arbeit immer noch von richtenden Beobachtungen und Urteilen zu deinem eigenen Unwohlsein hinreißen lässt, dich dies schmerzt, aber du nicht unbedingt etwas ändern kannst.

Wenn du so gern näher an die schönen Menschen herangingest und mit ihnen tanztest und später so sehr gern mit ihnen sprächest, ihnen so unendlich gern etwas geben würdest, z. B. von deiner Kunst, *dann weißt du*, dass du nicht näher an die Tänzer/innen herangehen darfst, da ihre einsamen Persönlichkeiten nahezu immer vom Mangel beherrscht sind und du zudem bei näherer Bekanntschaft in deiner eigenen Qualität keinerlei Rolle spielen würdest, sie aber dennoch freundlich wären wie die verlogenen Mitglieder einer Familie, und dass dich all dies so unendlich schmerzt.

Wenn irgendwann, nach herrlichster Verausgabung, dein Körper beginnt zu schmerzen, die Musik zu anhaltend laut für deine Seele wird, du die Tänzer in einer Art Suchtkanal empfindest, du dich plötzlich nicht mehr gut fühlst und den tanzenden Raum verlässt, *dann weißt du*, dass du einfach kein Mensch sein kannst, der dazugehört, dass du kein Gruppenbewusstsein entwickeln willst und dass es möglicherweise gar nicht das Alter ist, was dir jetzt der *Ahnensog* einreden möchte, dass aber all dies dich so sehr schmerzt.

Wenn du nach dem Duschen nachhause gehst, leicht und beseelt davon, wie der Tanz dich gleich einem Geliebtem umgarnte, dich aufnahm und im Rhythmus zergehen ließ, sodass das Selbst durchschimmern durfte; verwundet von der wieder angefachten Sehnsucht nach Menschen, nach Sprache und Nähe, *dann weißt du*, dass die anderen Tänzer sich jetzt vielfach in den Armen liegen, sich zumindest eine schöne Woche wünschen und du einfach nicht in der Lage bist, dieses auch zu erleben, und wenn du es einst getan hattest, immer spürtest, es bringt dich in falsche Bahnen, du aber schon lebenslang so sehr gern in der körperlich seelischen Nähe von Menschen sein mochtest.

Wenn du in der Stille der Wohnung deine Nacht vorbereitest, die Schönheit des wohlhabenden Bettes genießt und die Dunkelheit dich umfängt, *dann weißt du,* dass die Fangarme des *Ahnensogs* jetzt auf der Lauer liegen und dir die Hölle heiß machen werden.

Wenn du in den Morgenstunden erwachst, die seelischen und körperlichen Leiden dich zerreißen, *dann weißt du,* Einsamkeit und Schmerz zerren dich jetzt zugrunde, es gibt keinen Weg, keine Möglichkeit der Reaktion, die dich befreien könnte.

Wenn ich dann erkenne, dass all dieser Schmerz der Kummer eines verletzlichen Kindes ist, das viel ertragen hat, vielfach verlassen, verwundet, bedroht, missachtet und entwertet wurde, *dann weiß ich,* dass ich diesen Kummer als erwachsene Frau gar nicht mit mir herum zu tragen brauche und ich mich vollständig davon befreien kann und will.

Wenn ich sehe, dass mein Ich sich mit Kummer und Leid identifiziert und ich aus dem Selbst heraus von Herzen darüber lachen kann, da ich ja nicht mein Körper bin, noch meine Gedanken und Vorstellungen von Gram und Schmerz, *dann weiß ich,* dass meine Gedanken lediglich dazu da sind, diese zu vertreiben, und meine Aufgabe darin besteht, hellwach im Feuer der eigenen Hölle, Ängste und bedrängende Sorgen über Bord zu werfen, da all dies nicht zu mir gehört, *und ich weiß,* dass permanente Glückseligkeit unsere eigentliche Natur ist, wir alles andere uns aufgebürdet haben und es nur darum gehen kann, diese schwere, uns zu erdrücken drohende Last wieder loszuwerden;

und dass dann die Antworten auf meine Fragen und die Lösungen zu misslichen Lagen mit Leichtigkeit zu mir kommen werden und pure Lebensfreude reichlich durch meinen Körper pulsieren wird.

Da ich von den Weisen und zugleich von den Physikern erfahren habe, dass mein Schicksal, im Großen wie im Kleinen, eingeschlossen aller meiner Handlungen, ein Geschehnis ist, das einem unumstößlichen kosmischen Plan unterliegt, *weiß ich*, dass ich nicht der Täter bin, weder in Taten noch in Gedanken, und vor allem, dass ich mein schweres Gepäck einfach ablegen kann, mich in keiner Weise mehr anzustrengen brauche und dass ich mich dieser Einsicht vollständig hingeben kann und will.

Wenn dann immer wieder im Zuge von teuflischen Gegenbewegungen mit der uns eingeprägten Sucht nach Selbstkasteiung Streitlust, Verleumdung, Opferbereitschaft, Zweifel und zerstörerisches Gedankengut mich vernichten wollen, *dann weiß ich*, dass diese Schreckensgespenster des Grauens zum Hausmüll gehören und ohne jegliches Zögern von mir entsorgt werden müssen.

Und wenn ich nun an mein Verlangen nach Klang, Raum und Bewegung, an meine Lust auf Tanz, Farben und Tänzer/innen denke, *so weiß ich*, dass ich, im Zustand des wahren Selbst verweilend, auch ohne Musik, ohne Raum, ohne Tänzer und Tänzerinnen in purer Glückseligkeit von Herzen lieben und tanzen kann.

19. Sep. 2017

J. liegt hinter mir und schläft. Er ruht sich aus von den nicht enden wollenden Anstrengungen, die wir uns vom *Ahnensog* diktieren lassen, die uns immer und immer wieder viel Energie abverlangen und denen wir nicht so ohne weiteres aus dem Wege gehen können. Wir können aber etwas tun. Es braucht Mut und kostet risikobereite Vitalität, die verschlagenen Tricks des *Ahnensogs* aufzuspüren, ihrer niederträchtigen, lebensverneinenden Macht zu begegnen und sich der inneren Arbeit am Bewusstseinsprozess nicht zu entziehen. Ohne Ende entdecken wir ururalte oder sippenbedingte Muster, denen wir erliegen und die wir zum Teil lebenslang mit uns herumtragen, ohne es zu wissen. Wenn wir sie durchschauen und erkennen, dass wir der Prägung aus dem Repertoire eines Teufelswerks erliegen, löst sich der Sog auf und unsere eigentliche Natur, die Liebe, kann strahlen.

Es ist dann deutlich wahrzunehmen, dass wir an sich frei sind und es also nur darum gehen kann, die Belagerung der Seele durch fremde Energien zu erkennen und diesen Beschlag in die Flucht zu jagen. Es ist tatsächlich ein kämpferischer Prozess, der eine gewisse Stärke des Geistes verlangt. Nicht viele Menschen fühlen sich zu einer derart harten inneren Arbeit aufgerufen. Es mutet immer so besonders an, so anders, so weise, so arrogant. Dabei ist es schlicht ein Prozess aus Verzicht und Hingabe. Der Verzicht besteht in der radikalen Aufgabe der Annahme von der Erlösung innerhalb unserer Vorstellungswelt, also z.B.

durch eigene Anstrengung, durch persönliche Chancen oder durch einen Glückstreffer im Lotto, um sich Träume zu realisieren. Du musst dich aufgeben, heißt einfach nur dem hingeben, was für dich vom kosmischen Gesetz gedacht ist, und schon hätte alles Leiden ein Ende. Nur das können und wollen wir nicht, da wir vollgepackt sind mit lächerlichen Prägungen und albernen Wunschvorstellungen, die uns seit Jahrhunderten, besonders durch Menschen verachtende, lebensfeindliche Staatsreligionen eingeimpft wurden und an denen wir in dumpfer, selbstvernichtender Treue kleben wie Insekten an der Zunge einer Libelle.

Diese Verkrustungen unserer Seele gilt es abzutragen. Das ist alles, was wir zu tun haben. Nichts weiter. So einfach. Mit anderen Worten: Wir sind schon frei. Wir müssen nichts erlangen oder erreichen. Wir müssen lediglich abwerfen, was nicht zu uns gehört.

Jetzt wacht Hans auf und ich höre auf zu schreiben.

25. Sep. 2017

Die siebente Elegie von Rainer Maria Rilke

150

24. Okt. 2017

Schade, dass die Fenster am Bahnsteig nicht mehr zum Abschiednehmen und -winken herunterzurollen sind. Schade, dass mich die Litfasssäule nicht mehr mit bunten Kleinanzeigen amüsiert. Schade, dass mein Nachbar nicht mehr guten Morgen sagt. Das Schade, dass ... ist längst vorüber. Es ist schlimmer geworden, viel schlimmer. Das Deutsche Volk wird eingeholt von seinem Wegschauen auf die eigene Geschichte. Schadenfreude – das Wort gibt es nur in der deutschen Sprache. Eine unmenschliche Erfolgsgesellschaft hat die Leistungsgesellschaft abgelöst. Welcher Wahn, dass Kinder für alles und jedes gelobt und ständig belohnt werden. Mütter reagieren aggressiv, erhalten ihre Zöglinge diese Art verlogener Zuwendung nicht. Eine uferlose Liste mit Schade, dass ... würde mir leicht von der Hand gehen. Aber würde da nicht ganz schnell die Frage auftauchen: war denn früher alles besser? Nein, im Gegenteil. Das Schade, dass ... ist längst vorüber. Es ist schlimmer geworden, viel schlimmer.

11. Nov. 2017

Revolutionsmänner, die sich auf ihr Fach verstehen und denen die Sache der Freiheit am Herzen liegt, wissen sich und andere in die Notwendigkeit zu setzen, entweder das einmal begonnene Werk zu vollenden, zu siegen oder mit den Waffen in der Hand zu sterben. Sind sie einmal über den Rubikon geschritten, so brechen sie jede Brücke hinter sich ab. Der Blick rückwärts ist eine halbe Niederlage; der Blick vorwärts das Beginnen des Triumphes.

aus: *Briefe, geschrieben auf einer Reise von Paris nach den Niederlanden, 1794*, in: Georg Kerner, *Jakobiner und Armenarzt*, Reisebriefe, Berichte, Lebenszeugnisse, herausgegeben von Hedwig Voigt. Dieses Zitat hat H. V. der Einleitung vorangestellt.

Nach dem Sturz Robespierres geschriebene Worte meines Urururgroßvaters, Dr. Georg Kerner. Noble Wurzeln meiner Herkunft. Welches Feuer eines Freiheitsrebellen in meinem Blut. Ihm will ich nacheifern mein Leben lang.

12. Nov. 2017

Noch einmal überfällt mich das glasharte Bewusstsein, kinderlos zu sein. Welcher Schmerz. Welche niemals mehr zu heilende Wunde, die in meine Seele gerissen wurde. Welcher Verlust. Welcher Kummer um ein verpasstes Leben als Mutter. Meine Trauer ist so groß und tief, dass in der Seele kein Platz ist für Vorwurf, Gram, Schuld, Leid oder Bedauern.

13. Nov. 2017

Herbst

Tränen, Tränen, Tränen ob der nicht enden wollenden Verflechtungen von Schuld und Sühne, der Verstrickungen im Dickicht unserer korrumpierten Herzen bei den Menschen, bei mir, bei dir. Hochmut, Ausgrenzung, Hass und Neid in der Nachbarschaft, Missbrauch und Ausbeutung in den Familien, Kinder- und Sklavenarbeit, Flucht, Folter, Kriege, Elend und endloses Leid. Unsere Erde stirbt einen qualvollen Tod. Übermäßiger Wohlstand thront in Eiseskälte auf dem Morast aus Unmenschlichkeit, Lüge, Sadismus, Brutalität, Mord und Todschlag.

Ich schaue aus dem Fenster. Helles Herbstlicht strahlt an einem sonnigen Morgen. Trügerische Ruhe im müden Gezweig, das reingewaschen von Unwetter, Regen und Wind keinen farbigen Blättersegen mehr entlässt. Als wären die tanzenden, leuchtenden Blätter, denen mein ganzes Herz gehört, nutzloser Schmutz. Schon werden sie zusammengepfercht, in Laubsäcke gestopft und abtransportiert.

Kann es denn wirklich sein, dass all dies Schreckliche nur meinen Gedanken entspringt und dass nichts von alledem existierte, würden sie es nicht hervorrufen? Wie kann ich mich da noch gegen irgendein Geschehnis auflehnen, mich nicht mit ihm arrangieren, wie es nun einmal ist? Der Kosmos birgt einen geheimnisvollen Plan, in dessen Gewebe ich nur äußerst schwer erkennen kann, was für mich gemeint, was für meinen Nächsten gedacht, welches Schicksal für wen oder was bestimmt ist.

Am ehesten erahnen wir etwas vom großen Werden, wenn wir still sind. Unversehens sieht der Tag schön und mein Leben gut aus, erscheint mir alles richtig, gerade so wie es ist. Und wenn die Erde auch untergehen wird, kann sogar das vielleicht eine uns verborgene kosmische Absicht sein, von der wir kaum etwas verstehen können mit unseren winzigen Gehirnen. Wie lächerlich!
Wenn ein Mensch wie Frank Peter Zimmermann auf seiner Geige 45 Minuten in einem wunderbaren Fluss, ohne Noten und ohne auch nur einmal zu zögern, das Violinkonzert von Beethoven wie in einem großen Atemzug ohne jegliche Anstrengung spielt, tief, virtuos, fulminant, einfach, kann noch unendlich vieles möglich sein, von dem wir keinerlei Ahnung haben. Hingabe ist das Zauberwort.

13. Nov. 2017

Es ist die Natur des Schmerzes
sich in Liebe zu verwandeln.

28. Nov. 2017

easy going

5. Dez. 2017

? ?

       ? ?   ?   ? ? ? ? ?

? ? ?   ? ? ?

               ? ? ? ?

7. Dez. 2017

Ein kleiner Zettel mit einem notierten Zitat hängt seit Jahren an meiner Wand: Die genussvoll erfolgreiche Persönlichkeit zeichnet sich dadurch aus, dass sie sich Freiheiten nimmt- etwa für Experimente oder die Realisation individueller Leidenschaften. Immer, wenn ich diesen Satz lese, erscheinen mir zwei Bilder: Ich als kleines zufriedenes Mädchen, ruhig und leistungsstark, voller eigener Ideen und Vorlieben, zärtlich und zugleich unumstößlich; zugleich auch für andere Menschen voller Hingabe. Das andere Bild betrifft die Grundnatur des Wesens von Phillip, Sohn von Hans.

Wenn ich auf diesen Satz schaute, wusste ich, dass ich in der Tiefe genau eine solche Person bin, sie zumindest einst war als Kind und dass ich sie einmal wieder sein werde. Als wäre es meine Pflicht, den Gehalt dieser Aussage zu realisieren und als hätte ich es meiner inneren Stimme immer noch nicht ermöglicht, dieser edlen Aufgabe vollständig nachzukommen. Wie oft weiß ich einfach nicht, ob etwas für mich richtig oder falsch ist, ob ich dies oder jenes jetzt tun oder lassen soll, ob meine Gedanken falsch oder richtig sind, ob ich jetzt Kunst machen soll oder doch lieber den Garten pflegen. Dann leide ich sehr unter einer mangelnden Entschlusskraft und spüre eine schmerzhafte Blockierung.

Dass ich heute diesen Zettel von der Wand nehme und seinen Gehalt hier aufgreife, liegt möglicherweise an dem Wunder von *My Health* mit seiner Möglichkeit an den Hirnhologrammen zu arbeiten. In diesem Falle *ER 22*. Danke Angel für deine elegante, freiheitsorientierte und daher auch zurecht oft knallharte Medizin.

8. Dez. 2017

Von: Ute Schuckmann <post@ute-schuckmann.de>
Betreff: Titelversuche
Datum: 8. Dezember 2017 16:09:28 MEZ
An: Sigrid Crasemann <galerie@sigrid-crasemann.de>

Liebe Sigrid,
diese sind eben entstanden, …
LG Ute
(hier die Coverentwürfe per Bild)

Von: Sigrid Crasemann <galerie@sigrid-crasemann.de>
Betreff: Re: Titelversuche
Datum: 8. Dezember 2017 16:59:20 MEZ
An: Ute Schuckmann <post@ute-schuckmann.de>

hey, künstlerin

wie du das machst

das erste liebe ich

das zweite vielleicht etwas zu grafisch

aber tolle farben

das dritte hat ne welle

das vierte auch muy interessante

vielleicht zu ähnlich im ton wie die ersten

es macht echt spaß mit dir

danke

lg sigrid

8. Dez. 2017

Roland Barthes nach einer Japanreise: *Der Westen tränkt alles mit Sinn. In Japan beginnt alles, wie es begonnen hat, mit Stille.* Mein Herz schlägt für den diesjährigen Nobelpreisträger Kazuo Ishiguro, der spät den Wert seiner japanischen Wurzeln wieder entdeckt. Mein Herz schlägt für Suigimoto, den Fotografen der Stille. Mein Herz wird immer wieder groß, rot und weit, nehme ich irgendetwas aus Japan

157

wahr. Werde ich Japan noch sehen in diesem Leben? Den Fuji habe ich mehrfach in meinen Bildern aufgenommen.

8. Dez. 23:38 2017

Mein Abendsparziergang führt mich zur Roteiche und auf einem Mal weiß ich, was zu tun ist.

10. Dez. 2017

Ich bin der Hase *und* der Igel

10. Dez. 2017

Mir fällt eine Szene aus Der kleine Prinz von St Exupéry ein: Der kleine Prinz hat eine Freundin gefunden, eine schöne Rose, die er in ihrer Einzigartigkeit liebt.
Auf seiner langen Reise kommt er an einem Rosenfeld vorbei. Er ist sehr erschrocken, da er hier hunderte von Rosen sieht, die allesamt seiner Freundin so stark ähneln,

dass er sie nicht unterscheiden kann, und er fällt in tiefe Betrübnis.

Nach längerer Zeit, ich erinnere nicht mehr genau den Anlass, möglicherweise hat ihm ein kleiner Fuchs dabei geholfen, fällt ihm plötzlich ein Gedanke ein, der seine Lebensgeister wieder erweckt: *Je sius responsable pour ma rose.*

11. Dez. 2017

Milder Widerhall meiner Wünsche
im Zauber des ersten Schnees.
Sanftes Fallen weißer Flocken
auf unsere verwundete Erde.
Lasche Biederkeit der Jungfamilie
im weißen Lackmobiliar.
Meine warme Liebe zu YSL
im Farbenrausch der Vergangenheit.

14. Dez. 2017

Die schwerste Zeit des Jahres, begonnen im November mit Buß- und Bettag, fortgesetzt am Totensonntag, gefolgt von der Adventszeit, spitzt sich zu und mündet geradewegs ins gemütliche Weihnachtszimmer. Nervosität kriecht in uns hoch, Stress setzt ein, Arztbesuche häufen sich, Familienerwartungen werden pflichtgemäß bedient. Dumpfe Traditionen geben uns scheinbaren Halt. Betrüben uns denn wirklich Kälte und graue Düsternis, wie alle meinen? Kälte und Dunkelheit dieser Jahreszeit begleiten nun einmal alle Naturwesen. Die Säfte der Bäume steigen hinab, Tiere ziehen sich zurück, Organismen pausieren. Winterruhe. Stille. Was uns bedrückt und bedrängt ist nicht die Hingabe der Natur an die geduldige Finsternis sondern viel eher das Grauen der verdorbenen Menschen, geprägt durch die Herrschaft christlich abendländischer Moral, die Kälte ihrer Herzlosigkeit im Namen eines brutalen Wertesystems und die Dunkelheit eines Gutmenschentums getränkt von Hochmut, Hinterhältigkeit und Lüge.

H. Gremliza meinte eben in einem kleinen Gespräch im FSK Hamburg nach der Lesung seiner Kolumne aus der *Konkret* Dez. 2017, er weiche dem schlimmsten Fest des Jahres aus. „Wie angenehm, dass ein Mann von feinster Intelligenz mir aus dem Herzen spricht," dachte ich. Er fahre nach Mallorca, da wäre Weihnachten ein Zauber zu spüren, weil die Menschen dort zwar, wie in allen katholischen Ländern, in die Kirche gingen aber nicht dran glauben würden. Sie hielten sich nur an die Form, was doch immerhin schon was wäre. Kann ich mich dieser Sehweise anschließen? In meinem Tagebuch *Gedanken zur Kunst VII* entsprach ich der Auffassung von H. Gremliza und beklagte Weihnachten auf heftige Art und Weise (s. 23. 12. 2009 und 13. 1. 2010) Soll ich mich nun in dieser kritischen, bestimmt nicht falschen Betrachtung endlos wiederholen? Kann sie der inneren Freiheit des Menschen dienen? Seltsam pubertär erschien mir H. Gremliza bei seiner Äußerung. „Ausgerechnet nach Mallorca", dachte ich noch kurz. Es ist unschwer zu erkennen, dass nahezu alle historischen und aktuellen politischen Bemühungen von „links" gescheitert sind und dass die Gesellschaft sich in absehbarer Zeit nicht zum Wohle der Menschheit verändern wird. Die uneingestandene Einsicht in diese Ohnmacht ist allen linken Versammlungen und Lesungen zu eigen und belasten mich jeweils tief, einerlei wie genial die Denker und Sprecher auch sein mögen. Wie sähe mit dieser grundlegenden Sehweise für uns eine konsequente Handlung aus? Eigentlich bliebe am Ende doch nur noch, sich umzubringen ...

Was ist für mich zu tun? Mich bedenkenlos der Lüge und dem Oberflächenwahn anschließen? Etwa gar zum sentimentalen Weihnachtsgottesdienst wallfahrten? Mit Lichterketten, Geschenken, gingle bells, Wein und Essen durch den Rausch der Weihnachtszeit taumeln? Durchhalten, bis dann endlich am Sylvester alles kurzfristig in die Luft gejagt wird? Meine Sehnsucht gilt doch der Wahrheit, dem Feuer der inneren Freiheit!

Geht es eigentlich um den Wert oder Unwert von Unterdrückung, um das Verständnis oder die Beurteilung eines Ausweichens nach Mallorca am Weihnachtsfest? Geht es denn überhaupt um richtig oder falsch oder irgendeine moralisierende Bewertung?

Nein, allein die Erkenntnis des Wahns jeglicher Anhaftung ist von Bedeutung. Von der Wahrheit dieser Einsicht handelt der Ashtavagra Gita Dialog. Ein Beispiel daraus für das Weihnachtsfest: *Der, der aufgehört hat zu konzeptualisieren und daher frei ist von Bindungen an Sinnesobjekte, der jenseits von Gegensätzen und frei von Wünschen ist, akzeptiert mit Gleichmut, was immer seinen Weg im täglichen Leben kreuzt.*

Und noch ein schöner Weihnachtsgruß für uns von Ramana Maharshi, dem Weisen vom Berge Aranachula: *Was Sie als schöner und interessanter Dinge ansehen, ist tatsächlich der dumpfe und nichtwissende Schlafzustand. In der Bhagavad Gita heißt es: Der Weise ist hellwach, wo für andere Dunkel herrscht. Sie müssen aus dem Schlaf aufwachen, der Sie jetzt noch gefangen hält.*

Merry Christmas!

16. Dez. 2017

für dich

… wenn ich mein Feuer für uns nicht festhalten kann,

und meine Liebe weiter fliegen will als zum Wunder unserer Berührung,

ahne ich einen Raum, der auf uns wartet…

… und wenn dieser Schmerz unerträglich groß wird,

leuchtet ein Sehnen, das ich mit dir teilen möchte…

…und wenn dann das Eichengold vor meinem Fenster einfach zu schön ist,

dann ruft mich die Sehnsucht nach der schwarzen Rose,

in der ich mit dir baden will…

24. Dez. 2017

Gott ist Mensch geworden, heute am 24.12. ist das Licht in die Welt gekommen. Das ist Weihnachten. Dies vernahm ich soeben im Radio; Worte einer katholischen Priesterin. Darüber gilt es nachzudenken.

Natürlich, die Prägung sitzt tief und ich spüre, wie mich diese Botschaft immer wieder zieht. Was zieht mich und wohin? Wer oder was will mir Tränen entlocken? Es ist der sentimentale Irrglaube, dass Gott mir beisteht, der Vater Gottes es schon richten wird, wenn ich mich ihm nur anvertraue. Und spätestens jetzt muss ich aufwachen. Es geht ja gar nicht um mein Vertrauen in Gott den Vater, sondern um eine Art Auslieferung an seine Machtgier, die mich durch seine Handlanger in den Schlaf manövrieren will. Wie schwer! Warum schwer? Natürlich sehnen wir uns nach Erlösung, nach beständiger Glückseligkeit. Und dieses Wunder der Freude, der inneren Stille ist für uns alle da, liegt uns nicht nur zu Füßen, sondern ist in uns. Wir sind die Freude, die innere Harmonie, das Land der *schwarzen Rose*.

Nur, wir haben uns in ein festes Korsett geschnürt, von dem wir irrtümlich annehmen, dass es uns stützt; so haben wir über die Jahrhunderte einen Elektrozaun geschmiedet, der uns vom Leben abschirmt, uns zur Lüge verhilft und uns mit tausenderlei Tricks auffordert – auch unter Einsatz des eigenen Lebens – ihn unter allen Umständen aufrecht zu erhalten. Das Interesse an diesem Gefängnis aus Moral, Schuld und Sühne wird geschürt von Gott dem Vater selbst, der uns wie Kinder durch einen blinden Glauben an ihn gefangen hält und für seine Sache auf immer verfügbar macht. Haupthandlanger zur Aufrechterhaltung dieser Knechtschaft ist nun einmal für uns die Christliche Kirche, Stellvertreter Gottes auf Erden. Kein Wunder, dass so viele Menschen bei der Botschaft von Weihnachten weinen müssen, sich streiten und Schlimmeres.

Frohes Fest!

28. Dez. 2017

Prägungen sind nicht einfach mit guter Absicht zu löschen, Verstrickungen nicht mal so eben abzuschütteln oder gar mit Vernunft zu lösen, oder noch vertrackter, durch Schmeicheleien, Lob oder sonstigem Schmarrn zu beheben. Die gegenseitige Rücksicht auf eingebrannte Familientreue und das teuflische Sippengewissen wird auf Dauer zum Verhaltenskodex eines reifen Menschen im christlichen Abendland gehören.

2018

26. Jan. 2018

Angesichts der explosionsartigen Entwicklung in Philosophie, Wissenschaft, Technik und aller damit einhergehenden möglichen Veränderungen des Lebens auf unserer Erde erscheinen mir die Eintragungen in meine Tagebücher der letzten Jahre gerade mal wie anachronistisches Gejammer.

1. Feb. 2018

James Rosenquist
Malerei gigantischer Ausmaße mit eigenem Pinsel,
unfassbare Energieströme uferloser Absichten,
rätselhaftes Wollen
im Aufwind absoluter Anerkennung.
Begeistert, erschlagen,
benommen, berührt,
Anteilnahme am radikal künstlerischen Trieb
eines amerikanischen,
in der Tiefe vielleicht doch europäischen Künstlers?
Zugleich blaue Trauer
um ein beklommenes Heldendasein,
um den gigantischen Kampf
eines Mannes im Wachstumswahn der U.S.A.
in der zweiten Hälfte des 20. Jahrhunderts.

Amerika, wie können wir dich begreifen?
(s. mein erstandener Katalog)
Gestern allein in Köln, Museum Ludwig, Ausstellung
18. 11. 2017 - 4. 3. 2018: *Eintauchen ins Bild – Rosenquist*

15. Feb. 2018

Eisiger Wintereinbruch,
müdes Verstummen.
Die Arbeit an der *Schwarzen Rose*
mit Chinatusche, Vogelfedern und Schilfrohr
auf hartem europäischen Aquarellpapier
wird abgelöst von einer Reise
zu den Bergen im Schnee.
Es schwindelt mir
im kargen Bemühen
auch nur einen Hauch
der *Schwarzen Rose*
zu erahnen.
Vielleicht hilft mir ja
das Licht der weißen Stille.

27. Feb. 2018

Ich sitze in einem Zirben-Zimmer am *Hainererhof*.
J. läuft heute ohne mich Ski.
Auf dem Hof hier haben wir momentan -13°,
und oben an den sehr kalten Hängen -19°.
Der Winter mit dem unendlich vielen weißen Schnee,
der mich bisher so sehr bezauberte,
erscheint mir heute nahezu abweisend
und ich stelle mir mit innerem Vergnügen vor,
wie bei uns bald wieder der Frühling
mit seinen vielen feinen sanften Blättern Einzug hält.
Es ist bereits Mittag.
Als ich heute früh entschied, im Haus zu bleiben, eine Ski-
pause zu machen, wollte ich schreiben, schreiben,
unbedingt schreiben.
Aber dann überkam mich eine große Müdigkeit, die mich
bis 12 Uhr schlafen ließ.
Vielleicht ein Heilschlaf nach inneren Anstrengungen
der letzten Zeit.
Die eiskalten Nächte sind schwer.
Schwitzend, träumend, umhergehend verbringe ich
die finsteren Stunden
dieser außergewöhnlichen Stille am Fuße der mächtigen
weißen Berge neben meinem Liebsten.
Die schwarze Dunkelheit hier am Hof
oberhalb der Ortschaften,
mit seinen urtümlichen Ställen hinterm Haus,
dem mir nahezu verworrenen erscheinenden Ordnungs-

sinn der Hofbesitzer
dem weitgehend naturbelassenen, fast chaotischen
und auf die schlichte Existenz ausgerichteten Anwesen
ist enorm intensiv und fordert mir einiges ab.
Was ist es denn, das mir etwas abfordert?
Was ist wirklich anstrengend?
Was lässt mich jammern und zetern?
Und überhaupt, wer zetert, hat Angst und klagt?
Soll immer wieder der jeweilige Zustand,
die jeweilige Bedingung, der jeweilige Ort,
die jeweilige Tätigkeit, die jeweilige körperliche Befindlichkeit,
etwa gar mein altersbedingtes Geflecht …
verantwortlich sein für mein Befinden,
gar Schuld sein an meinem Leidenszustand?
Wenn es so wäre, bliebe mir nur
ewig abzuwägen, immer weiter ergebnislos
und am Ende orientierungslos umherzuwandern,
bis ich erschöpft und ausgelaugt verende.

Nur *der* Ehepartner wäre für mich der beste,
der mir das meiste Glück bescheren würde?
Geht es um die richtige Entscheidung für eine Lebensführung,
die in meiner Hand liegt?
Geht es um den richtigen Ort,
an dem ich am besten leben könnte,
den ich nur zu wählen hätte?
Geht es um die für mich besten Mitmenschen,
die ich mir nur aussuche müsste?

Wenn ich nun um all diese dummen Fragen weiß
und dennoch häufig unglücklich bin,
kann ich eigentlich einpacken.

Oder?

Zertrümmere die Qual und den Zweifel deiner Fragen.
Das Fatum ist für dich genauso bereitet,
wie es für dich das richtige ist.
Es wird ohnehin alles genauso geschehen,
wie es für dich bestimmt ist,
ob du es nun willst oder nicht,
Wirf ab, was nicht zu dir und deinem Schicksal gehört.
Gib dich hin und erwarte ein Wunder.
Du bist schon frei.

Hainererhof, am *1. Mär. 2018*

Liebe Tante Leni,

2013 verlegte ich mein erstes Buch mit dem Titel Ahnensog. Ein Kapitel daraus enthält Briefe, die ich an Menschen schrieb, die einen erheblichen Einfluss auf mein Leben hatten und bis heute haben; an meine Mutter, eine Lehrerin, einen Arzt, an ein Tier, meinen Kater Anton, und an dich.

Der Brief an dich in diesem Buch wurde am 13. April 2011 von mir verfasst. Es ist nun sieben Jahre her, dass ich mich in dieser intimen Form eines persönlichen Briefes an dich wandte. Tante Leni, obwohl mein leiblicher Kontakt zu dir eher spärlich war und meine Erinnerung an deine stoffliche Beschaffenheit eigentlich so gut wie gar nicht in mir lebendig ist, war und ist dein Schicksal für mein Leben von beträchtlicher Bedeutung.

Heute werde ich mich ein zweites und wie ich annehme letztes Mal an dich wenden. Am Fuße oder besser inmitten von mit wunderbar weißem Schnee bedeckten herrlichen Bergen, stolzen Riesen, Wesen der Liebe, wie ich finde, auf denen ich die letzten beiden Wochen zusammen mit meinem Liebsten tanzen durfte, schreibe ich diesen Brief an dich.

Mein Anlass ist persönliches Leid. Immer wieder gelange ich in einen Sog dunkler Lebensfeindlichkeit, einer Ballung aus bleischwerer Düsternis, dumpfem Schmerz und schwarzen Tränen. Da aber mein Wesen seit meiner Kindheit in der Tiefe genau aus dem Gegenteil gewebt ist, nämlich aus Freundlichkeit, Mitmenschlichkeit, Hingabe, Freude, Zärtlichkeit, Zufriedenheit und einem unbändigen Freiheitsdrang gerate ich in Konflikte des Grauens, die mich zu zerreißen drohen. Dann schneide ich Menschen, denen ich im Grunde sehr zugetan bin, lehne ab, was mir an sich viel bedeutet, meide Tätigkeiten, die mir lieb und teuer sind, verwechsle spirituelle Hingabe mit kalvinistischem Verzicht, verirre mich im lebensfeindlichen Kodex von Gut und Böse, gebe mich Verstrickungen hin, die mich zum Opfer für den Zusammenhalt von Familie erniedrigen, verderbe, was ich liebe, vernichte, was mir an sich alles bedeutet.

Tante Leni, all das geschieht mir, weil ein Trieb aus fataler Prägung meiner Seele zuflüstert, 'opfere dich, damit deine Tante gerettet wird.' Dieser unbewusst wirkende, grauenhafte Trieb ist das Kind einer von der Kirche erfundenen christlichen Moral, die besagt, dass wir im Verzicht auf das eigene Leben das Leben eines geliebten Menschen retten können. Jesus soll angeblich gemeint haben, als er sagte, „Ich gebe mein Leben für Euch", dass er stürbe, damit wir leben können. Das ist aber eine Lüge der verschlagenen Herrschaftssucht der alten Kirchenväter. Jesus hat sein stoffliches Leben, seinen Körper töten lassen, um das spirituelle, ewigen Leben zu erlangen. Das ist ein beispielhafter Weg, der besagt, dass wir auf die Identifizierung mit unserem Körper verzichten sollen, um so die Freiheit der Glückseligkeit zu erlangen. Und zwar sofort und nicht erst im Himmel nach dem Tod, wie uns die Kirche verspricht. Wir sollen jetzt auf das süße Leben verzichten und uns in der Hoffnung auf ein ewiges Leben nach dem Tod zunächst in Selbstkasteiung, Schuld und Sühne ergehen, zermürben und seelisch vernichten. Aus diesem uns verhöhnenden Machtinstrument haben wir uns ein selbstzerstörendes Missverständnis angeeignet und sind Opfer einer ungeheuren Lawine geworden, die kaum noch einer durchschaut. Und so ist eine morbide, desaströse Menschheit von unbewussten Mördern und Selbstmördern aus uns geworden. „Folget mir nach" waren die Worte Jesu, die besagen, dass wir den Weg eines spirituellen Lebens gehen sollen, der uns die innere Freiheit beschert und uns aus der Gefangenschaft falscher Moral, zerstörerischer Gedanken und teuflischer Todsünden wie Zweifel, Angst und kindlichen Wünschen führt.

Diese uns aktivierenden Worte bedeuten eben nicht lieber ich als du, – 'lieber sterbe ich, als dass ich dich gehen lasse, –lieber werde ich krank, als dass meine Mutter krank wird, –lieber bringe ich mich um, als dass ich dein Schicksal akzeptiere' usw., usw. Diese Art Rettung des Nächsten verdoppelt vielmehr das Leid als es zu tilgen. In sentimentaler Opferbereitschaft bildet so ein falsch verstandener Altruismus den fatalen Morast von Vereinsamung, Selbstkasteiung, Krankheit, Ausgrenzung und Tod.

Tante Leni, natürlich kann all das dich gar nicht wirklich interessieren, da du doch schon so lange in einer von deinem schweren Leben befreiten Seele existierst und ich in diesem Wissen immer versuchte, deine Ruhe nicht zu stören. Aber da ich gerade wieder in die Bedrohung geriet, das Glück meines Lebens aufs Spiel zu setzen, wende ich mich doch noch einmal an dich in der Hoffnung, dass du mir dein Ohr leihst, das doch von musischer Feinheit gewebt war. Natürlich war es ein unvorstellbar schweres Schicksal, das dir vom kosmischen Geschehen auferlegt wurde, welches dich im Alter einer reifen jungen Frau von deinen Kindern trennte und dich, eine Hofbesitzerin von musischem Geblüt (Duncker, Speckter, Kerner) und kaufmännischem Adel (Crasemann, Dyckerhoff) lebenslang in eine beengte Anstalt bei kasteienden Diakonissen einsperrte, wo dir u.a. Elektroschocks verpasst wurden, und du von dort immer wieder versuchtest, wegzulaufen, um dein herrschaftliches, der Landwirtschaft und der Musik zugewandtes und, wie ich jetzt von deinem Sohn Horst hörte, von allen geachtetes Leben wieder zu erlangen......, solange, bis du dir auf erneuter Flucht aus der Anstalt eines Nachts in düsterster Einsamkeit am Familiengrab die Pulsadern aufschnittst und so versuchtest, deinem Leben ein Ende zu setzen.

Warum eine derart entsetzliche Tat, dich wie eine kranke Verbrecherin einzusperren, unternommen wurde, darüber will ich nicht rechten. Es genügt an dieser Stelle zu äußern, dass all dies für dich ein grausames Schicksal war, und zu erkennen, dass es für mich eine mit diesem Schicksal lebensbedrohliche Verquickung gibt, die mich auf fatale Weise immer wieder ungewollt in höchste seelische Not entführt.

Obwohl ich meine Seele seit etlichen Jahren in tief überzeugter Liebe mit den Schriften der Weisen speise und unterrichte, die besagen, dass es für uns einzig um Hingabe geht, dass ich also mein Schicksal so annehmen soll, wie es sich nun einmal zeigt und dass es sich ohnehin

173

erfüllen wird, ganz gleich ob ich mich gegen es auflehne oder es akzeptiere, will ich nicht glauben und bin auch nicht bereit anzunehmen, dass das kosmische Geschehen mir auf eine endgültige Weise auferlegen will, mich für meine Verwandte zu opfern. Ich nehme viel eher an, dass es meine Aufgabe ist, diese tiefe Verstrickung zu durchschauen und mich radikal von ihr zu distanzieren und – was von weit größerem Wert ist und ich zudem sehr deutlich wahrnehme und spüre – mich mit der Energie des Blutes vom Freiheitskämpfer Dr. Georg Kerner, der unserer beider Urururgroßvater ist, zu verbinden und den Menschen mitzuteilen, dass das Christentum in seiner verwerflichen und lebensfeindlichen Moral und mörderischen Herrschaftsstruktur endlich abgeschafft werden muss, will die Menschheit mitsamt der Erde nicht untergehen.

Tante Leni, da du dich, wie ich von deinem jüngeren Bruder, meinem Vater hörte, mit Spiritualität auch wie ich weiß, mit Nietzsche auseinandergesetzt hast und herrlich Klavier gespielt haben sollst, mute ich dir zu, diese meine Betrachtung zur Lebensfeindlichkeit unseres Abendlandes anzuhören, in dir aufzunehmen und in deinem Herzen zu bewegen.

Und ich bitte dich, schaue freundlich auf meinen Weg der letzten Jahre meines Lebens, das ich so sehr gern in Liebe und Freundlichkeit, in Mitmenschlichkeit und Lebensfreude verbringen möchte, und stehe mir bei, das Schwere der Last unseres Familienschicksals zu erkennen und, zumindest in mir, zu wenden.

Nun will ich dich für immer in Ruhe lassen und meinen eigenen Weg gehen, jenseits von Familie.

Deine Nichte Sigrid   [Brief nicht abgeschickt]

2. Mär. 2018

Wieder diese Schmerzen des ganzen Körpers. Die Nächte
bringen sie ans Licht. Sie werden durch das Tagesgesche-
hen abgelenkt aber unter der Oberfläche lauernd gehalten.
Spätestens in den Nächten, besonders in den frühen Stunden der Dämmerung, wenn der Tag sich Bahn bricht,
treten sie hervor und quälen die Seele. Die nervliche Belastung lässt keine Ruhe zu und erfordert ein ständiges sich
Drehen und Umlagern des Körpers. Im halbwachen Bewusstsein fällt es schwer, Gedanken zu bändigen. Die Qual
schleudert die Klugheit an die Wand und wimmert und
schreit. Sie will mich packen, erniedrigen und zwingen,
Abhilfe zu schaffen, etwa durch Tabletten oder beruhigen-
de Drogen. Aber es kommt nicht in Frage. Den Auftrag
meines Schicksals will ich erkennen und mich ihm hingeben. Seit langer Zeit treten diese nervlichen Schmerzen auf,
die keine Entspannung zulassen und mich wieder und wieder in die Schranken eines jammernden Organismus verweisen. Es sind nicht meine Schmerzen. Es sind die
Schmerzen der Ahnen, die niemals angeschaut wurden und
solange toben, bis wir sie anschauen und ihnen zustimmen.
Fragen sind ohne Bedeutung, Vorwürfe an das Schicksal
ergeben keinen Sinn.
Erschöpft lege ich mich zurück und sehe die weißen Hänge
der wunderbaren Berge, die ich nach qualvollen Nächten
mit meinen Ski an der Seite meines Liebsten herabfahren
kann, schnell, voller Lust und hellem Vergnügen. Sodass
ich mir dieses Jahr neue Skistiefel kaufe, weiß-blaugrau aus

guten Material. Sie geben mir eine angenehme Sicherheit, sodass ich vermute, noch einige Jahre auf den Hängen der weißen Riesen mit meinem Geliebten tanzen zu können. Es ist für ihn pure Freude, und wenn ich an meine erste Skierfahrung als junges Mädchen denke, fällt mir diese Helligkeit ein, weiß, blau, Licht und reine Freude. Es geht um mehr als um das Skifahren. Kristallenes Bergwasser, feinste Energie der klaren Luft, Weite und Stärke der beschneiten felsigen Giganten evozieren Liebe und Hingabe für den spirituellen Raum. Viele Menschen halten die schneidende Grazie dieser Schönheit nicht aus. Sie betäuben die Möglichkeit ihrer Wahrnehmung für all dies, konsumieren enorme Speisemengen und trinken viel Alkohol. Die Berghütten sind zu ehrgeizigen Restaurants verkommen. Ich erkenne in ihnen den Wert der weißen Bergwelt und meinen Auftrag für die Schmerzen der Nacht.

Das Sippengewissen zieht uns in einen Tumult aus Zweifel und Angst und entführt uns in ohnmächtige Welten, in denen wir Schmerzen betäuben, Liebe nicht aushalten und Schönheit vernichten. Das Sippengewissen verspricht uns hinterhältig inneren Frieden, wenn wir uns nur dem Familienerhalt opfern. Es entsteht aber bei diesem verlogenen Unterfangen allemal lasche Harmonie und schale Eintracht. Es gibt keine innerfamiliäre Verantwortung, die von Wert wäre, da sie nichts auslöst als Verwirrung. Trotze dem Ahnensog. Widerstehe dem Drang, dich für deine Sippe zu engagieren. Das gute Gewissen ist eine Erfindung und leitet sich her aus dem kirchendogmatischen Wahn unseres christlichen Abendlandes.

15. Mär. 2018

Familie, eine Gemeinschaft von Blutsverwandten, Menschen gleichen Blutes, von denen in der Regel eine Anzahl einige Jahre gemeinsam, oft an demselben Ort, leben.

Was wird nur daraus, aus dieser schlichten Tatsache.

Nicht selten entwickelt sich ein unguter Organismus, an den wir uns in Treue und aus Angst dennoch klammern, der häufig zu Bevormundung, Verachtung, Erniedrigung, Entrechtung und Ausgrenzung führt, ja gar zu Mord und Totschlag. All dies geschieht meist im Namen von religiösen Moralvorstellungen.

Schuld und Sühne sind die Schreckensgespenster des Kirchendogmas der christlichen Kirche.

Eide und Gelübde haben unsere Gene tief geprägt und uns mit einem Sippengewissen unterfüttert, das rein sein möchte und in braver Ruhe daher dümpeln will. Die mit einem solchen Gewissen gepolsterte Seele lebt in ruheloser aggressiver Angst. Die Kirche hat leichtes Spiel mit Menschen derart labiler Persönlichkeiten. Sie kann Gesetze festlegen, bestrafen, ausgrenzen, töten. Unter der Schirmherrschaft dieses Machtinstruments, das bewusst mit dem Konzept von Schuld und Sühne arbeitet, hat sich über die Jahrhunderte eine instabile Menschheit entwickelt. Ihr furchtsamer Trieb führt zu Missgunst und Neid und häufig zu Rache, Verfolgung und Ausgrenzung.

Einst galt die Familie und deren Zusammenhalt dem Überleben der Sippe und damit dem Schutz des Einzelnen. Der Einfluss der letzten 2000 Jahre von Staat und Kirche aber auf Moral, Ge- und Verbote für eine christliche Familie hat Nutzen und Schönheit dieser intimen Einrichtung erheblich verändert. So herrscht bis heute der naive Irrglaube, dass die der Kirche ergebene christliche Familie dem einzelnen Menschen wie einst Schutz gewähre. Sie ist aber mittlerweile in ihren Strukturen und Überzeugungen vergiftet und das hat mitunter schreckliche Folgen. Eine Phalanx des familiären Zusammenhalts biete eine Chance, dem Bösen zu widerstehen, so die Vorstellung. Wenigstens wir Familienmitglieder müssen unter allen Umständen zusammenhalten, dann könnten wir dem Unheil widerstehen.

Die (kirchentreue *Heilige) Familie* ist beflissen darauf bedacht, dass keines ihrer Schafe sich allzu weit von ihren Geboten, Prinzipien und Moralvorstellungen entfernt. Ihr anfälliges Gefüge hält nur in Geschlossenheit stand. Jeder Mauerstein ist ihnen wichtig. Bis heute habe ich in der Tiefe nicht wirklich erfasst, warum es für die Familie derart schlimm oder gar bedrohlich ist, wenn ein Mitglied sich distanziert, und sei es nur durch eine den Angehörigen fremde Lebensauffassung. Bei jedem Versuch, sich zu entfernen, wirst du in die Herde der Sippe zurück gepfiffen oder mit lügenhaften Tricks umgarnt. Wenn du nun dennoch ausbrichst, tun die anderen alles, um dich zurück zu erobern. Wenn dies misslingt, wirst du verachtet, verfolgt, fallen gelassen oder gar ausgegrenzt. Und all das unter dem Deckmantel der Liebe.

Diese durch nichts zu rechtfertigende Überzeugung für einen derart gnadenlosen Zusammenhalt ist nur aufrecht zu erhalten mithilfe eines Müllplatzes, auf dem abgeladen werden kann, was überschüssig in den Seelen rumort. Die *heilige Familie* benutzt hierfür ein *schwarzes Schaf.* Unter dem reinen Gewissen einer solchen Lebenshaltung lärmt ja der Betrug. Abgedrängtes wie Bosheit, Lüge, Feigheit, schmutzige Fantasie und Schlimmeres werden einem Familienmitglied angehängt, nicht selten ist es das mit dem größten Herzen, das nun zurecht ausgegrenzt werden darf und so der Beruhigung des Gewissens der Sippe dient. Gutartige, schwache und kranke Seelen werden gern für diese makabre Aufgabe des *schwarzen Schafes* benutzt. Und gerade auch feinsinnige Geister höherer Intelligenz, Künstler, Musiker, Freiheitskämpfer und andere, die den normativen Werten der Familie nicht entsprechen, erleiden häufig ein solches Schicksal. Vereinsamung, Krankheit, Irrsinn, Selbstmord und anderes mehr sind in diesem düsteren Kapitel des christlichen Sippengewissens zu finden. Sind die Ausgegrenzten allerdings wahrhaft weise, kann diese menschenverachtende Haltung der eigenen Familie ihrem Wirken nicht schaden.

Besonders fatal ist bei alledem, dass es keinerlei Rolle spielt, ob die Menschen noch Kirchgänger oder längst aus der Kirche ausgetreten sind. Das Konstrukt der *Heiligen Familie* hat sich, weiterhin unter der bewussten Schirmherrschaft von Staat und Kirche, unwissentlich in jegliche nüchtern denkende und simple familiäre Gemeinschaft der Moderne eingeschlichen. Die Prozesse sind Dynamiken unterworfen, die eher unbewusst ablaufen. Selbst in Erkenntnis und bei vollem Bewusstsein dieser Zusammenhänge bist du noch lange nicht gefeit, den Prägungen derartiger Energien zu entkommen. Wenn du beispielsweise deine Rolle innerhalb der Familie durchschaut hast und sie gern verändern möchtest, kannst du eine nachhaltige Wandlung nach deinen Wünschen nicht erzwingen. Unser Schicksal ist eben dem kosmischen Geschehen untergeordnet, das sich verwirklicht, mit oder ohne unsere Bemühungen. So gibt es in dieser Hinsicht keinen Schuldigen für das Leid eines anderen.

All dies fällt mir ein, da mich wieder einmal dieses ungute, seltsame, schwer zu ertragende Verhalten von *Familie* bedrängt. Mein Bruder ruft an. Er möchte mich sprechen, und zwar am Telefon. Ich nehme mir Zeit und er beschreibt mir ausführlich in einem langen Redefluss die desaströse gesundheitliche und seelische Befindlichkeit seines Zwillingsbruders und danach die unserer älteren Schwester. Nach der zweiten Beschreibung frage ich ihn, warum er mir all dies mitteile, da ich seine relativ abständige Verbindung zu seiner ältesten Schwester erinnere. Er meint darauf, dass er es für mich täte. Das lange *Gespräch* endet relativ abrupt, da er von seiner Tochter zum Abendessen gerufen wird.

Nun habe ich den Bruder seit Jahren nicht leibhaftig gesehen und es gab zudem Schwerwiegendes, das aufgenommen werden *müsste*, wollten wir wirklich miteinander sprechen … Was kann es sein, sich derartig mitzuteilen? Ist es nicht das Abladen der eigenen Ohnmacht an ein Familienmitglied? Wir müssen das Leid zusammen tragen o.ä. wird unbewusst in seinem Kopf herumgegeistert sein. Mir war nach diesem einseitigen Telefonat über Tage unwohl und ich werde es auf diese Weise nicht wieder zulassen. Als wäre mir Mist ins Gesicht geschüttet worden. „Hier trink und halt die Klappe. Es ist für mich zu schwer." Nichts weiteres als sein Redeerguss wird thematisiert. Es erinnert mich an die Anrufe der Eltern aus der Kindheit, z.b. den Vater, mit dem wir wenig im Gespräch waren, der niemals von sich aus anrief, außer eben wie z.b. so: „Mutti ist krank, bitte melde dich bei ihr".

Was ist das für eine Liebe vom Bruder, zu dem ich jahrelang keinen Kontakt mehr habe, der mir plötzlich ausschließlich Schweres mitteilt, ohne mich zu fragen, ob es mir recht ist, all dies zu hören? Oder der mich nach seinen Auskünften vielleicht fragte, wie mich dies alles berühren würde, da er doch aus meinen Buch *Ahnensog,* das er gelesen hat, weiß, welche Belastung ich gerade durch diese beiden Geschwister in meinem Leben erfahren habe? Zudem haben wir über dieses geschwisterliche Phänomen bereits befunden in unserem letzten Gespräch vor einigen Jahren, ebenso per Telefon. Oder der seine ältere Schwester schlicht ersuchte, ob sie in Erinnerung an alte Situationen voller geschwisterlicher Harmonie eventuell Lust hätte, ein Gespräch über die Familie mit ihm zu führen, gar an einem schönen Ort? Mein Bruder scheint in die Fußspuren unseres Vaters zu treten. Auch ist er seinem eineiigen Zwillingsbruder sicherlich treu, der ohne Kontakt zu mir leben will. Er scheut offenbar ein Gespräch im Lichte der Liebe zu meinem Liebsten. Seit etlichen Jahren biete ich ihm ein Treffen bei uns an.

Ich will die Anhänglichkeit zu meinen Geschwistern, eine kindliche Liebe, die alles verzeiht, endlich aufgeben und den Tatsachen ins Auge sehen. Dieses dringliche Telefonat war für meinen Bruder möglicherweise der unbewusste Versuch zu kitten, was doch schon seit langem zerbrochen ist, nämlich der Zusammenhalt unserer Familie, der sich begann aufzulösen, als unsere Eltern starben und mit ihnen die moralische Instanz des Familiendogmas. Leider habe ich mich sehr lange in das Familienschicksal eingemischt und mich opferbereit hingegeben. Ich werde aber ab heute meinen Geschwistern und anderen mich nur störenden wimmernden Verwandten den Mauerstein entziehen, den sie zum Erhalt ihres anfälligen Gefüges benötigen. Die Energie der Selbstkasteiung, die ich einst aufwand, um mich dem Sippengewissen zu fügen und dem Leben zu entziehen, werde ich nun einsetzen für ein Dasein, wie es für mich gedacht ist. Es ist ein Verbrechen dem Leben gegenüber, es auf das Maß eines Mülleimers oder gar eines *schwarzen Schafes* zu reduzieren.

Die kommenden Jahre werden es ohnehin zeigen, wer tatsächlich das *schwarze Schaf* unserer Sippe sein sollte, dem ich wahrscheinlich einst in kindlich magischer Zuneigung seine Rolle abnehmen und damit die Familie retten wollte.

Ausschließlich Schweres mitgeteilt? Nein zugemutet, abgeladen, übergebraten. Welch eine Kurzsichtigkeit, welche Ignoranz, ja Hinterhältigkeit. Und sie nennen es tatsächlich Liebe. Die *Heilige Familie*, ein Konstrukt des Schreckens.

Mein Herz ist bleischwer.

Ich muss aufpassen, dass ich an diesen Unwahrhaftigkeiten nicht irre werde. Ich möchte endlich verstehen und zudem

...

Ramana hilf! Wir sind die Leinwand. *Ich bin die Leinwand.*
Und wie die Leinwand nicht von den Figuren eines Films
berührt wird, werde ich nicht berührt von all den Gestal-
ten, die sich mir zeigen, noch von ihren Absichten oder
Taten. Sie sind geführt wie ich geführt bin und ihr Schicksal wird sich wie meines erfüllen, ganz gleich ob ich es verstehe, akzeptiere, für gut befinde oder sonst etwas.
Danke. Es ist die einzige Lösung, *die Lösung.*

25. Mär. 2018

Niemand stirbt, der Tod bedeutet *erledigt.*
Beispielsweise wird ein Tropfen Wasser unendlich, wenn er
verdunstet. Es gibt für nichts einen Tod, alles endet, um
unendlich zu werden.
(Sri Nisargadatta Maharaj, *Bevor ich war, bin ich*, S. 96)

… werde ich verrückt? … falle ich erneut in eine Lebens-
krise? … muss ich eben doch in totaler Einsamkeit enden?
… warum werde ich nur so alt und kann nicht weise werden? … was hat der Kosmos für mich vorgesehen? …
handle ich gegen meine Natur? … bin ich nicht erwachsen
geworden? Schicksal, was willst du von mir?

Viele Künstler brachten sich um oder haben sich zu Tode
getrunken; wie ich sie heute dafür liebe. Ihre Aufrichtigkeit
straft uns Jasager Lügen, besonders im desolaten Deutschland der kaum noch zu ertragenden Heuchelei. Kranker
Wust aus verdrängtem Unrat und bleichem Wohlstand
erzeugt Übelkeit. Mehr und mehr begegnen mir Missgunst
und Ablehnung. Die Wahrheitssucher wurden immer
schon von Neidern und Hassern geächtet, verfolgt, gequält,
eingesperrt, gefoltert und getötet oder gar von wahnsinnigen Killern, wie auch unseren eigenen Landsleuten, in
Massen planmäßig ermordet. Lauernde Anspannung,
wohlüberlegte Überwachung, mit Nervosität erwartete
Ausgrenzung, Zerstörungstrieb. Neid und Eifersucht auf
die Helligkeit lachender Intelligenz, auf die vom Licht Berührten und schließlich Lust an der Auslöschung von Freiheitsliebe und an der Vernichtung des Schönen.

Zermürbend, meine geistige Unfähigkeit, mich mit dem
Dasein zu arrangieren, so wie es nun einmal ist. Meine
Einsamkeit stellt unbequeme Fragen an mich und an meine
Vergangenheit. Ich zermartere mein Gehirn mit Selbst-
vorwürfen. Warum achte ich meine Talente nicht? Wieso

zerschlage ich gar den hohen Wert eines Geliebten an meiner Seite, der mich in allem, was zu mir gehört, achtet und unterstützt? Habe ich keine Reserven mehr, mich mit meinen nächtlichen Schmerzsymptomen zu arrangieren? Meine Nerven sind hauchfein und drohen zu zerreißen. Ich weiß, all dies sind nur Gedanken und berühren gerade einmal Befindlichkeiten. Das lese ich ständig bei den neunmal klugen Weisen aus dem Morgenland. Besonders deutsche im Gegensatz z.B. zu jüdischen Menschen sind dafür bekannt, dass sie immerfort klagen, dass sie rechthaberisch, unzufrieden und neidisch sind, dass sie geliebt werden wollen und nur allzu gern jammern. Warum denn um alles in der Welt bin all dies auch ich? Ich erkenne und bin dennoch tief gefangen. *Du bist die Welt,* sagt Ramana Maharshi, *du siehst nur das, was du in dir hast.*

Meine Selbstzweifel nagen, drohen mich zu zerreißen. Einen Tag lebe ich in Klarheit, Zuversicht und Liebe und dann wieder eine teuflische Gegenbewegung, die Falle der Selbstsabotage. Unvorhergesehen, überfallartig. Zweifel, Verdacht, Argwohn, Vorwurf, Kritik, Angst um die Zukunft, in den Augen der Weisen zurecht Todsünden, müssen entsorgt werden. Unsere christliche Kirche hat die Angst aus dem mittelalterlichen Katalog der Todsünden heraus genommen und führt uns diesbezüglich machtgierig vor, wohlgemerkt in vollem Bewusstsein zu dieser verschlagenen Tat, immer noch.

Die Nächte holen mich heim ins finstere Land der Ketten, die geschmiedet sind aus dem verschmutzten Blei von Schuld und Sühne, aus dem schlammigen Dickicht von

Versprechungen, Eiden und Gelübden. Meine Seele droht zu zerspringen. Düsternis will mich verleiten, mich zu opfern, mich dem schwarzen Sog aus Machtlüsternheit anheim zu geben.

Ich habe alles aufgeschrieben. Wenn ich die Früchte der Erkenntnis am Ende selbst nicht einlösen kann, spielt es dem großen Geschehen gegenüber keinerlei Rolle. Wenn es sich erweisen sollte, dass meine Notizen und Bilder der Menschheit dazu dienten, dem Morast aus Unwahrheit und verschlagener Lüge zu entkommen, wäre es genug und mein sogenanntes Leben hätte einen Sinn gehabt.

29. Mär. 2018

Gründonnerstag. Die Luft ist schwül und seltsam nass. Nachts hat es geschneit und eine kühle weiße Schneedecke überzieht die Ostervorbereitungen. Weiterhin feiert die Christenheit mit ihren Anhängern in sturer Unwissenheit, blöder Dummheit, sentimentaler Ignoranz oder in verschlagenem Hochmut die Leidensgeschichte des jüdischen Erleuchteten, namens Jesu. Wieder und wieder wird die Karwoche, die *Stille Woche* des Kummers und des Leidens Jesu, ebenso wie Weihnachten in den Mittelpunkt der Zeitrechnung und unserer Feste gestellt, obwohl kaum noch irgendjemand etwas von deren Bedeutung weiß. Die Zahl der Kirchenaustritte steigt. Wir hören endlose Nachrichten über das Wetter zu Ostern, die Verkehrslage, die zu erwartenden Staus auf den Autobahnen und vielleicht noch die Börse ...

Schöne Erinnerungen paaren sich mit elenden Gedanken an diese Woche des Heiligen Festes. Vor einigen Jahren verfasste ich das Buch *Ahnensog*. Ein Kapitel widmete ich der Kirche. In ihm und auch in anderen Kapiteln sprach ich über ihren schlimmen Einfluss auf mein Leben. Mir war zurzeit des Schreibens zwar die verheerende Wirkung der christliche Kirche auf Staat, Erziehung und Gesellschaft bewusst, allerdings noch nicht in vollem Maße die gewaltige Wucht der Prägung durch ihre Dogmen in unserem Blut. Vielleicht habe ich daher versäumt eine Begebenheit zu schildern, die mich extrem berührt, wenn ich an sie denke. Ich will sie heute am *Gründonnerstag* in diesem Tagebuchblatt nachtragen: Im Kinderzimmer der Wohnung am Mittelweg in Hamburg, wo wir bis zu meinem neunten Lebensjahr wohnten, wurden in der Karwoche – oder über einen längeren Zeitraum? – Bilder aufgehängt. Es waren gedruckte Blätter aus einem dicken großen Kasten. Ich erinnere den Begriff *Schnarr'sche Bilderbibel*. Es waren Schwarzweiß-Drucke von Radierungen oder Kupferstichen. Sie hatten etwa das Format DinA-3 und wurden von meinem Vater an den oberen beiden Ecken mit feinen Stecknadeln an ein weißes Wäscheband befestigt, sodass sie nach unten hin leicht beweglich hingen. Das weiße Wäscheband war an der Leiste der Tapete befestigt oder auch einfach an die Wand genagelt. Die Leidensgeschichte Jesu wurde nun jeden Tag in Form eines Druckes von links nach rechts durch das ganze Zimmer gehängt und uns wurde zusätzlich erzählt, wie es sich zugetragen habe. Die Drucke mussten schon sehr oft in dieser Form verwendet worden sein. Denn ich erinnere sehr genau die vielen Nadelstiche in den Ecken, die den Drucken etwas morbides verliehen. Es war dickes, leicht glänzendes Papier in einem mattweißen Ton, leicht vergilbt. Sie wirkten ernst, alt und ehrwürdig, diese Bilder. Wir Kinder wurden so mit der Leidensgeschichte Jesu von Nazareth vertraut gemacht. Soweit, so gut. Nur, frage ich mich heute: Musste das unbedingt im Kinderzimmer sein? Über unseren Betten hing ja ohnehin unser vom Tischler geschnitzte Taufspruch. Und dann noch dieses!

Die überwältigenden Eindrücke dieser strengen Bilder waren für meine empfängliche Seele von massiver Wirkung, zumal wir Nachkriegskinder sonst nahezu ohne Bilder aufwuchsen. Ihre tägliche Hängung übten auf mich keinerlei positiven Reiz aus sondern verströmten den kühlen Charakter eines strengen Dogmas, das auf keinen Fall in Frage gestellt werden durfte.

Später führte uns eine Reise nach Catania auf Sizilien. Dort erlebte ich einen Palmsonntag, dem Tag, der der *Stillen Woche* vorangeht. Auf Eseln ritten fein und weiß gekleidete Kinder, Mädchen mit den schönsten Kleidern und Kränzen aus grünen Blättern im Haar. Auch trugen Jungen, die die Esel führten, große Palmwedel in den Händen. Es waren Bilder voller Freude zur Ankunft des Herrn Jesu in der Stadt.

Ein weiteres Erleben der Leidensgeschichte Jesu waren

dann einige Jahre später die Festspiele in Oberammergau. Ich war tief beeindruckt und schrieb in mein Tagebuch, dass ich mir verspräche, in zehn Jahren wieder hierher zu kommen, um an dem Wunder dieser mich ergreifenden Festspiele teilzunehmen.

Diese Reise war wie auch die nach Catania von meinem Vater geplant, organisiert und durchgeführt. Meine kindliche Seele war eingefangen durch Schönheit, seelisches Erleben und sentimentaler Hingezogenheit.

Heute sehe ich, dass diese beiden Reisen die Möglichkeit, mich wesentlich mit dem Christentum und der christlichen Erziehung auseinanderzusetzen, vollständig gelähmt hatten und ich, wie ja wohl beabsichtigt, ohne Fragen und Widersprüche regelmäßig durch den Konfirmandenunterricht gegangen bin und schließlich ein braves Mitglied der Kirche wurde.

Die Prägung durch das Dogma von Schuld und Sühne, dem gewaltsamen Glaubenssatz der Christlichen Kirche, macht mir bis heute sehr zu schaffen und ich arbeite weiterhin hart daran, mich durch Erkenntnis und die Bereitschaft Schmerzen des Entzugs durchzustehen, vollständig von dieser Infiltration zu lösen und zu befreien. Die Schwere der Macht dieser die Freiheit des Menschen mordenden Prägungen in unserem Blut ist Teufelswerk, von den Kirchenvätern erfunden.

Wir sind alle von dieser Macht besetzt, solange bis wir bewusst hinschauen und sie im glühenden Feuer der Erkenntnis verbrennen lassen. *Das ganze christliche Abendland wird von einer Institution in Knechtschaft gehalten, die ihre Macht aus der Vorstellung von Schuld und Sühne bezieht. Diese Institution heißt Kirche.* (Bert Hellinger, *Die Kirche*, S.30)

Mein Auftrag ist es, mich dieser Erkenntnisarbeit zu widmen, solange ich lebe. Zum Glück habe ich nicht nur einmal erlebt, dass Schmerz die wunderbare Qualität in sich birgt, sich in Liebe zu verwandeln, wenn wir ihn zulassen und anschauen.

08. Apr. 2018

Schrecklich brauner Wind zieht immer noch durch unser Land, brauner Wind aus vergangener Zeit, der sich einfach nicht legen will, bedrückend, Atem verschlagend, mörderisch.

Wir, Kinder einer bejahenden Generation der planmäßigen Massenvernichtung von sechs Millionen Juden, werden nun alt. Und haben wir uns nicht bemüht – was unsere Eltern verpassten – wenigstens hinzuschauen auf den unfassbaren Völkermord der Deutschen im 20. Jahrhundert, verkommen wir im nicht versickernden Schlamm aus verdrängten tödlichen Scherben.

Und so liefert der Genozid weiterhin Potential für Ehezerwürfnisse, Generationskonflikte, Selbstkasteiung, Geiz, Verwahrlosung, Zorn, Rache, Hass, Ausgrenzung, Selbstmord, Mord und Todschlag.

Die Lust an einer planmäßigen Massenvernichtung wird wieder aufkeimen, sich neu entzünden, unbemerkt oder absichtlich, entflammen und sich entsetzlich ausbreiten. Grauenhafter brauner Wind zieht wieder durchs deutsche Land.

12. Apr. 2018

Es ist nicht einfach, alt zu werden. (Zitat meiner Mutter, als sie etwa in meinem derzeitigen Alter war.) Verhaltene Einsamkeit lag dann in ihrer Stimme in Trost suchender, lautloser Resignation dem Rest des Lebens gegenüber, der damals so sicher abzusehen schien, da ein Aufenthalt im Altersheim immer diesen für alle so sichtbaren Term des Endes mitschwingen lässt, was für sie wohl doch schwer zu ertragen war. Hätte sie nicht viel lieber gesagt oder gar geschrien: *Ich wollte hier doch gar nicht her und bin nur Vati gefolgt!* Was geht es mich an und wie ungeheuer dumm wir doch alle sind. Und das Dümmste ist, dass ich es sehe und doch nicht anders kann, als ebenso zu denken. Was habe ich verpasst, was nicht getan, was ich doch eigentlich wollte u. ä. Warum sonst sollte es schwer sein, alt zu werden? Überhaupt alt *werden*, welcher Unsinn.

Erkenne auch dies und sei still. Wer bin ich? Nicht die Jugend, nicht das Alter und nicht die verbleibende Lebenszeit. Jenseits all dessen wartet das Land der *mystischen Rose* auf dich, in dem du schon bist, schon immer warst. Höre mit der Identifizierung deines Körpers auf, jetzt!

21. Apr. 2018

No direction home, Bob Dylan, disc I contigo

22. Apr. 2018

No direction home, Bob Dylan, disc II contigo

25. Apr. 2018

für dich (Vers 2)

… wenn meine Seele sich in tiefblauer Treue zu den Ahnen verbeißen will, und meine Liebe immer wieder fortfliegt vom Wunder unserer Berührung, ahne ich dennoch einen Raum, der auf uns wartet …

… und wenn dieses fatale Ziehen des Ahnensogs unerträglich groß wird, schimmert dennoch ein leises Sehnen, das ich mit dir teilen möchte …

… und wenn dann das sanfte Eichengrün vor meinem Fenster für meine heute versteinerte Seele fast nicht zu spüren ist …

dann mahnt mich die Schwarze Rose, was ich nicht vergessen will …

14. Mai 2018

She' mine
she's got everything she needs
she is an artist
she don't look back
she never stumbles,
she has no place to fall,
she is everybodies child
law can't touch her at all   (Bob Dylan)

Yes, thank you, so much for these great words Bob!
yours sincerely, Sigrid Maria

16. Mai 2018

It's All Over Now, Baby Blue, Bob Dylan.

You must leave now, take what you need, you think will last
But whatever you wish to keep, you better grab it fast
Yonder stands your orphan with his gun
Crying like a fire in the sun
Look out the saints are comin' through
And it's all over now, baby blue
The highway is for gamblers, better use your sense
Take what you have gathered from coincidence

The empty-handed painter from your streets
Is drawing crazy patterns on your sheets
This sky, too, is folding under you
And it's all over now, baby blue
All your seasick sailors, they are rowing home
All your reindeer armies, are all going home
The lover who just walked out your door
Has taken all his blankets from the floor
The carpet too is moving under you
And it's all over under you
Leave your stepping stones behind, something calls for you
Forget the dead you've left, they will not follow you
The vagabond who's rapping at your door
Is standing in the clothes that you once wore
Strike another match, go start anew
And it's all over now, baby blue

Mai 2018

Übernimm die volle Verantwortung

Erkunde deine Anlagen,
bekenne dich zu deinen Möglichkeiten
und zu deinen Grenzen.
Vergiss die Liebe nicht,
zu den Tieren, zur Natur und zu den Künsten.

Wie die Erde sich ihrem Schicksal hingibt,
gib dich hin, stimme der Welt zu, wie sie ist,
und den Menschen wie sie nun einmal sind.
Sei bereit zu nehmen und zu geben.
Vollbringe den endgültigen Abschied von den Eltern,
von Verstrickungen in die Schicksale der Familie,
von Illusionen jeglicher Art.
Schaue nicht zurück,
lasse die Toten hinter dir,
sie brauchen deine Trauer nicht.
Finde den eigenen Weg,
gehe ihn ohne zu hadern,
im gewöhnlichen Alltag
sowie in der Welt deiner Talente.
Folge deiner Vision ohne zu zweifeln,
vertraue der kosmischen Bestimmung.
Sage Ja zu deinem Mut, deiner Kraft,
zu Glück und Erfolg.
Übernimm in allem die volle Verantwortung.

Angel & Angel, im Mai 2018

18. Mai 2018

Schmerz, Schmerzen … Ausdauernder Schmerz begleitet seit geraumer Zeit mein Dasein. Besonders nachts, wenn ich dann wenig Schlaf finde, beschäftigt mich das Symptom des Schmerzes erheblich. Vielleicht morgen will ich auf einem Tagebuchblatt eine Einschätzung meines Schmerzes, meiner Schmerzen vornehmen ... und dann verweile ich am späten Abend auf meinem Abendspaziergang bei den Bäumen, die mir ans Herz gewachsen sind ... und vergessen sind die Schmerzen, klein ist mein Schmerz, oder vielmehr ist so klar, dass Schmerz und Schmerzen ohne jegliche Bedeutung sind im Angesicht der wirklichen Schönheit. Vielleicht morgen will ich auf einem Tagebuchblatt eine Einschätzung meiner tiefen Zuneigung zu den Bäumen versuchen ...

20. Mai 2018

Pfingstsonntag. Wieder. Die Nächte durchdrungen mit ungewöhnlich heftigen Schmerzen. Körperlicher Schmerz, der sich schwer auf die Seele legt und in verminderter Form den Tag unterfüttert. In den frühen Stunden finde ich einige Stunden Schlaf.
Leiser Morgen in Verhaltenheit,
kreisende Gedanken im Sog,
um das Loseisen von eingebrannten Mustern,
von ins Fleisch geprägten Strukturen,
von erlernten und nie verlernten Konzepten,
familiärer, systemischer und religionshistorischer Art.

Leave the stepping stones behind,
forget the dead, you have left,
they will not follow you,
strike another match, take anew,
and it's all over now baby blue.   (Bob Dylan)
Ja, danke Bob Dylan!

Lichte Wärme in unserem Garten,
Blätter, Bäume und Blüten verströmen im leisen Wind
ihre sommerliche Schönheit.
Darunter die blaue Trauer
über den nicht enden wollenden Sog,
die Schwärze von Mord und Todschlag,
von Ausgrenzung, Flucht und Vertreibung.

27. Mai 2018

Ein wahrer Künstler begegnet seinen Figuren, nachdem er sie geschaf-
fen hat.   [Elias Canetti]
Immer wieder erfahre ich diesen klaren Gedanken von
Canetti anhand meiner eigenen künstlerischen Praxis.
Gerade sehe ich, dass mein neuestes Großformat auf Leinwand (*Iris 2*/80x120cm) eine dynamische innere Kraft auf
mich ausübt, in dessen positiver Energie ich momentan
beileibe nicht zuhause bin.
Allerdings spüre ich, dass der Zweck dieses Bildes mich

197

eines Tages mitnehmen wird und ich über seinen Inhalt im Einverständnis lächeln werde.

Übrigens die gelbe Figur inmitten eines blauen Farbfeldes habe ich schon öfters dargestellt. Zum Beispiel 2007 in *Ninfa* oder in früheren verwandten Bildern (s. Auflistung im *Tagebuchblatt 2. Juni 2018*). In *Ninfa*, spanisch die Verpuppung, ging es um die Herauslösung aus dem mächtigen Feld der tiefen opferbereiten Treue hin zum Licht des Lebens. Diese Mal in *Iris 2* geht es wiederum um dieses Thema, allerdings auf einer anderen Erkenntnisstufe, weniger embryonal.

5. Jun. 2018

Zerstörung, Illusion, Auflösung, Nichts. Das tödliche Schwert der christlich-abendländischen Lüge, der mörderischen Einrichtung von Schuld und Sühne durch die Kirche, hat zugeschlagen und notiert sich meinen Schmerz auf seine Fahne.

Meine Maler-Schürze trägt Blutflecken seitens Familie.

Keine Bedeutsamkeit von seelischem Charakter?

Keinerlei Berührung der Mitglieder untereinander,

nur suchtartige Hinwendung zum schwächsten Glied,

in totaler Opferbereitschaft,

moralische Zugehörigkeit der Eltern zueinander,

allgemeines freundliches Wohlwollen

den Kindern gegenüber,
keine Sehnsucht, keine Verantwortung,
keine Hinwendung, kein Interesse,
keine Trauer, keine Reue.
Keinerlei innere Bewegung von einem
hin zu einem anderen Familienmitglied,
nicht von der Mutter zum Sohn,
nicht vom Vater zur Tochter,
nicht von der Schwester zur Mutter,
nicht vom Vater zur Mutter,
nicht von der Tochter zur Schwester,
nicht vom Bruder zu seinem Zwillings-Bruder,
nicht von der Schwester zum Bruder,
nicht von der Mutter zum Vater,
nicht von der Tochter zur Mutter,
nicht vom Sohn zum Vater,
nicht vom Bruder zur Schwester,
nicht vom Vater zum Sohn,
nicht von der Mutter zur Tochter,
nicht von der Tochter zum Vater
nicht vom Sohn zur Mutter
nicht von der Schwester zum Vater,
nicht von der Tochter zum Bruder,
nicht von der Schwester zur Tochter.
Tödliche Stille überschwemmt heute meine Seele,
eiskalte Erkenntnis treibt mich in die Düsternis.

       [Für meinen Vater, zu seinem 111. Geburtstag.]

7. Jun. 2018

Schmerzen durchziehen Leib und Seele.
Nächte halten mich gefangen,
binden mich,
reißen an meiner Stabilität.
Nein bitte keine Schmerzmittel.
Was ist es denn mit diesen oft nahezu unerträglichen
Schmerzen.
Wozu. Welche Bedeutung.
Was wollen sie mir sagen.

Mein Feuer schwelt und lodert
für die mystische Rose,
aber tausend Meilen aus Blei
wollen mich von ihr fernhalten.
Welch ein Schmerz!

8. Jun. 2018

Acht Millionen Tonnen Plastik-Müll gelangen jährlich in die Meere. Green Peace hat jetzt herausgefunden, dass sogar der Schnee der Antarktis nicht mehr rein von Schadstoffen ist. Das ist nur eine der alarmierenden Zahlen für die Zerstörung unserer Erde durch den Wahn der Menschen.

13. Jun. 2018

Ich möchte schreiben, unbedingt, endlich wieder. Obwohl es nicht lange her ist, dass ich ein Tagebuchblatt verfasste, kommt es mir wie eine Ewigkeit vor. Ich schließe das Fenster. Die Geräusche von draußen stören mich. Ich öffne es wieder, da mir jetzt die Vogelstimmen fehlen. Ich hasse die Erfindung von Thermopen. Luftzug, Wind, Regen, leichtes Summen der Stadt aus der Ferne, all diese feinen Laute werden schlicht gekillt. Ein Nachbar säubert sein Haus mit einem Gebläse. Ich schließe das Fenster erneut. Aber es bleibt ein enervierendes Restgeräusch, etwa wie das laute Summen eines fetten schwarzen Brummers, den du nicht zu fangen imstande bist. Ungeduldig mache mir einen zweiten Café, versuche mich dann in dieser idiotischen Mittelstellung/Minimalöffnung des Fensters. Aber der Maschinenlärm hat einen derart aufreizenden Charakter, ähnlich der Bandsäge eines weiteren Nachbarn bei schönem Wetter am Samstag- Nachmittag, dass ich das Fenster nun endgültig fest schließe, mir einen anderen Platz im Haus suche und leise Zen-Musik auflege. Jetzt müsste es doch möglich sein zu schreiben. Meine Nerven liegen blank.

Welche Macht haben nur Störungen durch Nachbarn, Telefon, Fernseher, Events, Familie u.ä.! Mit Kaffee wird nichts besser. Was ist es, das mich derartig um meinen Seelenfrieden bringt, mich aus der Spur wirft und am Wesentlichen hindert? Um was geht es? Über was will ich denn eigentlich schreiben? Wenn ich es nur wüsste, wäre ich vielleicht nicht derartig verzweifelt und genervt, dass ich beinahe schreien und heulen könnte wie ein Kind. Ah, jetzt hab' ich mich. Als ich eben *wie ein Kind* schrieb, war mir klar: Es ist eben immer noch das Kind in dir, das jammert und schreit, und darüber wolltest du wahrscheinlich schreiben.

Vor wenigen Tagen machte ich zwei kleine Einzel- Aufstellungen, da ich mich am Ende fühlte, ausgelaugt in zweierlei Hinsicht, Dunkelheit, Zerstörungsdrang, Selbstsabotage, Streitlust. Nun bin ich, nach dieser Arbeit an Leib und Seele, in der Phase der Nachwirkung, einer Art Einlösung der Ergebnisse, was innere Kraft und vor allem innere Ergebenheit verlangt. Dass ich überhaupt in die Gelegenheit gerate, bewusst hinzuschauen auf Verstrickungen meines Systems mit der Aussicht auf innere Erkenntnis und der möglichen Chance auf Transformation, bezeichnete die Aufstellerin als *Gnade*. Vielleicht hat sie recht. Ich soll mir Zeit lassen. Ja …

In dieser Woche intensiven inneren Erlebens schrieb ich kurze Notizen in ein kleines Heft mit dem Titel *2 kleine Aufstellungen im Mai/Juni 2018*. Darin geht es wieder einmal vorwiegend um Schmerz, wie schon sooft, wie ja auch Schmerz das Ausgangsmotiv für mein Buch *Ahnensog* war (s.ebenda im Nachwort).

Shri Siddharameshwar Maharaj sagt in *Ein Ultimatives Verstehen*, S. 89/90 ... *Die Bedürftigkeit des Individuums besteht erstens im Vergnügen, zweitens im Schmerz und drittens im Hunger und Durst. Du hast alles aufgrund deiner Identifizierung mit dem Körper zu erleiden. Wenn deine Eltern dich zur Welt bringen und du ihr Kind bist, ist die Welt dein Schicksal. Wenn du jedoch zum „Sohn des Gurus" wirst, Guruputra, dann vollziehst du die letzte Ölung deiner Eltern, du hörst auf, dich als ihr Kind zu identifizieren und bist frei von dieser Schuld ...*

All die Anstrengungen, wie z. B. diese beiden kleinen Aufstellungen, sollen mir lediglich dazu dienen, endlich aufzuhören, mich mit dem Kind in mir zu identifizieren. Auch die extremen Schmerzen der letzten Nächte können allein dazu dienen, diesem Ziel zu genügen. Jesus sagte: *Verlasst eure Eltern und folget mir nach* und ist dafür ans Kreuz geschlagen worden. Er meinte genau das, was hier von dem indischen Weisen gesagt wird und was mir wieder und wieder als die einzige Möglichkeit erscheint, mit dem Leben und dem Schmerz fertig zu werden.

Wie jämmerlich mir jetzt die Sorge um die Geräusche der Nachbarn erscheint. Um Himmels Willen, Sigrid, wach auf und werde endlich erwachsen, werde eine *Guruputra*. Wenn ich diesen schönen Namen notiere, muss ich sofort lächeln.

18. Jun. 2018

Die kleine Aufstellung liegt nun fast einen Monat zurück. Immer wieder sehe ich mir innerlich die Bilder der gelegten Felder an. Es ist nicht einfach, das Geschaute ernst zu nehmen und es mir einzugestehen.

Es wurde nämlich deutlich, dass *Unruhe, Schmerz, Düsternis, Zerstörungs- und Streitlust* nicht zu mir gehören. Offenbar, so zeigte es sich, gehören sie zu anderen Familienmitgliedern. Wie sie habe ich mich wiederum mit der magischen Treue eines Kindes in deren Schicksale eingemischt. *Lieber ich als du*, immer wieder, dieses fatale christlich fundierte Muster aus dem Bereich *Ahnensog*, das derartiges Leid in die Familien unseres Abendlandes bringt und nicht enden will. Endgültig wünsche ich mich von diesen Mustern zu verabschieden, mit denen ich mich lange, sehr lange herum geschlagen habe. Warum nur so lange! Eben solange, bis ich endlich hinsehe. Im Licht von Liebe und Erkenntnis hat sich das Dunkle immer schon zurückgezogen.

Und warum legen sich Unruhe, Düsternis und Schmerzen auch jetzt noch nur unendlich langsam? Vielleicht bin ich der Helligkeit, die meine Seele auszeichnet, nicht freundlich genug gesinnt?

Innere Turbulenzen haben vielfältigste Gesichter, die wir mit unserem kleinen Verstand nicht unbedingt so deuten, wie sie vom kosmischen Geschehen geplant sind.

Bin ich im Zustand des Schmerzes, leide ich.

Und wieder dazu Shri Siddharameshwar Maharaj:

Die Bedürftigkeit des Individuums besteht erstens im Vergnügen, zwei-

tens im Schmerz und drittens im Hunger und Durst. Du hast alles
aufgrund deiner Identifizierung mit dem Körper zu erleiden. Wenn
deine Eltern dich zur Welt bringen und du ihr Kind bist, ist die Welt
dein Schicksal. Wenn du jedoch zum „Sohn des Gurus" wirst, Guru-
putra, dann vollziehst du die letzte Ölung deiner Eltern (du hörst auf,
dich als ihr Kind zu identifizieren) und bist frei von dieser Schuld …
(Ein Ultimatives Verstehen, S. 89/90 …)

Sind das nicht umwerfende Worte? Meine Bedürftigkeit
bestehe wie im Essen und im Amüsement ebenso im
Schmerz? Und diesen Schmerz habe ich nur zu erleiden,
da ich mich mit meinem Körper identifiziere? Zudem sei
meine Identifizierung als Kind meiner Eltern eine
Schuld? Von der ich frei wäre, wenn ich mich als Kind
des Selbst sähe?

Ja so spricht der Weise und es ist ihm sehr ernst. Ich will
ihn ebenso ernst nehmen. Mein Freiheitsdurst lodert und
brennt mir in der Kehle!

Das dauernde Essen und Trinken. Es ist eine Bedürftigkeit,
die niemand so leicht zugibt, die aber jeder mit sich herum
trägt. Von der Sucht nach Vergnügen sind wir alle, mehr
oder weniger, unterschiedlich geartet, besetzt. Und der
Schmerz? Wir denken, bei Schmerzen haben wir das
selbstverständliche Recht zu leiden und sind befugt zu
klagen, zu jammern, ihn wie eine Feind zu betäuben oder
sonst wie zu erledigen.

Die Wahrheit ist aber anders. Schmerz ist, wie auch Essen
und Vergnügen, eine kindliche Bedürftigkeit. Und du lei-
dest nur unter diesem Schmerz, da du dich mit deinem
Körper identifizierst. Ich habe es längst geahnt.

205

Von all diesen Bildern, z. B. dass unsere Tante tief von Leid und Düsternis besetzt war, welches schon Generationen zuvor ausgelöst wurde, will ich mich vollends verabschieden. Geht das denn?

Ja natürlich. Denn ich bin eine *Guruputra*.

23. Jun. 2018

WM I
Weltmeisterschaft.
Welche Welt?
Graue Kühle Regen Nichts.

Welcher Meister?
Wer schafft?
Was ist?

Heute entscheidet es sich.
Wer entscheidet?
Natürlich.

Was gewinnt?
Wie verlieren?
Wo entscheiden?

Wollen wir gewinnen?
Sollen sie doch gewinnen.
Ich möchte verlieren.

Ich muss unbedingt.
Musst du?
Sollen sie doch.

Es ist entschieden.
Sie haben gesiegt.
Der Meister der Welt.

Wir Deutschen.
Sieger.
Sie die Verlierer.

Immer wieder.
Die Besten.
Es gibt nichts besseres.

Sentimentale Krieger.
Der Schlaf der Athleten.
Ein Monster geht um.

Ein Sieg muss her.
Alles ist gut.
Ein Bier und ein Sieg.

Wir Deutschen
in Schwarz Rot und Gold.
Was denn sonst.

24. Jun. 2018

WM II (2. Version)

Genau, vielleicht hast du ja recht
schöner Toni Kroos mit dem freundlichen Blick,
genialer Passspieler des Mittelfeldes.
Dein einrasierter Scheitel ins Pomadenhaar allerdings,
Frisur des deutschen Feldwebels aus dem 2. Weltkrieg,
verrät dein Einverständnis.
Eigentlich will niemand, dass ihr siegt, sagst du,
ihr, wie wir, Kindeskinder von Massen-Mördern
und weiterhin bis heute verschlagenen Deutschen.
Willst du es denn Toni,
der nach dem Sieg angestrengt und ausgelaugt,
gequält und verzweifelt in die Kamera spricht?
Kaum schießt du ein hervorragendes Tor,
– ein sauberes, intelligentes Tor –
kippt unsere seichte deutsche Mentalität
in einen Taumel aus Vernichtungswillen und Triumph,
und deine Betreuer verhöhnen die Verlierer.

Ein Siegerinstinkt bricht sich Bahn,
dem in Wahrheit kaum einer entkommen will,
der bis heute, gerade wieder heute,
nur allzu bereit ist für einen cleanen Antisemitismus in
Hochkultur,
sprich, der in seiner schwarzen Seele bereit ist zur Wieder-
aufflammung des Grauens,
zur Wiederholung …
…
…
…
…
… ,
… ;
was sich doch bereits tagtäglich abzeichnet
in der Wegsperrung der Flüchtlinge
in menschenunwürdig geführten Unterkünften,
in den täglich im Meer ertrinkenden Menschen,
in den damit in Zusammenhang stehenden
Hunderttausenden von schweren Schicksalen.

30. Jun. 2018

Schmerzen durchziehen mein Leben,
die Nächte,
die Tage,

die Gedanken,

die Emotionen,

die Vorstellungen,

die Abneigungen,

die Zuneigungen,

die Tätigkeiten,

die Ruhe,

die Ängste,

die Ideen,

die Bilder,

die Fragen,

die Absichten,

das Sitzen,

das Liegen,

das Gehen,

die Süchte,

die Verzweiflung,

die Hoffnungslosigkeit,

die Wunschlosigkeit,

die Sorge,

den Kummer,

das Leid,

die Bedrängnis,

das Elend.

Sie verdrängen die Liebe,

zu mir selbst,

zu den Mitmenschen,

zu den Kindern,

zur Natur,

zu den Künsten,

zur Malerei,

zur Musik,

zur Lektüre,

zu den Speisen,

zur Schönheit.

Sie zermürben meinen Körper,

seine Lust,

seine Lebendigkeit,

seine Aktivität,

seine Schönheit,

sein Fleisch,

seine Beweglichkeit,

seine Zufriedenheit,

seine Hoffnung,

seine Jugend,

seine Tiefe,

seinen Geist,

seine Spannkraft.

Sie zerstören meine Neigung,

zum Intimen,

zur Erotik,

zur Sexualität,

zu meiner Kleidung,

zum Genuss,

zur Ruhe,

zur Stille.

1. Jul. 2018

Langeweile.
Immer allein.
Keine Gespräche.
Kein Besuch.
Keine Umarmung.
Kein echtes Lachen.
Allein im Atelier.
Allein beim Hängen meiner Bilder.
Allein in der Wahrnehmung der Natur.
Allein beim in den Spiegel sehen.
Allein beim Erwachen,
beim Einschlafen.
Immer allein.

Oft bin ich in Gaststätten gegangen und habe dort ein wenig mit dem Personal geflirtet. Natürlich bei einem Glas Wein. Der Wein wurde nach und nach
zu meinem Liebhaber.

Natürlich habe ich Glück, wie es heißt. An meiner Seite ist ein Partner, der ein schweres Dasein mit mir hat. Er tut sein bestes, kümmert sich, hängt meine Bilder auf, unterstützt mich in meinem Wollen, materiell, geistig und meine Gesundheit betreffend.

Dennoch, immer allein. Mein Liebster ist der einzige Mensch, mit dem ich ehrlich spreche und der es ernst meint. Die anderen wenigen Menschen, mit denen ich Kontakt habe, bezahle ich und sie sind begrenzt.

Meine Freiheitsliebe und meine Kunst interessieren sie nicht. Warum, warum war und bin ich nur soviel allein in meinem Leben!

Gewalttätige Sehnsucht nach Gesprächen kippt in tiefe Betrübnis. Immer wieder falle ich rein, auf Menschen, sogar jene, die ich dafür bezahle, dass sie Interesse an mir haben. (Krankengymnstik, Aufstellung, Osteopathie, Fotograf, Buchgestaltung, Neuraltherapie, Neurologe, Friseur u.a.)

Wie viele kleine und große Versuche unternahm ich,
um einen Briefkontakt, oder gar eine Brieffreundschaft entstehen zu lassen! In den Runden, in denen ich mich beweg(t)e, haben die Menschen kein Interesse an meinem Inneren (Nachbarn, Tanzpartner, meine Geschwister, die Kinder meines Liebsten, damals meine Lehrerkollegen uam.) Manchmal habe ich das Geben so satt.

Manchmal habe ich die Zurückhaltung in gespielter Weisheit so satt.

Immer allein.
Immer wieder.
Immer noch.
Ein Leben in Sicherheit,
mit Plan ohne Aussicht.

2. Jul. 2018

Kennst du das Unvermögen, deinen Prägungen zu entkommen?

Weißt du, was es heißt, identifiziert zu sein?

Weißt du, wie es sich es anfühlt, von fremden Energien getrieben zu werden?

Kennst du die Ohnmacht, sich selbst nicht beherrschen zu können?

Sei doch …

Jammere nicht …

Gehe in deine Kraft …

Das bist du nicht …

Nun weiß ich durch allerlei *Hinschauen*, dass meine geistige Kraft sowie meine Talente real sind, dass meine achtsame Liebe zu Mensch und Natur, zu den Pflanzen und Tieren, zu den Künsten und den Dingen des Alltags in der Tiefe in mir angelegt ist. Ich weiß, dass niemand mir meine Sicherheit um die Quelle dieser Kraft ausreden oder nehmen kann.

Und dennoch gelingt mir nicht ein einziger Tag, an dem ich sagen kann, es war ein wunderbarer Tag, ich bin glücklich und habe auch anderen zu ihrem Glück beigetragen. Immer kommt etwas dazwischen oder, was besonders schrecklich ist, es folgt auf eine glückliche Begebenheit garantiert eine Gegenbewegung, die das eben Gelungene weder zunichte macht oder danach trachtet es zu zerstören. Oder ich wende mich gegen andere, versuche diesen das Leben zur Hölle zu machen, damit sie mich dann schließlich loswerden wollen.

Die Versuche zu diesem Teufelswerk kommen überraschend und sind vielfältig in ihrer Art, sodass es extreme Achtsamkeit erfordert, zu erkennen und zu handeln.

Aber auch, wenn ich es genau zuvor weiß, was gleich geschehen wird, bin ich meist nicht in der Lage, adäquat zu handeln, mich zu beherrschen, mich vernünftig zu verhalten.

Heute ist mein Mitgefühl für all die Opfer und Täter, die hinter Gittern sitzen oder psychiatrisch verwahrt werden, unendlich groß. Es treibt sie doch nur ein minimaler Unterschied zu uns allen dorthin. Sie haben sich punktuell oder über längere Zeiträume nicht mehr unter Kontrolle. Das ist alles und der einzige Unterschied zu uns satten und neunmal klugen Bürgern.

Und nun, da ich um all dies weiß?

Kann es denn sein, dass ich an einem Kulminationspunkt bin, an dem ich dieses Schreckliche, dieses Schlimme, von dem ich genau weiß, dass es nicht zu mir gehört, hinter mir lassen kann?

Ist es denn möglich? Oder muss ich in die Einsamkeit gehen und meinen Liebsten verlassen, da ich ihm meine an Wahnsinn reichenden Eskapaden nicht mehr zumuten, noch er sie länger aushalten will?

Früher bin ich bei jeder schlimmen Gelegenheit abgehauen, mit fluchenden Worten, auch im Rücken. Tränenüberströmt oder eisenhart unterkühlt, von fremden Mächten getrieben. Immer wieder. Die Tiefe von Einsicht und Liebe führte uns dennoch wieder zueinander. Nein, nicht die

Angst, sondern die Liebe. Das ist unsere Stärke, dass wir all das einsehen, verstehen, achten und durchstehen. Ein ungewöhnlich harter, steiniger und schmerzhafter Prozess, für beide. Meine extremen Schmerzen der letzten Monate, besonders im Bereich der Fortbewegungsorgane und dort vor allem links, veranlassten mich, mir Hilfe zu holen in unterschiedlicher Form. Bis ich langsam erkenne, dass es keine Hilfe gibt, dass Hilfe eine Illusion ist und letztlich alles von mir selbst erledigt werden muss. Natürlich, das weiß man, aber in der Stunde höchster Not sieht es anders aus. Außerdem bin ich dadurch zum wiederholten Male auf die Spur geraten, einzusehen, dass der wesentliche Motor für meine Einsamkeit, meinen Schmerz, meine Zerstörungs- und Selbstzerstörungsenergie das schwere Leben unserer Tante, der Schwester meines Vaters war und dass schon für ihren Leidensweg sich möglicherweise dieser Aspekt aus der Quelle des Inzests ihrer Urgroßeltern, meiner Vorfahren, speiste.

Dr. Georg Kerner aus Württemberg, der zu Beginn des 18. Jahrhunderts als Armenarzt in Hamburg Frederike Duncker zur Frau genommen hatte, starb früh. Seine Frau zog mit deren beiden Kindern nach dem Tod ihres Mannes in dessen Geburtsland. Bald aber zog sie wieder nach Hamburg zurück in die Obhut ihres Bruders, ebenfalls ein Duncker. Dessen einer Sohn, ... Duncker, heiratete dann seine Cousine ... Kerner, deren Mutter Frederike ja eine geborene Duncker war. Möglicherweise liegt in diesem Kapitel des Inzests der Grund für das Schreckliche unseres Familienschicksals. Später wurde der echte Name von unserer Tante Leni, Anna Helene, nochmals weiter gegeben und wieder passierte Seltsames, Schicksal Trächtiges …

Meine Aufgabe ist es wohl, unter intensiven Schmerz- und Schicksalsbewegungen auf die Entstehung des düsteren Knotens dieser historischen Verkettungen zu schauen, ihn zu verstehen und dort zu lassen, wo er sich gebildet hatte. Nach der Einsicht einer erfahrenen Systemtherapeutin haben die dunklen Energien nichts mit mir zu tun. Sie laufen über andere Bahnen und an mir vorbei. Mein Blick ist auf die helle Zukunft gerichtet, ins Licht sich bewegend, das Gute an meiner Seite. Und dann kann ich auf einem mal meinen Liebsten sehen, den ich zuvor nicht wahrnehmen konnte.

Soeben atmete ich tief, im Atelier sicheres Zeichen, innezuhalten, die Arbeit mit einer bestimmten Farbe zu beenden, das Ausbessern zu unterbrechen, den Pinsel zur Seite zu legen o.ä. Ich werde aufhören, die Vergangenheit zu beleuchten, heute zum letzten mal und dann will ich sie ganz zur Seite legen, komplett und für immer.

In diesen schweren Zeiten warf ich einige Male zu belastenden Fragen das *I-Ging*, dem nach wie vor meine ganze Liebe gilt. Ob es Schmerz war, Trennung, Streit oder Ausweglosigkeit: Nahezu jedes Mal warf ich ein Zeichen mit sehr positiven Bildern, wie *KIEN das Geistige, das Schöpferische*, oder vorgestern zu Schmerz *DUI Das Heitere, der See,* eins der acht Doppelzeichen. Ich nehme das *I-Ging* seit Ewigkeiten ernst und begreife diese Helligkeit der starken Zeichen wie ein Omen: Wenn die Dunkelheit am tiefsten und die Not am größten, ist das Licht am hellsten.

3. Jul. 2018

Schweigen ist die höchste Beredsamkeit,
Frieden das höchste Tun. Wieso?
Der Mensch bleibt dabei in seinem wahren Wesen
und gelangt in alle Tiefen des Selbst.
So kann er jederzeit jede Kraft aufrufen und einsetzen,
wo immer es nötig ist.
Das ist höchste Vollkommenheit.
[Ramana Maharshi, *Gespräche des Weisen vom Berge Arunacha-la*, Lotus Verlag, 2. Auflage 2010, S. 468]

9. Jul. 2018

Am 09. 07. 2018 um 06:45 schrieb J.:
Guten Morgen S-G-A,
auch über Nacht weiter voll gegenwärtig, greifbar, aufleuchtend in
allem: die große und – für mich – auch die kleine Liebe!
Große Kunst.
Danke!
Bitten wir also um die Beendigung des unwürdigen Spektakels,
den definitiven Abschied von Verstrickungen, Illusionen, Fremdgefühlen
etc.
Und den Rückzug der Symptome.
DH

9. Jul. 2018

Giotto
An der Schwelle

Diptychon
Triptychon
Poliptychon
Giotto
Baroncelli-Poliptychon
Baroncelli-Altar
Giotto
Die Krönung Mariens
Giotto
Wasserscheide der Modernität,
Giotto
Auratischer Maler
Giotto
Schweigender Maler
Giotto
Genius verblassender Frühphase
Giotto
Stammvater europäischer Malerei
Giotto
Ur-Genie der Menschendarstellung
Giotto
Künstlergenie, Maler vom Urknall der Individualität. Eine
Malerei unfassbarer Schönheit, die nach Giotto nie wieder
so geäußert werden konnte. Die stetig zunehmende Verhaf-

tung am Ich erlaubte es einfach nicht mehr, sich in dieser auratischen Schönheit des erwachenden Selbstbewusstseins zu manifestieren …

Nie mehr.

Wie schade, wie sehr sehr schade …!

[ein bisschen geklaut
von der Begeisterung Dirk Schümers, Welt, 9. 9. 2015]

15. Jul. 2018

Hellblaue Transzendenz,
göttliche Farbe des Saphirs,
funkelnder Edelstein,
Leuchten im eigenen Licht.

Himmelblaues Feld,
das Herz voller Wonne,
tiefes Sehnen vergeht
im Sog des strahlenden Wunders.

Sanfte *Farbe der Luft*
nimmst mir den Schlaf,
weist auf himmlische Werke,
die sich in Wundern offenbaren.

[*kursiv*: Gregor der Große]

23. Juli 2018

A

Du hattest doch recht, wenn du meintest:

Zwei Liebende müssen sich hin und wieder trennen,

um dann wieder zusammen sein zu können,

Nein zu dem andern sagen,

um dann wieder Ja zu sagen.

Da du diesen Gedanken von einem Psychologen aufgeschnappt hattest, konnte ich ihm nicht gleich mit guter Miene begegnen.

Ich nahm schlicht an, es müsse doch genügen, wenn ich Ja zu *mir* sagen würde, dann würde jegliche Trennung ausgehalten/ überwunden werden.

Aber ich hatte mich geirrt.

Man muss tatsächlich radikal Nein zum anderen sagen, damit ein profundes neues Ja möglich wird.

Heute morgen in meinem Atelier – nach einer totalen Nullsituation des vorangegangenen Abends, einer Nacht in Schmerz und Kampf, die in festhaltenden Träumen gipfelte – und einem Morgen (selbst der Ausfall von Internet und Telefon spielte noch mit) des Selbstzweifels und der grauen Gedanken…, …, …

tauch im Schwarzen plötzlich Licht auf, das mich zu neuer Lebendigkeit und zuversichtlichem Schaffensdrang und Helligkeit lenkt –

und wieder zu dir.

dg

27. Jul. 2018

... You need sombody to serve...

lese ich als ein Zitat von Bob Dylan.

Ja, natürlich Bob Dylan und in diesem elenden Kampf um die Wahrnehmung der eigenen Stimme, die du dann irgendwann nicht mehr ausreichend hörst, sodass sie dir dein Leittier sein kann, lauert ... dein Untergang und treibt dich nicht selten bis in den Selbstmord.

In Stunden des Zweifels, der Ohnmacht und Verzweiflung beginnen häufig die Orientierungen in alle möglichen Vereine, die ausnahmslos deine Autonomie zerschlagen, sich gar dein bisschen Glück auf ihre Fahne schreiben und Schlimmeres. Dazu gehören die Familie, alle Religionen, aber auch weniger schlimme Vereine mit festen bis dogmatischen Vorstellungen.

Bob Dylan, der Riese der Poesie und phantastischer Musik des 20. Jahrhunderts, der zurecht den Nobelpreis erhielt, hat es nicht geschafft, diesem Sog zu entkommen. Er hat sich der Düsternis anheim gegeben.

Natürlich kann dein winziges Ich nicht genügen, um im Sinne der Aufklärung mit einem vernünftigen Gehirn das Leben zu meistern. Welche lächerliche, anmaßende Vorstellung.

Und nun?

Es gibt eine Möglichkeit, nur eine Möglichkeit.

Du nimmst tatsächlich eine Stimme an, die dich leiten und sogar zum immerwährenden Glück führen kann.

Osho sagt: *Entweder du wirst verrückt oder du wirst Sanyasin.*
Wie recht Osho hat und welche Gnade, dass ich diese Erkenntnis entdecken darf. Wenn die Einhaltung und Verfolgung dieser Einsicht auch häufig unvorstellbar hart ist, bin
ich doch immer wieder überzeugt, dass es die einzige Möglichkeit ist, die uns bleibt.
Ich sehe sogar, dass, wenn du dich dieser Selbsterkenntnis
nicht vollständig hingibst und sie mit all deiner geistigen
Kraft verfolgst, dein Leben vertan ist.

Ps.: Natürlich wäre diese Hauruck-Aussage an anderer
Stelle zu differenzieren.

10. Aug. 2018

Wenn Phillip im Gespräch, wie schon häufiger, betont, dass
seine Arbeit als Tonmeister ein Dienstleistungs-Beruf sei,
schwingt immer etwas mit und ich bin nicht sicher, was
es ist. Aber schon häufiger wollte ich darüber *schreibend
nachdenken.*
Es ist ein Hauch von: es ist eben keine Kunst, sondern nur
ein ausführender Beruf, der anderem dient. Es ist ja eine
Tatsache, dass seine Arbeit nicht die eines freien Künstlers
ist. Nun ist es aber so, dass er ein extrem hervorragender
Tonmeister ist und auf allerhöchstem Niveau arbeitet. Ich
habe kaum eine Ahnung, was diese Qualität bedeutet,

dennoch bin ich ganz sicher, dass eben nur seine Arbeit für etliche Musiker genau so sein muss, wie er sie mit seiner individuellen Persönlichkeit gestaltet. Ich hörte von einem Musiker, der meinte, Tonmeister, wenn sie denn gut sind, seien Komponisten.

Auch wenn wir in Ph's. Holzwerkstatt von ihm geschaffene Dinge betrachten, schwingt von ihm dieses, *es ist eben keine Kunst* mit. Auch hier hat es im ganzen seine Richtigkeit. Wenn Ph. z.B. eine Schachtel für Stifte erstellt, auf die feinste Weise, mit bester Technik und hoher Empfindsamkeit für die Schönheit der Hölzer, ist es vielleicht keine freie Kunst. Aber ist diese Frage von Bedeutung? Heute wird nicht mehr unbedingt danach gefragt, ob etwas Kunst ist. Wir haben uns in den 70er Jahren den Kopf mit dieser Frage zerbrochen, die so alt ist wie die Kunst selbst. Die Frage, ob Fotografie Kunst sei, ist in meinen Augen häufig noch immer nicht beantwortet. Sie braucht es auch nicht zu sein. Ich glaube, ein Foto *kann* Kunst sein, ebenso kann eine Schachtel aus Holz möglicherweise Kunst sein. Denken wir an das japanische Design o.ä.

Was ist es also, wenn diese Frage immer wieder mitschwingt? Sie malen? Oh … Als wenn es etwas Schönes wäre, dem Ungewöhnliches anhaftet. Das würde ich auch gern machen, ja früher habe ich auch … o.ä. Es kann unmöglich nur damit zu tun haben, dass jemand z.B. malt. Dagegen spricht, dass der größte Teil aller existierender Malerei Mist ist, das meiste, was heute produziert wird, Flachware ist und dass es unendlich vieles gibt, was der Qualität von guter freier Kunst unbedingt entspricht, in der

Architektur, der Mode u.a.

Dennoch schwingt da immer etwas mit, was ich nur allzu gut verstehe, da ich ja besessen bin, mich der freien Kunst, meinem Schaffensprozess zu widmen, da ich mich in ihm, nach ihm und in Erinnerung an ihn ungeheuer glücklich fühle. Und genau das ist es: Der Wunsch nach dem Schöpferischen, das der Glückseligkeit, auf den jeder Mensch ein Anrecht hat, verwandt ist. Und es ist nun einmal eine Tatsache, dass einige Menschen von der Muse geküsst sind, was leider noch lange nicht heißt, dass sie andauernd ein glückliches Leben führen. Allerdings wenn sie gut sind, schaffen sie etwas, was den Menschen derart berührt, dass sie einen Hauch von dieser Glückseligkeit spüren und er sich in diesem Geben von Herz zu Herz glücklich fühlt. Vielleicht ist es das, was Ph. meint, wenn er leicht betreten von seinem Beruf als Dienstleistung spricht. Wenn er nun seine Produktion mit Herz machte, wäre sie dann nicht Kunst?

Freie künstlerische Prozesse sind schöpferisch. Wir wissen nicht woher sie kommen, wer sie einleitet, warum wer dazu erwählt wird, sie durch sich Gestalt werden zu lassen, wann und von wem die Ergebnisse angenommen werden, ob, wann und wie lange sie bewahrt werden.

Natürlich gibt es eine Unterschied zwischen einem Tonmeister und einem Komponisten. Aber es gibt ebenso einen Unterschied zwischen einem schlechten Tonmeister und einem guten Komponisten und einem guten Tonmeister und einem schlechten Komponisten.

Nicht jeder freie Künstler ist mit der mystischen Rose in

Verbindung und ein guter Tonmeister kann durchaus mit dieser in Verbindung sein. Zurecht spürt Ph. das Potential in sich, das Glück für immer auf seine Fahnen schreiben zu können.

12. Aug. 2018

Schreibend Nachdenken

meine Lust
meine Leidenschaft
meine Waffe
meine Krücke
meine Rettung

16. Sep. 2018

27. Sep. 2018

Und wenn du dich dann wieder einmal
am dunklen Abend in peinvolle Düsternis verkriechst,
sich uferlose, tränenreiche Verzweiflung über deine
Ungenügsamkeit ergießt,

du dich grämst über deine zerstörerischen Gedanken und Taten
dir selbst, anderen und vor allem deinem Partner gegenüber
und dir die Ausweglosigkeit der anstehenden Jahre
qualvoll vor Augen steht,
du selbst das Tanzen links liegen lässt,
die Nacht keinerlei Veränderung bewirkt
und du am kommenden Morgen weiterhin nichts als weinen kannst ...

und dann wie von Gottes Gnaden
mit einem Mal wahrnehmen darfst,
dass es nicht deine Trauer,
nicht deine Verzweiflung,
nicht deine Tränen sind,
die du zum hundert1000sten Male aus Treue durchlebst,
kann sich das Leben doch noch wie ein leises Wunder wieder öffnen
und dich aufnehmen in seiner Helligkeit und Schönheit.

Danke Angel
                dg.

18. Okt. 2018

In den frühen Morgenstunden habe ich einen Traum: *Hans*
und ich stehen in einem kleinen Garten mit Rosen und anderen Pflanzen.
Vielleicht ist es unser Garten.
Wir schauen still und ich sage:

„Ich bin für das Blühen verantwortlich und Du für das Wachsen".
Ich spreche die Worte nicht zu irgendwem oder sehr bedeutsam, eher
schlicht wie ein Haiku*, zu uns zu allen.

Ich erwache und bin überglücklich.

Ich bin
für das Blühen
verantwortlich
und Du
für das Wachsen.

* 2- 4- 4- 2- 4

19. Okt. 2018

Nach einer kleinen Reise in den Süden maile ich einen
Dank an die Hotelbesitzer von *Casa Rosa:*

Liebe Elena, lieber Stefano!
Für die Schönheit, die Freundlichkeit, das leckere Essen, das herrliche
Wasser
danken Euch und all Euren Mitarbeitern
Sigrid Crasemann+Hans Schulz aus Hamburg
und senden herbstliche Grüße.
[Fotos s. Bilder, Fotos, contigo, casa rosa 2018, IMG
3497.jpg, IMG 3567.jpg]

Helena antwortet umgehend:
Wunderbar!!
--------Messagio originale--------------------

25. Okt. 2018

Endlich wieder! Tiefe Entspannung umfängt meine Seele. In den Räumen meines Ateliers widme ich mich, heute bei Orbit/Cello Matt Heimovitz, eines anstehenden Werkes, das im Begriff ist durch mich zu entstehen.
Nach der gestischen Untermalung in weißer Tempera, einem zeichnerischen Durchgang des zweiten Triptychons in diesem Jahr, wieder auf Hellblau, lege ich mich vor starken körperlichen Schmerzen nieder und lausche der Musik, die mir heute unendlich gut tut und mir zeigt, wie es doch auch sein kann, das Leben. Die Findung des Werkes, eine Hommage an das spätherbstliche Blatt, im Zusammenklang mit dieser hervorragenden Musik und immensen körperlichen Schmerzen. Tränen. Mit optimistischer Energie entlässt der kompromisslose Cellist in jugendlicher Vitalität so herrlich intelligente, sensitive, radikale Töne und Klänge, dass mein Herz demütig, warm und groß wird. In ebensolcher tiefen starken Wärme ohne Schmalz (Liebe/Trauer/Hoffnung) soll das goldene Blatt klingen, berühren, wirken. Das mittlere große herzförmige Blatt im

229

aufrechten Format gestützt, umgarnt, gespiegelt durch die Blätter der beiden sich anlehnenden, horizontal ausdehnenden Flügel.

Lean back and enjoy! schreibt Matt Heimowvitz cool auf seine CD. Ja, vor Sentimentalität will ich mich bei der anstehenden Arbeit des Triptychons A heart of Gold besonders hüten. Dieser üblen Eigenschaft, von der wir uns immer wieder so gern einholen lassen, dem Erbe, das sich von den tödlichen dogmatischen Prägungen christlich abendländischer Moral speist. M. Heimovitz ist jüdisch und bei aller Schwere dieser Tatsache genießt er zumindest den verdienten wunderbaren Vorzug nichts mit der teuflischen Prägung des christlichen Ahnensogs zu tun zu haben.

Was wollen die Schmerzen von mir? Wo bringen sie mich hin? Beziehen sie sich denn überhaupt auf körperliche Mängel? Was wollen sie mir sagen? Eine nun schon lange Zeit starker körperlicher Schmerzen, die Leib und Seele ergreifen, manchmal wegreißen. Es verlangt Disziplin, Aufrichtigkeit, Vorsicht, Demut, ihnen zu begegnen. Die Belastung für A. darf nicht größer werden.

Immer wieder in den Schmerz gehen und nicht in ihm verharren, ihm nicht erliegen. Es gibt keine andere Möglichkeit als Hingabe. Seit geraumer Zeit suchte ich alle möglichen Helfer auf, ließ vielerlei medizinische, heilpraktische und systemische Behandlungen über mich ergehen. Damit will ich jetzt aufhören. Einfach: Wer bin ich? Ja.

Der Zweck unserer Geburt wird erfüllt werden, ob wir es nun wollen oder nicht. Lassen Sie den Zweck sich selbst erfüllen.   [Ramana Maharshi]

27. Okt. 2018

Wollen wir?

Es zieht mich
zur Schönheit
des Herbstes,
in die Welt der Blätter,
zum Leuchten ihrer Pracht,
zur Tiefe ihrer Farben,
zum Fallen, ihrem Tanz.
Es treibt mich
zu aufrechten Stämmen
schillernden Silbers.
Leise öffnen sich
Kronen mächtiger Bäume,
berühren sanft meinen Schmerz.

Wollen wir den Herbst schauen?
Willst du mit mir
seine Schönheit atmen
und heil werden
in dieser zerstörten Welt?

28. Okt. 2018

Sekundärer Antisemitismus ist in Deutschland sehr verbreitet. Sein rechtsextremistisches Credo ist die versteckte Judenfeindlichkeit, die Leugnung oder Relativierung des Holocaust. „Es muss doch einmal vorbei sein dürfen" der beliebteste Slogan seiner Vertreter.

Die fatale Verdrängung der immensen Schuld des eigenen Landes zeigt sich im Judenhass nicht *trotz* sondern *wegen* Auschwitz.

Die Deutschen werden den Juden Auschwitz nicht verzeihen.

[Zivi Rex, israelischer Psychoanalytiker]

Aus der Forderung nach einem Schlussstrich ergibt sich aus der Diskrepanz zwischen dem Wunsch zu vergessen bzw. nicht erinnert zu werden und der beständigen Konfrontation mit den deutschen Verbrechen ein neues Vorurteilsmotiv, das sich zum Teil in der Form revitalisierter traditioneller Vorwürfe an die Juden äußert (Rachsucht, Geldgier, Machtstreben).

[Werner Bergmann und Rainer Erb.]

Es liegt mir heute daran, diese Tatsachen als ein Tagebuchblatt zu notieren, da es immer offensichtlicher wird, wie sich die Verbreitung des *Sekundären Antisemitismus* bis in nahe Kreise hinein einnistet. Es schaudert mich, wie auch uns nahestehende Personen solche oder verwandte Auffassungen in unserer Gegenwart hemmungslos äußern, ja sich maßlos überheben und zu herber Konfrontation mehr als bereit sind.

2. Nov. 2018

Angel, du träumst vom einem *J* in deinem Pass.

Den Menschen jüdischen Glaubens wurde im *Dritten Reich* ein *J* in den Pass gestempelt. So war für jedermann sofort ersichtlich, dass es sich bei diesem Menschen um einen *Juden* oder eine *Jüdin* handelt. Ich mag das Wort Jude nicht in den Mund nehmen. Auch sträubt sich in mir es nieder zu schreiben. Wir dürfen es einfach nicht sagen. Es geht nicht und ist einer gewaltigen Sünde gleich, es auch nur zu denken oder in den Mund zu nehmen. Wir sprechen von unseren Nachbarn auch nicht als *Christen*. Wir können von Israelis sprechen (wobei auch sie ja nicht alle jüdischen Glaubens sind) oder von z. B. Deutschen, Franzosen etc. jüdischen Glaubens, nicht aber von *Juden*.

Es ist immer sofort eine abwertende innere Haltung dabei zu vernehmen, die uns einfach nicht mehr erlaubt ist. Der Deutsche hat sein Recht auf diese Art der Bezeichnung von Menschen, ebenso wie Kritik am israelischen Staat, für immer verloren. Nur durch die Anerkennung dieser Einsicht in tiefster Demut könnte sich, wenn überhaupt, in der deutschen Seele irgendetwas verändern.

Also Angel träumt vom einem *J* in seinem Pass.

Ich finde, es ist ein wunderbarer Traum, für den ich ihn liebe. Auch wenn die Weisen sagen, dass unsere Träume nur weniger bewusste weitergeführte Gedankenarbeit ist und von daher wie unsere Gedanken des Tages nicht viel wert sind, meint doch z.B. Krishnamurti, wir sollen unsere Träume *verstehen* und in diesem Verstehen still werden (so ungefähr).

Angel, bestimmt findet der Traum seine Wurzeln im Schicksal deines beginnenden Lebens, als du von deiner Mutter im Kinderwagen durch das jüdische Ghetto in Lodz gefahren wurdest. Allerdings vermute ich auch noch weitere Bezüge. Wir leben in einer Zeit, in der die verdrängte massive, unermesslich große Schuld des deutschen Volkes in erschreckenden Phänomenen erneut ans Tageslicht drängt, um erkannt und angesehen zu werden. Wesen wie du sind denjenigen, die auf Verdrängung oder gar Verleugnung der deutschen Untaten des dritten Reiches bestehen, ein Dorn im Auge. Sie wären bereit, uns einen Stempel in den Ausweis zu drucken oder besser noch eine Nummer in die Haut zu tätowieren, damit wir sie nicht bei ihrem Wahn der Zerstörung alles Schönen stören.

Die Menschen, die sich für die Wahrheit stark machen, sind immer schon verfolgt und nieder gemacht worden. Die Geschichte ist voller Beispiele. In kleinerem Maße erleben wir dieses bedrückende lebensfeindliche Phänomen täglich auch unmittelbar in unserer Nähe. Noch nicht ganz so bedrohlich, aber auf pervertierte Art, wie z. B. im SUV u.a.m., sind sie uns längst auf den Fersen, die angstgetriebenen Unterdrücker. In nicht sehr weit entfernter Umgebung wird ja längst tagtäglich in vollem Bewusstsein gemordet …

Also mein Liebster: Ich gehe zu 1000% mit Osho, wenn er immer wieder sagt: *Entweder du wirst verrückt oder du wirst Sannyasin.*

Angel, I love you for your dream. ♥ dg

3. Nov. 2018

Stille…
In dieser neuen Liebe stirb.
Dein Weg beginnt auf der anderen Seite.
Werde der Himmel.
Nimm die Axt gegen die Wände des Gefängnisses.
Fliehe.
Gehe hinaus wie jemand,
der in die Farben geboren wurde.
Tu es jetzt.
Du bist in dicke Wolken gehüllt.
Schlüpfe an der Seite hinaus.
Stille ist ein sicheres Zeichen,
dass Du entkommen bist.
Dein altes Leben war ein aufgeregtes Wegrennen
vor dieser Stille.
Der sprachlose Mond steigt jetzt auf.

[Dschalal ad-Din Muhammad Rumi, 1207-1273,
persischer Mystiker, Dichter, Sufi]

5. Nov. 2018

Wie seltsam oder wie wunderbar?
Als wenn mich die nicht enden wollenden Schmerzen meines Körpers auf eine Fährte bringen, die einer Bearbeitung

eingefahrener Muster unterzogen wird. Wie von selbst ändere ich einiges in meiner Wohnung, was mir zunächst fast befremdlich erscheint und ich es dennoch, wie von ferner Hand geführt, einfach tue. So räume ich tiefe Korbsessel weg, da ich in ihnen nicht mehr sitzen und auch nicht gut aus ihnen aufstehen kann, vor Schmerz. Soll ich mir einen höheren Sessel anschaffen? Es war doch 30 Jahre lang mein Platz, auf dem 1000e Stunden Ferngesehen etc. habe. Die Frage stellt sich seltsamerweise nicht und es geschieht durch das Wegräumen etwas, das genau das Gegenteil von fortschreitender Krankheit verspricht. Ich genieße den freien Raum, sodass ich mir endlich meine großen Werke in angemessenem Abstand anschauen und auch besser vorführen kann. Ich beseitige alte Lampen und schaffe mir neue an, was ebenfalls zur Klärung der Atelieratmosphäre beiträgt. Die Gemütlichkeit wird entsorgt und ich kann atmen. Auf der Stelle stelle ich die tödlichen 8Uhr Nachrichten ab, setze mich hin und schreibe, betrachte dabei von weitem das neue Werk, was morgen fortgeführt werden möchte.

Meine Wohnung wird endlich zum Atelier. Obwohl ich, besonders nachts, nahezu ständige Schmerzen habe, und ich häufig genug aufgeben möchte, brennt gleichzeitig eine innere Flamme, die mir aufträgt, mich weiterhin und vielleicht erst recht jetzt ganz dem Schöpferischen in mir zu widmen, wenn auch momentan zeitlich nur begrenzt.

Angel wird nicht müde, mir dieses tiefe innere Empfinden, das ich durch die Übernahme von Fremdgefühlen immer wieder konterkariere, zu bestätigen, was mir neben VNS +

unendlich hilft und wofür ich ihm sehr dankbar bin.

So habe ich trotz des immer wieder gewaltig ziehenden *Ahnensogs* die Chance, vielleicht doch weiterhin etwas zu evozieren und mitzuteilen, wozu ich ahnende Lust verspüre. Außerdem würde ich so sehr gern noch einige Jahre mit meinem Liebsten in Hingabe, Humor, Lust, Vergnügen, Demut und Freude verbringen.

15. Nov. 2018

Nicht zu spüren,
nicht zu sehen,
nicht zu erkennen,
wenn er naht,
ausgestattet mit den billigen Tricks dieser schalen Welt,
der verschlagene Dieb,
wenn er dich mitnimmt,
dich überlistet, der schleimige Sog.
Deine geheimen Unzufriedenheiten, Neigungen und Wünsche
gespeichert auf einem Zettel, den er immer bei sich trägt,
und in der Sekunde deiner Schwäche hervorholt,
nichtige Begebenheiten nutzend,
zieht er dich fort, hüllt dich ein
und entführt dich wie ein unmündiges Kind.
Endlich gelandet,
in Sorglosigkeit schlummernd,
im sanften Schlaf seelischen Glücks
liebst du seine verlogene Tat.
In herzloser Wunschlosigkeit
legst du dich dankbar nieder
auf sein blutrünstiges Ruhekissen,
das dich auf eisigen Dornen bettet,
die alles ausgrenzen,
was dich trägt, was du liebst.
Gewissenhaft hochmütig,
ignorant dein Leben verschenkend,
in opferbereiter Treue alles,

wirklich alles hinter dir lassend,
rauschst du willig den Sog hinab.

Welche Schmach,
immer wieder
dem Ahnensog
in die Fänge zu gehen.

16. Nov. 2018

hola angel,
ich erzähle dir eine kleine Bildgeschichte der letzten 2 Wochen aus meinem Atelier:
In Trauer und Verzweiflung gehe ich an den abendlichen großen Fluss ... da erscheinen mir diese goldenen Blätter auf nassgrauem Sand und in tiefer Freude über ihre Schönheit beschließe ich, dass ihr sanftes und zugleich feuriges Licht das Thema eines schon seit langem auf mich wartenden Triptychons werden sollen ...
3 himmelblau grundierte Leinwände im Maß: Mitte 100x70cm, linke u. rechte Seite 80x100cm, werden mit einem Art Blättersegen weiß untermalt ...
... dann allerhand *goldene Ideen* ... schnell noch energetische Unterstützung im Tanz der zur Zeit unfassbar schönen Herbstnatur ... dann die dritte Runde der Überarbeitung:
... Mitte ... links ...rechts

Das Triptychon wird *DA YU* getauft, Nr. 14 im *I Ging*, das ich gestern warf. Unfassbar passend!

… diese Handyfotos sind nur ein schaler Widerschein des Originals und ich hoffe, dass dir Geschichte nicht allzu kitschig erscheint.

Ich bin sehr froh, dass ich diese Arbeit vor dem Regen abschließen konnte.

dlg

8. Dez. 2018

Landung im Ahnenschlick

Wie sie sich verraten, die WhatsApp-User, wenn sie von Zeit zu Zeit ein frisches Foto von sich in die Welt senden. Ist es eigentlich ein Vergnügen, sich selbst, die eigenen Kinder oder Enkelkinder, beliebte Ausflugsorte, Urlaubsziele o.a. offenherzig zu zeigen? Wir, die anderen, sollen, dürfen sich daran erfreuen, sich vergleichen oder mit ähnlichen Aufmerksamkeitsplätzchen antworten. Gegen diese Art der scheinbar freudigen Mitteilung ist doch nichts einzuwenden? Ich frage mich, warum mich diese kleinen WhatsApp-Fotos derart unangenehm berühren.

Bin ich neidisch? Etwa darauf, dass ich keine Kinder vorzeigen kann? Keine Urlaubsphänomene, Vogelhäuschen, Paarfotos, Waldsparziergänge o.ä.? Nein, das kann es nicht sein, bestimmt nicht. Es muss etwas dahinter stecken. Da ich kein User von Instagram, Facebook o.ä. bin, habe ich keinerlei Durchblick, was alles so durch den medialen Äther gesandt wird. Ich weiß allerdings, dass es bis zu Milliarden Bilder und Kleinstnachrichten pro Tag sein sollen und dass die meisten aller Menschen inzwischen mit dem Handy ins Bett gehen. Über den Wahn der Reproduzierbarkeit, der medialen Sucht und der Verfügbarkeit der Individuen wird viel philosophiert und geschrieben. Fest steht auf jeden Fall, dass das uralte Phänomen Angst die Menschen in gefährliche Gewässer führt. Es ist bekanntermaßen ein Phänomen des Wohlstands- Bürgers. Der Sog einer Ich-Getriebenheit geht um. Eigenwillige Offenherzigkeit, ja Schamlosigkeit, treibt viele Menschen in kindliche Verhaltensmuster. Der bedrohliche Mangel an innerer Stärke kann die Menschen nur noch schwer über Wasser halten.

Vielleicht ist hier eine Erklärung für mein Unbehagen aufzuspüren. Wenn sich ein gestandener, wegen seiner hohen Qualität geachteter Therapeut, plötzlich als älterer Mann mit seiner Tochter im Selfie in WhatsApp zu Weihnachten zeigt, wenn sich unser Elektriker auf einem mal vor dem Weihnachtsbaum mit seiner Tochter, mein Bruder sich als Opa mit seiner Enkelin, mein Tischler seinen Urlaub auf einer teuren Golfanlage in der Südsee, eine brave Mutter ein Rotkehlchen im Winter, usw. usw. ablichtet, um uns dies mitzuteilen … Schreit da nicht das Kind im Menschen nach Beachtung und Anerkennung? Geht dieses Mich-Zeigen nicht meilenweit über die Idee von Geselligkeit oder dem Bedürfnis nach Austausch hinaus? Jeder kann dann meine Bilder sehen. Und wieso ist mir das egal? Oder soll sogar jeder, wirklich jeder, gucken, was mit mir gerade los ist? Der Schrei nach Beachtung des Ich könnte sich nicht größer aufblasen. Es erscheint mir so billig, so flach, so beschämend. Wenn die Jugendlichen auf dem Egotrip der Pubertät auf diese Falle der Mitteilungsphalanx hereinfallen, ist es verständlich. Aber die Erwachsenen? Die Alten? Wie äußerst unangenehm berührt mich der erbärmliche Stolz eine alternden Mannes, der sich mit seiner Enkelin ablichten lässt, absichtlich für alle Welt sichtbar. Wie er sich am Ende seiner Kraft, peinlicher-weise im Deckmantel der Jugend, in einem kleinen Konterfei entblößt und anonym an die Welt wendet. In Wahrheit ahnt er, dass dies nichts bedeuten kann außer Mitleid zu erzeugen und ihn nur weiter in den Ahnenschlick treibt, in dem er sich bereits aus geistiger Schwäche verfangen hat. Der Aufschrei eines solchen Selfies sollte wenigstens als leuchtende Aufschrift mitgeliefert werden: Meine Enkel werden mich schon retten, wenn ich nicht mehr weiter weiß!

Die Versendung der Weihnachtsrundbriefe mit den Familienporträts haben übrigens dieselbe beschämende Qualität.

Es ist ein Jammer, das die feine Kunst der Fotografie für ein derartiges Suchtphänomen herhalten muss.

13. Dez. 2018

Heute erkenne ich, dass der *Brief Bethel* in meinem Buch *Ahnensog* nicht von mir erfunden wurde, sondern dass er meine Wahrheit ist. *Tagebuchblatt 1. März 2018* beinhaltet einen zweiten Brief an meine Tante Leni, in dem ich davon spreche, dass es mein letzter an sie sei. Damit war aber, wie ich es mir insgeheim wohl wünschte, diese fatale Bindung noch lange nicht behoben. Bis heute werden immer wieder erhebliche innere Auseinandersetzungen mit den Kräften des schweren Schicksals dieser Tante in mir durchgefochten, wovon z. B. das *Tagebuchblatt* vom *11. Juni 2018* berichtet. Nach den darin erwähnten systemischen Aufstellungen erlebe ich auch weiterhin schwere Nächte und tiefe Stimmungen, denen ich nun mit einem Paket von aufdeckenden Bildern entgegen treten konnte. Es zeigte sich in diesen kleinen Einzelaufstellungen, dass gar nicht ich es bin, die mit dem Schicksal der Tante verwoben bin. Ich mische mich lediglich ein und übernehme in magischer Opferbereitschaft die Identifizierung anderer Familienmitglieder. Für mich sieht das Schicksal vielmehr ein Leben der Freiheit vor, dass sich der Kunst und der Liebe widmet.

Vielleicht auch als Reaktion spitzt sich dieses düstere, zerstörerische Erleben aktuell im Schmerz und gleichzeitigen Erkennen derart zu, dass ich nicht mehr bereit bin auszuweichen. Nun in vollem Bewusstsein, dass all dies nicht zu mir gehört, stehe ich die Tiefen des Schmerzes einfach durch. Nach und nach wird mir wunderbar bewusst, dass das Dunkle, Zerstörerische, Abweisende tatsächlich nicht zu mir gehört und dass ein Leben jenseits von Gelübden, falscher Treue, Selbstkasteiung und Schuld nicht nur möglich für mich ist sondern wahrhaft eintreten wird. Ein Fest der Wahrheit und der Freude steht vor meiner Tür, die ich jetzt bereit bin zu öffnen.

Das Manuskript von *Ahnensog* entstand 2010. Die Wahrheit ist durch nichts zu beschleunigen, durch nichts zu erzeugen, durch nichts zu erkaufen. *Die mystische Rose* zeigt sich, wenn wir im Herzen bereit sind, sie zu erkennen. Ihre Verschleierung ist ein Geheimnis, das nicht einfach durch unseren Verstand entschlüsselt werden kann. Den Schleier zu zerreißen erfordert feurigen Mut und einen starken Geist.

14. Dez. 2018

Die Bedürftigkeit des Individuums besteht erstens im Vergnügen, zweitens im Schmerz und drittens in Hunger und Durst. Du hast alles aufgrund deiner Identifizierung mit dem Körper zu erleiden. Wenn deine Eltern dich zur Welt bringen und du ihr Kind bist, ist die Welt dein Schicksal. Wenn du jedoch zum „Sohn des Gurus" wirst, Guruputra, dann vollziehst du die letzte Ölung deiner Eltern (du hörst auf, dich als ihr Kind zu identifizieren) und bist frei von dieser Schuld …

[Shri Siddharameshwar Maharaj,
Ein Ultimatives Verstehen, S. 89 / 90]

Meine Bedürftigkeit besteht im Schmerz. Welche Behauptung! Sie will ich komplett verstehen! Jetzt.

Auch will ich mich befreien von der Schuld, mich mit dem Kind-Sein meiner Eltern zu identifizieren! Jetzt.

23. Dez. 2018

Der Kontakt ist mir entglitten. Der Kontakt zum Selbst, wie ich die Tiefe dieser Berührung nennen möchte. Diese himmelblaue Weite des Selbst, aus der heraus alles erträglich ist, da du weißt, dies ist es nicht, das ist es nicht und erst recht nicht jenes.

Der Kontakt zum Selbst gibt mir Sicherheit, enthebt mich der Gedanken an Vergangenheit und Zukunft, der Vorstellungen an eine bessere Welt, der Wünsche für einen anderen Platz zum Leben, der Verzweiflung und der Hoffnungslosigkeit, der ermüdenden Angst vor Gebrechlichkeit, Alter und Tod.

Der Kontakt zum Selbst bedeutet mir sicheren Halt. Hier und nur hier kann meine Inspiration entstehen und sich entfalten. Schöpferische Gestaltung ist ohne diesen Kontakt nicht möglich. Der Halt im Reich dieser Berührung ermöglicht die vorbehaltlose Annäherung an meine Mitmenschen, erst recht ist er Voraussetzung für die sogenannte Liebe zum Partner.

Der Kontakt ist mir entglitten. Zurzeit wird dieser Verlust besonders schmerzhaft spürbar, da das christliche Weihnachtsfest uns Menschen veranlasst, uns in Form von verlogenen Wünschen und belanglosen Berichten der Gewissheit des Familienzusammenhalts zu versichern, gar der Scheinsicherheit durch die mörderische Macht der Kirche. Auf diese Scheinheiligkeit, die wir Liebe nennen, fällst du natürlich in der Tiefe deiner einsamen Seele jedes Jahr wieder gern herein und dann ist es kein Wunder, dass du den Kontakt verlierst, diesen Halt im Wunderbaren, der dir einziger Grund ist dieses Dasein überhaupt zu ertragen, zu überstehen und zu meistern. Aber davon wollen sie nichts wissen, die Verwandten, Freunde und wie sie sich sonst noch nennen.

Nun musst du aufpassen, wenn du den Kontakt verloren hast, dass du nicht alles über einen Kamm scherst
und am Ende noch das wenige, dass dir doch in dieser Hinsicht nahe ist, versehentlich zum Teufel jagst und so schließlich dich selbst noch wegwirfst. Denn dann hättest du die einzige Chance verspielt, diesem Dasein einen Sinn gegeben zu haben. Ein Leben, das diese Zusammenhänge nicht erkennen will, das der Schönheit des Selbst nicht gedient hat, ist ein vertanes Leben.

Wenn ich diesen Gedanken niederschreibe, wird mir etwas wohler und ganz leise schimmert der Kontakt
zu meinem geliebten Selbst. Dieses Schimmern ist es wert, im Dunkel des veräußerlichten Weihnachtsgeschehens aufgespürt − und vielleicht sogar beschenkt− zu werden.

25. Dez. 2018

An *kunst@art-magazin.de*
Leserbrief zum Artikel 'Stunde null' Journal art Dez. 2018
Sehr geehrte Damen und Herren,
in der letzten Ausgabe von **art**, Dez. 2018, ist im *Journal* der Artikel *Stunde null* vonTanja Beuthien zu lesen. Der Haupttenor des Artikels ist, dass es schlecht um das *Haus der Kunst* stehe.
Diese Tatsache wundert mich nicht und ich möchte Ihnen sehr gern dazu einen Bericht* aus meinem Kunsttagebuch zusenden, den ich 2010 anlässlich der damaligen Ausstellung von *Ed Ruscha* verfasste. Hierin umschrieb und begründete ich, was ich damals in den mehr als bedrückenden Hallen empfand, und bis heute in dem historischen Koloss des *Hauses der Kunst* sehe.
Eine der wenigen Möglichkeiten, die ich mir immer für diese monströsen Räume vorstellen konnte, war das Werk von Amseln Kiefer. An mehreren Orten konnte ich seine geschichtsträchtigen Arbeiten in mich aufnehmen. Sein unverwechselbares und umwegloses Hinschauen auf unsere deutsche Geschichte, besonders auch in seinen schweren Arbeiten aus Blei, könnten dem Gemäuer wahrscheinlich standhalten und eine trächtige Meinung entgegnen. Aber dass Kiefer absagt, warum auch immer, hat vielleicht auch wiederum die Bedeutung, von der ich überzeugt bin: dass aus diesem Haus einfach nichts werden kann.

Frohe Weihnachten und ein gutes Neues Jahr 2019 für **art**, die ich bzw. mein Mann seit etlichen Jahren als Abonnent beziehe.

Ich würde mich sehr über eine Antwort von Ihnen freuen!

Sigrid Crasemann

*[Bericht vom 10. Mär. 2010]
Ed Ruscha im Haus der Kunst/München
Haus der Kunst/ München. Ed Ruscha.

Zwei Riesenphänomene unterschiedlichster Art zeitgleich an einem Ort. Wie wird sich dieses Zusammentreffen auswirken? Das möchte ich unbedingt erleben.

Die Ausstellung eines Werkes ist immer auch eine Stellungnahme zum Künstler sowie zum Ort der Hängung.

Zunächst zum legendären Haus der Kunst in München. Bisher hatte ich einen weiten Bogen der Vermeidung um diesen Ort gelegt, aus Furcht, mich von der Vernichtung bildender Kunst der Moderne durch die Nazis berühren zu lassen. Denn das ist hier geschehen. Unter Hitler wurde diese monströse Architektur zum *Haus Deutscher Kunst* erklärt. Hitler wollte das deutsche Kunstverständnis reinigen, neu definieren und in diesem Haus etablieren. München sollte zur Stadt Deutscher Kunst werden. Es genügte ihm nicht, diese Machtarchitektur von erdrückend pompösem Charakter zu errichten und in Szene zu setzen. Es ist bis heute ungeklärt, aus welchen Gründen der ehemalige Glaspalast der Kunst an eben diesem Ort in Flammen aufging. Hitler war Glas, eine architektonische Errungenschaft der europäischen Moderne, als Baumaterial verhasst.

Die Asche der zerstörten Grundfeste diente dem neuen Bau wohl als Leichenschmaus.

Am 18. Juli 1937 fand die Eröffnung des Gebäudes mit der ersten *Großen Deutschen Kunstausstellung* von Werken deutscher Heroen- Kunst statt. Dieser Wucht an abscheulicher Bedrohlichkeit wurde nur einen Tag später zur kontrastierenden Betonung der eigenen Qualität in den benachbarten Hofgartenarkaden in einer beispiellosen Schau Werke der klassischen Moderne als *entartet* vorgeführt und deren Schicksal für lange Zeit besiegelt.

John Heartfield schrieb dazu aus seinem Prager Exil, dass sich *die schweren Steinsäulen des Machtpalastes unter dem Geschrei Hitlers bögen, der den Künstlern der dort verfemten Werke androhte, wenn sie weiterhin derartiges hervorbrächten, er sie ins Irrenhaus sperren oder entmannen würde. Die Nazis ..... haben die Wahrheit, das freie Denken, die Entwicklung und das Leben vieler Deutschen kastriert, und nun sind als nächste Opfer die Maler und Bildhauer dazu ausersehen.*

Diese Vorführung wurde von hunderttausenden unserer deutschen Landsleute schaulustig besucht. Und das ist die Wahrheit!

– Ich spüre und beobachte bis heute eine erschreckende Treue zu diesem Vernichtungswahn, der nicht angeschaut wird, weiterhin unbehelligt wuchert und zerstört und zerstört. Die moderne Kunst, Signal der Liebe zur inneren Freiheit, von Aufbruch und Wahrhaftigkeit wird vom dumpfen, weiterhin antisemitischen deutschen Volk unter den Teppich gekehrt. Wenn ich z. B. die kulturlose Ignoranz meiner unmittelbaren Nachbarn sehe, mit denen ich unter einem Dach lebe oder mit denen wir regelmäßig Kaffee trinken und feiern, unseres Friseurs, dem wir Jahrzehnte die Treue halten, den Bio-Ladenbesitzern, bei denen wir seit langem täglich als Großkunden einkaufen, wenn ich die Borniertheit meiner Geschwister, Tanzpartner und *Freunde* meiner eigenen Kunst gegenüber aushalte oder wenn ich dem beflissenen breiten Publikum in Ausstellungen bei der Rezeption der Bildwerke begegne, wenn sich ein junger Mann aus dem Bekanntenkreis breitbeinig und mit verschränkten Armen vor meinen Bildern aufstellt und mit unterkühlter Miene behauptet: „zu Bildern habe ich keinen Zugang", wenn ich spüre, dass nahezu alle Menschen um mich herum Andersartigkeit meiden, fürchten und weghaben wollen, dann denke ich an Künstler wie Pablo Picasso oder Antoni Tapiès, die in ihren spanischen Dörfern schon zu Lebzeiten verehrt wurden und zur Glorie und zum Stolz ihrer Landsleute beitrugen und, auch wenn diese den avantgardistischen Aspekt der Künstler nicht verstanden, doch in Freude darüber lächeln konnten, dass sie einen Künstler in ihren Reihen hatten, der dem Dorfleben eine Note der Wahrhaftigkeit und Liebe aufzusetzen vermochte. Während meiner Ausbildung in der zweiten Hälfte des neunzehnten Jahrhunderts, besonders erschreckend bei den Staatsprüfungen seitens der Hamburger Oberschulbehörde, sowie später bei den deutschen Oberstudienräten während der Ausübung meines Berufes als Kunsterzieherin an verschiedenen Gymnasium, erlebte ich immer wieder auf erschreckende Art und Weise zynische Verlogenheit, Angst, Neid und radikale Ablehnung der

Moderne sowie zwanghaftes Bestehen auf einem reaktionären Traditionalismus. –

An diesem Ort mordender Erniedrigung künstlerischer Kraft und der Etablierung einer nie zuvor da gewesenen heroischen Schreckensmonumentalität werden nun seit 1949 wechselnde Ausstellungen zeitgenössischer internationaler Kunst ausgerichtet. Dagegen kann ich nichts sagen, bedenke ich darin die Absicht der versuchten Wiedergutmachung oder gar der gewünschten Wandlung. Es wurde damals von Entnazifizierung gesprochen, als man sich verpflichtete, diesen Bau jetzt ohne nationale Einschränkung *Haus der Kunst* zu nennen. Aber jetzt, da ich mit Leib und Seele dort war, an diesem Ort in München, rufe ich laut: Es geht nicht! Und es wird auch niemals gehen! Wenn es auch nur meine persönliche Einschätzung bleiben sollte, so ist es mir doch schleierhaft, dass empfindsame, künstlerische Seelen zugestimmt haben, in derart belasteten Räumen ihre Bilder zu zeigen. Hier kann keine Kunst bestehen. Sie wird sich hier nicht entfalten können, ohne Schaden zu nehmen. Jede Form schöpferischer Energie wird sich an diesem Ort einer Begegnung verschließen.

Und so erlebte ich das malerische Werk Ed Ruschas hier, weitgehend leblos, den riesigen Räumen kalter Dominanz wie ausgeliefert. Betrübnis über die Unmöglichkeit der angemessenen Wahrnehmung seines Werkes überkam mich. An diesem Beispiel kann ich die Bedenken großer Künstler nachfühlen, die auf Abnahme ihrer Werke bestehen, wenn diese nicht in angemessenem Licht erscheinen.

Ed Ruscha, Maler der 50er und 60er Jahre, der mich neben all den anderen Künstlern der amerikanischen Pop-Art damals in der Auseinandersetzung mit den Bildenden Künsten der Nachkriegszeit umtrieb. Ihm galt meine Verehrung z. B. durch sein weltweit bekanntes Emblem der Twentieth Century Fox. Ihn sollte ich nun hier erleben. Wie gespannt ich war. Echte amerikanische Kunst in einem deutschen Haus. Innerlich rieb ich mir fast die Hände in einer Art hämischen Vorfreude auf diese Begegnung von Ed Ruscha mit unserem schweren deutschen Erbe. Er wird sie meistern, flüsterte mir meine heimliche Liebe zu den großen Popkünstlern der USA zu, die Begegnung mit dem Bösen!

Unserem verengten Blick des egozentrischen, spießbürgerlichen Wirtschaftswunderlands der fünfziger Jahre erschienen Erfahrungen mit der Berührung derzeitiger Kunst aus den USA gleichsam wie eine paradiesische Befreiung. So jedenfalls habe ich den Kontakt mit der Kunst 1967 erlebt, in den großen Kunstmuseen der Moderne in New York und auf der Expo 67 in Montreal. Auf dieser Weltausstellung mitten in der gläsernen Kugel des amerikanischen Pavillons hing ein riesiges Gemälde der Pop- Art. James Rosenquist hatte das Bein eines Feuerwehrmannes gemalt und ließ diese langgezogene Leinwand unter der Decke an einer Metallstange frei schweben …

Wie hält es Ed Ruscha in München in diesem Haus nur aus, seine Kinder,– wie er seine Bilder nannte,– aufzuhängen? Vielleicht ist er weniger sensibel wie wir, was die Vernichtung deutscher Kunst angeht? Er ist ein *Oklahomaman,*

1937 in der Cowboystadt Nebraska geboren. Er kannte ausschließlich Highways und Ranches. Die Geschichte von Oklahoma, einem Landstrich der Ölförderung, geht zurück auf die Landnahme im Jahr 1889, als die Regierung in Washington ihr Versprechen brach, ein letztes indianisches Territorium zu bewahren. Kann ich sein Werk überhaupt ermitteln? Ich traue mich nicht recht, eine emotionale Begutachtung seines malerischen Werkes vorzunehmen, das hier im Mittelpunkt der Ausstellung steht, da ich nicht abzuschätzen vermag, wie viel der künstlerischen Energie seiner Arbeiten nun wirklich durch die mörderischen Hallen, Säulen und Mauern verschluckt wird. Ob nicht gar in gewisser Weise das doch recht kühle Werk dieses Malers in diese eiskalte Umgebung passt, schrecklich gut passt?

Ed Ruscha entstammt einer jungen Nation, die im Gegensatz zu uns Europäern eine eher magere Kulturgeschichte aufzuweisen hat. Sie hat sich aus ehemals geflohenen und ausgewanderten Europäern ein kleines Gerüst von Geistesgeschichte zurecht gezimmert. Diesem ungewöhnlichen Volk wurde das Glück zuteil, von den Schwarzen den Jazz und den Blues geerbt zu haben. Zusätzlich ist den Bürgern der USA im Laufe des 20. Js. von vielen geflohenen, meist jüdischen Künstlern aus Europa und anderen Ländern der Spirit wahrhaftiger Kunst begegnet.

Als ein echter Amerikaner kommentiert Ed Ruscha nicht. Er psychologisiert nicht, klagt nicht an und imitiert nicht. Er stellt dar, was ihm als US- Bürger seiner Zeit an seinem Ort begegnet, Straßen, Schilder, Ecken, Flächen, Wörter und Buchstaben vor dem Hintergrund klischeehaft erlebter

Natur. Eine Leistung, wie ich finde. So ohne Kommentar in den künstlerischen Riss zu gehen, sich in den emotionslosen Strudel des Erlebten zu werfen, ohne zu hinterfragen oder auszuweichen. So kann Veränderung eingeleitet werden. Wenn meine Einschätzung Ed Ruschas etwas verkürzt ausfällt, liegt es sicher neben dem oben erwähnten Phänomen der gekappten Wahrnehmungsmöglichkeit auch daran, dass sein umfangreiches grafisches, fotografisches und filmisches Werk in diesem Text, der Ausstellung entsprechend, nicht zur Sprache kommt.

Wenn ich mir herausnehme, zu behaupten, dass er vielleicht als Maler überschätzt wird, berührt mich zugleich eine dynamische und auch z. T. poetische Energie seiner flächigen Bilder. Allerdings wird diese Energie wahrscheinlich von den Mauern dieses *Hauses der Kunst* zum großen Teil verschluckt und verschwindet im Sog ihrer bleischweren Mordgeschichte. Mir ist es ein Rätsel und gleichzeitig klage ich es an, dass unsere deutsche Presse, besonders auch die Kunstpresse, diese Ausstellung kommentiert, als wäre sie an einem beliebigen Ort der Kunst zu sehen. Es darf nicht genügen, wenn es in der **taz** vom 9. 3. 2010 am Ende eines recht beiläufigen Artikels heißt: *50 Jahre Ed Ruscha finden hier nicht nur einen Ausstellungsraum, sondern einen Rahmen.* Ist die Aufgabe eines gelungenen Rahmens nicht die, zu schmücken und zu schützen?

Mein dringender Wunsch wäre: Das missbrauchte Haus der Kunst in München, diesen schrecklichen steinernen

Bau, der wahrhaftiger Kunst kein Raum und kein Rahmen sein kann, absterben zu lassen. Es nie mehr anzurühren.

Adornos Ausspruch: *Nach Auschwitz kann kein Gedicht mehr geschrieben werden.* An diesem Ort des Grauens leuchtete er mir endlich blitzartig, körperlich ein. Schwer, bedrückt vor Übelkeit verlasse ich die gigantischen Hallen dieses Kolosses, das kein Haus der Kunst ist und dessen Namen ich weder fühlen, denken noch aussprechen kann. Die nicht enden wollende Kulturlosigkeit unseres Landes hat mit dem Geschehen dieses unmenschlichen Terrors der NS-Zeit doch sehr viel zu tun. Davon bin ich heute überzeugt. Heil versprechende Massenveranstaltungen aller Art, suchtartige Niveaulosigkeit auf dem Unterhaltungssektor, ausgereizte Kommerzialisierung der Künste. Hat denn unser Land etwas anderes verdient, wenn immer noch geschwiegen wird?
Ich wünschte mir, dass Ed Ruscha schnell seine Bilder hier heraus holte und ich sie einmal an einem anderen Ort, seiner Kunst angemessen, erleben dürfte.

28. Dez. 2018

Wie ich verachte und hasse,
wie ich vernichten könnte,
wie ich spüre, was Mörder empfinden.

Abgrundtiefer, eiskalter Hass,
für den kein Umweg mehr zählt,
keine Abwehr mehr in Frage kommt,
der nur noch einen einzigen Trieb in sich kennt,
nämlich die Lust zu vernichten.
Sein Verlangen drängt nach außen,
will sich rächen, um sich schlagen, auslöschen.
Heute verstehe ich die Assassine,
begreife die Lust am konsequenten Gedanken,
endlich Schluss zu machen mit der Unwahrheit,
der Unterdrückung und Verdrängung.
Heute ist gerade Weihnachten vorbei,
großes Fest der verschleimten Lüge,
und immer noch mache ich mit.
Ich spalte mich auf in zwei Seelen,
was nicht weiter zu ertragen ist.
Dieses parallele Tun darf ich nicht noch einmal mitmachen, sonst passieren mir noch fürchterliche Dinge und Taten. Es ist schon verlogen genug, wenn man die Weihnachtsfeier auf die sogenannte christliche Religion bezieht. Und ohne diesen Bezug einfach ein Fest der Liebe feiern? Ist das denn möglich in diesem Land?

Nein, ist es nicht und wird auch niemals mehr möglich sein. Unser Land mit der extremsten Höllengeschichte aller Länder dieser Erde, was Vernichtungswahn, Mordlust und geplante Auslöschung betrifft, in dem weiterhin nicht hingeschaut wird auf den mordenden Sog in der eigenen deutschen Seele, hat kein Anrecht mehr darauf, und zwar für immer, auch nur noch ein einziges Weihnachtsfest der Liebe zu feiern.

Was muss passieren, dass ich nicht im kommenden Jahr 2019 Weihnachten irgendwo in der Ferne verbringen werde in einem unbekannten Hotel eines Landes außerhalb Deutschlands ?

29. Dez. 2018

Angel, ich glaube, wir haben es bald geschafft …
dg.

30. Dez. 2018

…

etwas geb ich zu
das was ich will
bist du

…

ohne dich schlaf ich heut nacht nicht ein
ohne dich fahr ich heut nacht nicht heim
ohne dich komm ich heut nicht zur ruh
das was ich will, bist du …

[münchner freiheit 1986]

31. Dez. 2018

Selten, dass ich beginne und lösche, wieder beginne und wieder lösche. Heute startete ich gar dreimal und löschte dann abermals. Noch einmal will ich es versuchen, sonst nehme ich es als Zeichen, dass ich eben nicht sprechen bzw. schreiben soll.

Hab' doch alles schon gesagt in den Tagebuchblättern dieses Jahres 2018 zu den unendlichen Variationen von Schmerz …

Aber es ist jetzt die letzte Chance, in diesem Jahr noch etwas zu notieren und genau das macht mich nervös. Diese Gelegenheit kommt einfach nicht wieder, denn das Jahr ist in wenigen Stunden vorüber …

Aber es will nicht gehen …

Noch niemals habe ich ein Jahr auf diese Weise beendet.

2019

17. Jan. 2019

Dieses Unerträgliche,
dieses Stechen.
Übelkeit schnürt die Kehle zu.
Es treibt mich fort,
will nicht hier sein.
Stummer Schrei,
grauenvoller Sog ins Nicht
reißt mir das Herz aus,
zieht und quält.
Folter der Seele.

Fliehe! Es ist
nicht deine Qual,
nicht deine Enge,
nicht dein Leid.
Du bist in dichte Wolken gehüllt.
Nimm die Axt gegen die Wände des Gefängnisses.
Tue es jetzt!

[für Rumi]

17. Jan. 2019

Wenn dann die Nacht geht
das Licht kommt
und der Schmerz schwindet.

Stille,
in dieser neuen Liebe stirb.
Dein Weg beginnt auf der anderen Seite.
Werde der Himmel.
Der sprachlose Mond steigt jetzt auf.

[für Rumi]

17. Jan. 2019

Heute legt sich ein bleischwerer Mantel auf mein Gemüt. Ist der Völkermord der NS-Zeit des 20. Jahrhunderts durch nichts wieder gut zu machen, durch keine Einsicht, durch keine Entschuldigung, durch keine Sühne? Das wenigste, was zu tun ist, wäre doch das Hinschauen mit offenen Augen, ohne Angst, ohne Verlangen, ohne Erwartung auf Vergebung oder Ähnlichem. Aber genau das wird von den meisten Deutschen doch nicht geleistet? Man hat fast den Eindruck, sie erwarten noch Mitleid oder Beistand für die Mordtat ihrer eigenen Ahnen. Und so rauschen wir im Dunst einer fatalen Lebenslüge in einen dumpfen Vernichtungswahn gegen uns selbst. Scheinbar gegen andere, wie Ausländer, Alte und Arme, Dumme und Faule, richtet sich dieser Wahn aber gegen uns selbst. Ablehnung von Auseinandersetzung weicht übermäßigem Essen, Trinken, Shoppen, Reisen, Fotografieren, Feiern, Schönreden und suchtartigem Verlangen nach Kurzweil. Es zeigt sich ein verändertes Straßenbild. Es wird nicht mehr gegrüßt, gefragt oder Rücksicht genommen. Wenige Kinder auf den Straßen, kaum Fußgänger, außer in den Cities. Wir sitzen an den Bildschirmen oder schauen auf's Handy. Wohin führen uns diese Herzlosigkeit im Nebel schwindender Selbstwahrnehmung?

Wie kann es nur sein, dass wir so derartig spät erkennen, in welchem Land wir eigentlich groß geworden sind. Selbst in meinem Buch *Ahnensog*, das ich schrieb, als ich bereits über sechzig Jahre alt war, habe ich mich nur wenig mit dem Holocaust auseinandergesetzt. Jeder Deutsche müsste bereits spätestens in der Schule mit diesem schweren Verbrechen des eigenen Volkes in verantwortungsvoller Weise konfrontiert werden. Nichts ist uns berichtet worden, weder zu Hause, noch in der Schule, schon gar nicht im Konfirmandenunterricht der christlichen Kirche, die doch Nächstenliebe predigt. Wir sind diesbezüglich blind und taub groß geworden und die meisten haben bis heute kein Wissen vom Völkermord der Deutschen im Dritten Reich.

Wird denn heute aufgeklärt? Nur von zu wenigen Menschen, die Wahrheitsliebe und Verantwortungsbewusstsein zur Voraussetzung für ein freies geistiges Leben fordern, wurde und wird Licht auf dieses wohl dunkelste aller Kapitel der Geschichte geworfen. Trotz exzellenter Recherchen führt auch diese wertvolle Arbeit weiterhin eher ein Nischendasein, blüht vorwiegend im Verborgenen und unsere Ignoranz schwelt weiter und weiter. Regierung und Medien unterstützen ohnehin gern aus Eigennutz das Verdrängen von Wahrheit zugunsten verkappter Nachrichten, schlechter Aufklärung und billigster Unterhaltungssendungen am geliebten Fernsehschirm. Die Kirche war immer bewusster Gehilfe der Mächtigen, auch der NS-Herrschaft, und ist ebenso jetzt im Deckmantel verschlagener Beileidsbekundung Gehilfe aller Untaten, die den Menschen vom Menschsein abhält. Dass sie durch das Schreckgespenst von Schuld und Sühne weiterhin leichtes Spiel mit uns hat, ist genetisch und historisch fest verankert. Die Prägung durch dieses machtgierige Phantom ist in unserem Adergeflecht tief verwurzelt und lässt nur begrenztes Freiheitsbewusstsein zu.

Dass die Erde ihrem Untergang bereits entgegen taumelt ist allen bewusst, aber es wird nicht gehandelt. Dass Millionen Menschen täglich unter menschenunwürdigen Bedingungen auf der Flucht um ihr Leben bangen, ist allen bewusst, aber es wird nicht gehandelt. Dass Tausende täglich gar ihr Leben lassen, sprich ermordet werden, ist allen bewusst, aber es wird nicht gehandelt. In schäbiger Form angehäuften Reichtums, übelster Ausgrenzung, elitärem Gehabe, Vermarktung feinster Talente, kalter Egomanie und Zynismus schimmert die Fratze der nicht angeschauten Vergangenheit des Vernichtungswahns von uns Deutschen nur umso intensiver und beginnt bereits, gar nicht mehr so schwer erkennbar, sich erneut zu zeigen und zu entfalten. Zunächst in verschleierter, angeblich zivilisierter Form, was die Dummheit der ego-zentrierten Eitelkeit so ungeheuer unsympathisch erscheinen lässt, wird sich diese knallharte Manie des kopfgesteuerten Ichmenschen bald etablieren und nicht nur zu bedrückenden, sondern zu grauenvollen Verhaltensweisen führen.

17. Jan. 2019

Und dann sehe ich am Abend in mein eigenes *Künstlerbuch* von 2006 und lese dort Zitate von J. Krishnamurti, die ich in Farbskizzen hineinschrieb:

Wenn wir das Leben wirklich verstehen, verstehen wir auch den Tod.
Ein Mensch, der keine Liebe hat, kann der Wahrheit nicht nahekommen.
Wenn Sie nicht sterben, wissen Sie nicht was Liebe ist,
dann ist ihre Liebe nichts als Erinnerung.
Sie müssen sterben, jeden Tag,
wie die Blume stirbt,
blühend, üppig, voll,
und dann dieser Schönheit sterben,
dieser Fülle, dieser Liebe,
dieser Erfahrung und diesem Wissen.
Indem Sie all dem jeden Tag sterben,
werden Sie neu geboren,
so dass Ihr Geist frisch ist.

Sie können nicht lieben
ohne jeden Tag ihrer Erinnerung zu sterben.
Denn die Liebe ist nicht Erinnerung.

Nur der Geist, der die Zeit verstanden hat,
der das Leid beendet hat,
der keine Angst hat, nur ein solcher Geist weiß,
was Tod ist,
und deshalb auch, was Leben ist.

Die religiöse Person ist jemand,
der jeden Tag stirbt
und jeden Tag neu geboren wird.
Ihr Geist ist jung, unschuldig und frisch.
Ihrem Vergnügen zu sterben, den Dingen zu sterben,
die ihnen insgeheim am Herzen liegen – tun Sie es,
und dann werden Sie sehen und feststellen,
dass Sie Ihr Leben nicht vergeuden.

Dann werden Sie etwas finden,
das unglaublich ist,
das niemand je begriffen hat.
Das ist keine Belohnung.
Es gibt keine Belohnung.

Wissen wir, was Liebe ist?
Sie niemals zu kennen,
ist das Wunderbare an ihr,
ist ihre Schönheit.

Es ist der Tod des Gestern und damit
die vollkommene Ungewissheit des Morgen.

Wenn Gestern und Morgen sterben,
bleibt nicht die begrenzte Zeit zurück –
und die Zeit ist immer etwas Begrenztes –
sondern eine Zerstörung,
die das Neue ist.
Das ist Meditation.

16. Feb. 2019

Der Zweck Ihrer Geburt wird erfüllt werden,
ob Sie es nun wollen oder nicht.
Lassen Sie den Zweck sich selbst erfüllen.   [Ramana]

Schwerter richten den Körper,
Messer verletzen mein Herz,
Blut der Seele versickert im Sand.
Einsicht in die Unabwendbarkeit
absoluter Wahrheit.
Dunkler Sinn
bleitief und schwer.
Füße brennen
im Schrei des Schmerzes.

I am sick of love,
this kind of love
I'm so sick of it.   [Bob Dylan]

17. Feb. 2019

Heute ist es mir gelungen, mich wie Münchhausen am
eigenen Schopfe aus dem Sumpf zuziehen.
Einfach, indem ich Tagebuchnotizen aus dem Atelier von
2018 abschrieb, über sechs Stunden im Stück.

22. Feb. 2019

Ich verdiene es zu leben.
                    [Frei machender Glaubenssatz von A.]

5. Mär. 2019

Demut

Dieses Wort fiel mir nicht ein, als ich nach dem Gegenteil von Hochmut gefragt wurde. 1962 wurde ich zu einer mündlichen Abitur-Prüfung im Fach Deutsch aufgerufen, da ich offenbar die schriftliche Arbeit vermasselt hatte. Es war doch ein Thema, das mir gar nicht so sehr missfallen hatte? Wir Schülerinnen warteten gemeinsam und wurden dann einzeln völlig überraschend und ohne Vorbereitung in einen Raum geführt, um in einem Fach etwas gefragt zu werden, in dem wir im schriftlichen Abitur eine von unserer Semester- Bewertung sehr abweichende Note erhalten hatten. Ich hatte seit einem Jahr nichts gelesen und geschrieben. Ich durfte vom Augenarzt aus ausschließlich die Klausuren mitschreiben. Mein Interesse und meine Anteilnahme am Schulgeschehen waren ohne inneres Feuer. Einzelne Schülerinnen unterstützten mich zu Hause ein wenig, mein Vater nahm mich morgens auf seinem Weg ins Büro im Auto mit in die Schule.

An diesem Tag des mündlichen Abiturs, wie es höhnischer Weise hieß, trug ich ein Kostüm aus weichem etwas dickeren Kamelhaarstoff, enger Rock, schicke Jacke. Es gab mir Wärme und Halt. Aber die leichte Eleganz betonte mein Anders-Sein und verstärkte meine innere Enge. Wegen einer Netzhautentzündung trug ich eine schwarze Lochbrille. So stand ich wie Phryne vor den Richtern in einem Halbkreis von Studienrätinnen und Studienräten, die schweigend und ausdruckslos auf mich sahen. Dann die Frage von meiner Deutschlehrerin: „Sagen Sie uns, was ist das Gegenteil von Hochmut?" Ich spürte ihre Blicke wie Pfeile auf mich gerichtet in Erwartung, dass ich nicht antworten könne, oder wenn ja, dass die Antwort falsch sein würde oder dass sie mir zum Nachteil ausgelegt werden würde. Aber anders als Phryne, die ihre Kleider zerriss und die Schönheit ihrer Nacktheit ins Spiel warf, antwortete ich: „Ich weiß es nicht." Ein Raunen ging durch die Runde und ich wurde entlassen. Sie wollten mir sicher sagen, dass ich hochmütig sei und dass mir das Gegenstück fehle. Ich hatte mich hinter dieser Lochbrille versteckt und war recht sprachlos während der Zeit des letzten Jahres. Der *Ahnensog* hatte mich ja in eine jahrelange Steinzeit gezogen, meine hilflose Seele weinte und in unbewusster Dumpfheit verkroch sie sich hinter dieser schwarzen Brille. So konnte ich mich schlecht verhalten und war Lehrern gegenüber, die mir suspekt waren und die ich nicht mochte, hilflos, arrogant und sicherlich auch hochmütig. Allerdings gab es Ausnahmen in diesem Kreis grauer Studienräte, die mir wohl gesonnen waren, die ich mochte und achtete, von denen ich gern etwas lernte.

Vielleicht ahnte ich, dass Hochmut und Demut keine Gegensätze sind. Bei aller Blockade war ich von mir aus nicht unbelesen mit Zen, Nietzsche u.ä. Wie klug, dass ich nicht *Demut* sagte, damals. Aber schade, dass ich den Studienräten der Nachkriegszeit nicht einen kleinen Vortrag im Sinne der Weisheitslehre von Krishnamurti halten konnte.

Aber jetzt hole ich es nach, indem ich ihn zitiere: *[...] Demut ist nicht das Gegenteil von Hochmut; sie hat kein Gegenteil. Alle Gegensätze stehen in Beziehung zueinander, und Demut hat keine Beziehung zu Hochmut. Hochmut muss enden, nicht durch einen Entschluss oder Disziplin oder um eines Gewinns willen, sie endet nur in der Flamme der Aufmerksamkeit, nicht in der Widersprüchlichkeit oder Verwirrung der Konzentration. Den Hochmut zu sehen, äußerlich und innerlich, in seinen vielen Erscheinungsformen, ist sein Ende. Ihn zu sehen heißt, aufmerksam jede Bewegung des Hochmuts zu verfolgen; in der Aufmerksamkeit existiert keine Wahl. Aufmerksamkeit existiert nur in der aktiven Gegenwart; sie kann nicht trainiert werden; wenn sie es wird, dann wird sie eine weitere schlaue Fähigkeit des Gehirns, und ihr Produkt ist nicht Demut. Aufmerksamkeit ist da, wenn das Gehirn vollkommen still ist, lebendig und aufnahmefähig, aber still. Es ist kein Mittelpunkt da, von dem aus man aufmerksam ist, während die Konzentration mit ihren Ausschließungen einen Mittelpunkt hat. Aufmerksamkeit, das vollkommene und unmittelbare Sehen der ganzen Bedeutung des Hochmuts, beendet den Hochmut. Dieser erwachte Zustand ist Demut. Aufmerksamkeit ist Tugend, denn in ihr blühen Güte und Barmherzigkeit. Ohne Demut gibt es keine Tugend.*

[aus: Jiddu Krishnamurti, *Das Notizbuch*; S.127-129]

8. Mär. 2019

M. Weber, auch er ist früh gegangen – hat der Ahnensog ihn gekidnappt? – sagte einst „auch die Verstrickungen brauchen Raum". Wie wahr.

Und du kannst den Sog in die düstere Terra der Verstrickungen ruhig hin und wieder zulassen und ihm einigen Raum geben – möglichst im vollen Bewusstsein – um des lieben Friedens willen.

23. Mär. 2019

Wenn du dich im Leben, in diesem winzigen Zeitfenster deiner Möglichkeiten, nicht um Erkenntnis bemühst, nicht um Wahrhaftigkeit ringst, wird dir allerspätestens am Ende deines Lebens der Ahnensog einfach ein Schnippchen schlagen. Das Korsett der Lebenslüge, ob wissentlich oder nicht einmal von dir gespürt, wird im Alter durch die schwindende Lebenskraft Risse bekommen und plötzlich bersten oder sich in langsamer Form auflösen. Unfall, Krankheit, Verwirrtheit, Bosheit, Hässlichkeit, Vereinsamung und Verzweiflung gehören in dieses Kapitel.

Viele Menschen merken nichts von dem überlagerten oder verdrängten Freiheitsdrang ihrer Seele und verderben, erniedrigen oder verkaufen sie unwissentlich. Wenn sie nun ihr Leben lang vermieden haben, diesen Trieb ihrer Seele zu erspüren und zu erkennen, hat der gnadenlose Sog leichtes Spiel und treibt diese Menschen in den Schmutz von Verstörtheit, ins Delirium geistiger Umnachtung. Du kannst es schon früh erkennen – z.B. wenn die Menschen nicht bereit sind, bewusst auf den Tod zu schauen, auf Ängste und seltsame eigene Verhaltensweisen – werden sie über kurz oder lang unhöflich, abweisend, unwirsch, bösartig oder verwirrt.

Ist ein Leben der Menschen, das derart endet, nicht vertan? Vielleicht sollte ich mich mit solchen Einsichten nicht quälen, sondern eher dankbar sein für die Gnade, die mir widerfährt, wenn ich mich um Erkenntnis bemühe. Wenn auch die Schmerzen des seelischen Wachstumsprozesses häufig unermesslich groß erscheinen, so ist doch kein Kampf dieser Art umsonst, da er Licht in das Dunkel nicht nur des eigenen Dickicht bringt sondern damit auch in das Leben überhaupt.

Und so gehört es auch dazu, Menschen, obwohl du sie lange kennst und häufig genug mit ihnen umgehst, die dich im Grunde ihres verstrickten Herzens auf ihre Art eher ablehnen, anzunehmen und ihnen freundlich zu begegnen. Ihre Schroffheit dir oder besser gesagt der Wahrheit gegenüber hat ja nichts mit dir zu tun sondern ist das Ergebnis von Verblendung, der Überlagerung der Seele mit Müll. Und so gehört es am Ende erst recht dazu, Menschen, obwohl sie dir nahe standen – standen sie es wirklich – ohne zu jammern gehen zu lassen und keine sentimentalen Lügen aufzutürmen, die dich ins Reine waschen wollen oder dich falsches Mitleid vortäuschen lassen. Du wirst dich vielleicht viel eher fragen müssen, ob du nicht schon zu deren Lebzeiten das Lügenspiel ganz gern mitgespielt hast, vielleicht aus egozentrischen Motiven heraus, z. B. weil du mit ihrem Leid deine Kinderseele gefüttert hast.

Begegne dem Ahnensog rechtzeitig, nicht nur bei dir sondern bei jedem, wann immer du ihn erkennst und bleibe dabei zurückhaltend, freundlich, aufrichtig. Du brauchst dabei deinen Trieb zur Freiheit und zur Wahrhaftigkeit nicht aufzugeben.

Grausam ist die Realität des Ahnensogs.

Erkenne ihn früh und handle auf der Stelle.

Überschreite dabei den Rubikon.

13. Apr. 2019

Immer noch, immer wieder.

Gefesselt, gefangen, erniedrigt, gehemmt.

Schwere Träume zeigen mir die Erkundung für
nahezu unerträglichen Schmerzen der Nacht.

Nacht für Nacht. Die Einlösung meiner Ahnungen, die ich
in Ahnensog niederschrieb, holen mich heim, martern Leib
und Seele, reißen mich auf mit Klauen, Stecheisen und
quälenden Seilen.

Und dann immer wieder: Bin ich denn mein Körper,
dass ich so derart leiden muss, dass ich mir Vorwürfe mache ob dem Zerfall von Familie, Geschwisterliebe und all
dem? Wie denn, wohin denn und für wen eigentlich? Nein,
allenfalls bin ich meine Bilder und meine Texte. In diesen
Äußerungen bin ich rein von dem Wahn., den Erwartungen falscher, tödlicher Konzepte, die sie Liebe nennen.

Die teuflischen Prägungen durch das mörderische Vorge-
hen der abendländischen Moral, verankert und gepredigt,
verteidigt und befolgt.

Die Kirche zieht die Schlinge zu, bis heute, und in braver
Bruderschaft schauen die Verantwortlichen unserer Staats-
führung nicht nur zu, sondern wetteifern, ebenso geprägt
durch das tief inhalierte Muster aus Schuld und Sühne,
wissentlich mit fatalen Plänen.

Erkenne solange, bis das Feuer der Erkenntnis all die zerstörerischen Inhalationen verbrannt hat und nur die Asche
übrig bleibt, die dir den Frohsinn des Schönen zeigt.

1. Mai 2019

Wollüstiges Verlangen,
Zweifel, Rastlosigkeit, Schmerzen.
Unruhe bei gleichzeitiger Müdigkeit, Getriebensein.
Erklärungsversuche, Anstrengungen,
Verlustängste, Hoffnungen, Pläne,
Ohnmacht, Verzweiflung.
Immer wieder.

2. Mai 2019

Aus Premananda: *Papaji, Kraft der Gnade.*

Der feste Entschluss, frei zu sein,
ist das Floß über den Ozean des Samsara.
Dieses starke Verlangen ist unbedingt notwendig.
Die Stärke des Verlangens ist der Sadguru.
Der Schmerz in deinem Herzen ist das Selbst,
das nach dir ruft.

Erkenne, wer du bist, hier und jetzt,
einfach indem du still bist.

Der Wunsch nach Freiheit sollte niemals aufgeschoben werden.
Du musst dieses heftige Verlangen nach Freiheit haben

und nur noch dieser einen Richtung folgen.
Du solltest dabei nicht zu zweit sein,
denn du begibst dich auf Messers Schneide,
dort kann man nicht zu zweit laufen!"

Der reine Gedanke steigt aus dem Herzen als kein Gedanke auf.
Und das ist Bewusstsein.

Selbsterforschung ist Stillsein.
Stillsein heißt, die Gedanken nicht zu bewegen,
nicht einmal für einen Augenblick.
Und du siehst dein wahres Gesicht.

Aus der Leere steigt alles auf,
tanzt in ihr
und kehrt zu ihr zurück.

Der Liebende ist der Geliebte.
Der Suchende ist der Gesuchte,
und deshalb wirst du ihn niemals finden.
Es gibt nur einen einzigen Weg, das Selbst zu lieben:
Es zu sein!

3. Mai 2019

Ein vor elf Jahren im Café niedergeschriebener und nicht
abgesandter Brief an Byron Katie fällt mir beim PC- Auf-
räumen in die Hände, ist aktuell wie ehemals und soll heute
die Gelegenheit finden, sich in den Tagebuchblättern Ge-
hör zu verschaffen.

Liebe Byron Katie! Harburg, 21. 3. 2008
Es schreit, es tobt, es jagt in mir. Eine Frauengruppe sitzt mit zwei
Kindern, Mädchen, im Sesselkreis und leckt schlürfend Schokoladen-
Sahne-Becher. Die eine redet, redet, redet „ich meine“, „alles ist gut“,
„letztendlich …“, redet, redet in gebrochenem Ton – eine Mischung
aus Ichmitleid, Rat gebendem Unterton, Klagemelodie, um Teilnahme
heischend, in jammernd kritischer Beschreibung täglicher Kleinigkeiten.
Immer wieder „ich meine …“. Ihre gleich bleibende tonale Stimmlage
erinnert an Gebetsgemurmel in den Kirchen, bigottes Gewäsch, soll
abgegeben werden, zumindest ans Gegenüber. Die Mienen der anderen
beiden Frauen werden nach und nach ängstlich aggressiv. Die eine
schweift ab, ihr Blick wandert über den angesetzten Becher hinaus aus
dem Fenster, die andere fällt jetzt in den Monolog mit ein, so wird
daraus ein Dialog.
Als ich ins Café trat, war hier kein Mensch, ich empfand die Stille wie
ein Geschenk, um zu schreiben, als sich diese Gruppe genau in mein
Blick- und Hörfeld platzierte.
Ich muss an die Klagemauer denken. Wie wäre es mit einer Klage-
wand im Café? Was jagt meine heftige Beobachtung an diesen Frauen?
Meine Aggression nimmt zu. Ich könnte aufstehen, sie rauswerfen, ja
schlagen. Dieses zweisame Gerede ist ein neverending stream ohne

Höhen und Tiefen ergießt sich wie Blei auf meine dürstende Seele. Es bleibt nur eins: entweder muss ich gehen oder mich fragen: wer hält es nicht aus? stört es mich wirklich? rede ich nicht genauso oder sehr ähnlich, gern, endlos und ohne dass es mir das Geringste bedeutet? Identifiziere ich mich denn nicht mit Geplapper aller Art, ohne dass auch nur einmal die Wahrhaftigkeit hindurchschimmert? Verrate ich nicht ständig in so genannten Gesprächen mein Selbst? Wie sehr und wie oft übe ich Verrat an der Stille? Bin ich es nicht, die sich selbst gegenüber unaufrichtig ist? Spiegeln diese Frauen nicht meine angestaute Unzufriedenheit?

In dem Moment, als sich meine Feder der Selbstbefragung widmet, meine Beobachtungen eine Wende nehmen, in der Art von the work nach dir, B. Katie, stehen die Frauen auf und verlassen das Café. Wie von selbst, ganz unauffällig. Nachdem ich sie nicht mehr durch Vorwurf und Kritik binde, gehen sie ihrer Wege und meine Anspannung darf sich legen.

Liebe B. Katie, du siehst durch die Beschreibung des mir eben zugeflogenen Erlebnisses, dass ich bereit bin, the work zu praktizieren, dass ich aber immer erst nahezu Amok laufen muss, bevor mein starres Ich zulässt, dass ich an die Arbeit gehe. Warum ist es nur so schrecklich schwer! Ich könnte schreien, wenn ich daran denke, wie schwer es ist!! Wie viel Schmerz wir uns zufügen! Und wieder, wenn ich dieses schreibe, ich weiß!.....müsste ich fragen, ist es wirklich Schmerz, den ihr euch zufügt? Oder denke ich nur, dass es Schmerz ist?

Wie können wir nur dem Ahnensog entkommen, der uns so mächtig nach hinten zieht und uns an der Befreiung der Seele hindern will! Liebste Katie, wie kann ich nur meine Kräfte mobilisieren und diesen Fragen standhalten! Meine Sehnsucht nach Aufrichtigkeit ist lodernd wie Feuer und scharfzüngig wie ein Schwert. Meine Gemütsverfassung ist klar und kräftig, wenn ich an die ersehnte Wahrhaftigkeit denke und die Gegenströme werden immer radikaler, von härterem Kaliber, da sich die große, brennende Kraft nicht mehr mit kleinen Verdrängungsmaßnahmen unterdrücken lässt. Welche dünne Oberflächenspannung doch uns Menschen am Leben erhält! Verabredungen am Handy, Fernsehtalkshows und Essen, Essen, Kaufen, Kaufen. Ich bin auch so. Mir macht aber diese Art Schummelei langsam keinen Spaß mehr, und ich verzweifle nahezu daran, dass es kaum zu ändern ist, außer man gehört zu den Erwählten der Gnade. Wie kann ich ihn nur lösen diesen gordischen Knoten der Ohnmacht im Angesicht der großen Stille, die ich ja schon bin, sie nur nicht leben kann!

Liebe Katie, immer wenn ich nach einer Methode arbeiten soll, wie z.B. deiner work, habe ich das verdächtige Gefühl, ich soll wieder auf Strafe und Lob hören, wie einst als Kirchgänger. Wenn ich auch nur die leisesten Töne von Rat gebender Empfehlung wahrnehme, wendet sich meine Seele ab. Wenn dann noch ein Ton von Druck ausübender Macht mit ins Spiel kommt, reagiere ich angstvoll oder kuschend. Gelernt ist gelernt, die Muster sitzen gnadenlos. Ich bin total versaut, was Autorität angeht. Wie soll ich bloß dieses Geflecht durchtrennen! The work zu praktizieren, steht mir frei, das ist erst einmal der Ausgangspunkt. Liebe Katie, aber dahinter steht doch die Mahnung, wenn du sie nicht machst, wirst du weiter leiden! Also, will ich mich entscheiden. Bitte sende mir eine Idee, wie ich an diese mir unlösbar erscheinende Frage herangehen kann, mich zu the work zu bekennen!

In der letzten Zeit kochen bei mir nachts und auch am Tage mächtige Projektionen hoch in Form von hässlichen Träumen, zerstörerischen Gedanken, anklagenden Vorwürfen, selbstquälerischen Machenschaften … alles Energien, die mir die Trennung von der Liebe einflößen wollen. Ich weiß zwar, dass die Liebe immer da ist und dass es gar keine

Trennung gibt, aber es ist bisher leider nur ein noch uneingelöstes Wissen und hilft mir nicht, diese Zerstörungsangriffe von Innen zu meistern.

Allerdings, liebe Katie – ich nenne dich einfach viel lieber nur Katie als Byron Katie, sorry – ist es so viel wert, deine Bücher gelesen zu haben und zu wissen, dass sie ihre Wirkung tun. So weiß ich, dass diese mächtigen, aufsteigenden Projektionen letztlich gar nichts mit mir zu tun haben und dass es in meiner Macht steht, mit ihnen umzugehen, vielleicht sogar sie zu wenden. Sie verführen ja lediglich mein schwaches Ich, sich mit ihnen zu identifizieren. Oft gelingt es mir durchs Schreiben, meinen Emotionen ein Schnippchen zu schlagen, einfach indem ich mich dem Raum hinter ihnen über die entlassenen Worte nähere. Heute allerdings gelingt es mir nicht.

Meine Zweifel sind riesig. Ängste, Ehrgeiz, Wollust, Eitelkeit, Hochmut und Wankelmut stellen sich ein. Sind es nicht nur Gedanken? JA!! Aber meine Einsicht bringt heute die düstere Verzweiflung nicht zum Schweigen. Der Sehnsuchtsschrei nach Erlösung wird nicht leiser, sondern lauter, je mehr ich ihn ausdrücke und umschreibe.

Liebe B.K., was würdest du mir antworten? Ich vermute:

„Ist es denn schlimm, zu zweifeln?"

„Weißt du genau, dass es schlimm ist, zu zweifeln?"

„Wie würdest du dich ohne Zweifel fühlen?"

„Finde 3 Behauptungen, die deine erste Aussage umdrehen"

Also, ich versuche die Antworten:

„Ja"

„Ja"

„Gut"

„Zweifel bringen mich durch ihre Überwindung zur Wahrheit."

„Ohne Zweifel kann keine echte Wandlung geschehen."

„So wie die Nacht den Tag erst hervorbringt, bringen die Zweifel mich zur Erkenntnis."

Außerdem würdest du mich evtl. auffordern die Zweifel heute zuzulassen, da sie nun heute einmal da sind, und dann ist es heute meine Wirklichkeit, mit Zweifeln umzugehen.

Danke.

Über diese Arbeit gelingt es mir nun, die Zweifel nicht in blinde Verzweiflung ausarten zu lassen. Selbst, wenn der Schrei mich übermannt, müsste ich mich freuen über diese aufsteigende, heftige Emotion und mich fassen.

Noch drei Umkehrungen zur Verzweiflung, da sie mich oft genug einholt: „die Verzweiflung ist eine aufsteigende Emotion, die mich zu neuen Ufern der Erkenntnis führen kann."

„Verzweiflung ist eine notwendige Reinigung des festgefahrenen Gemüts, ohne die es keinen demütigen Neubeginn eines Wachstumsschrittes geben kann."

„Die Verzweiflung ist der Gegenpol zur besonnenen Klarheit."

Liebe B.K., nun ist es mir doch noch gelungen, mit dir zu kommunizieren, und ich danke dir für deine Patenschaft, fürs Zuhören.

Bis zum nächsten Mal.

In Liebe Sigrid

Café Balzac, Lüneburger Straße Harburg

8. Mai 2019

Definition Duden-Fremdwörterbuch für *Target:*
Substanz, auf die energetische Strahlung gelenkt wird, um in ihr Reaktionen zu erzielen.
Erneut entflammt mein Inneres für dieses Phänomen – und es entsteht dazu ein neues großes Bild im Atelier.

20. Jun. 2019

Zu meinen ersten Blogeinträgen vom April und Mai 2019: Das hab ich nun davon. Habe mir also auch endlich einen Blog eingerichtet, in dem ich der Welt, taufrisch und sooft ich möchte, mitteilen kann, was ich denke, beabsichtige, verfluche, mir wünsche etc. Zu dieser Art, nun für alle Welt lesbaren und beurteilbaren, Mitteilungen muss ich natürlich möglichst nachhaltig stehen, klar. Zwei dieser ersten Einträge waren Verweise auf zwei Ausstellungen eigener Bilder. Sie erscheinen mir heute, besonders in ihren digitalen Abbildungen, banal, lieb und gefällig. Dazu will ich mich äußern.
Die Themen *Himmelblau* und *Schwarze Rose* beziehen sich auf das *Dahinter.* Also nicht auf Dies und Das (den schönen blauen Himmel, die hübsche Rose in meinem Garten) sondern auf *Neti Neti (Es ist nicht Dies, es ist nicht Das).* Diesen Anspruch derart zu benennen, ist brenzlig genug, als dass

ich mir nicht den Kopf darüber zerbreche. War es denn nicht schon seit Ewigkeiten das Anliegen ernst zu nehmender Kunst, auf die Wahrheit zu verweisen und nicht nur z.B. auf eine Obstschale, ein Gesicht oder einen politischen Tatbestand?

Die bahnbrechenden Möglichkeiten der klassischen Künste, die uns geläufig und begreifbar sind, sind ausgereizt. Das ist allerorts zu sehen und zu hören. Was die Malerei angeht, haben die Künstler deren immanenten Aspekte sämtlich ausgelotet. Abzulesen ist diese Beobachtung z.B. an den häufig auf Event-Charakter ausgerichteten Ideen für größere Ausstellungen. Ich nehme mir heraus, eine abnehmende Qualität zeitgenössischer künstlerischer Arbeiten der klassischen Künste wie z. B. der Malerei festzustellen, was sich meines Erachtens auch deutlich in der einschlägigen Kunstpresse niederschlägt. Etliche Kunstwerke, wenn es denn noch welche sind, dienen zunehmend eher der Unterhaltung als dass wir Anstöße für das Bewusstsein von Freiheit und Liebe durch sie erhalten. Wer sind heute eigentlich die Bahnbrecher wie einst *Goya, van Gogh, Rembrandt, Modigliani* u.v.a.m., auch Künstler des 20. Jahrhunderts vor und nach den zwei Weltkriegen, wie *Pablo Picasso, Max Beckmann, Julius Bissier, Wols, Schumacher, Richard Serra* u. v. a.m., oder meinethalben auch *Louis Morris, Damien Hirst, Basquiat,* u. a. m.? Denke ich allerdings z. B. an Christoph Schlingensief oder Julian Schnabel bin ich gern bereit meine Fragen zu überdenken. Vielleicht gab es ja immer schon nur wenige Bahnbrecher? Und die Künste haben weiterhin eine Chance zur Bewusstseinsbildung der Menschen, was ich mir natürlich wünschte?

Sind all die im 21. Jhdt. aktuellen, wohlgemeinten – auf die Besorgnis erregenden gesellschafts-politisch desaströsen Zustände verweisenden – Werke der Bildenden Kunst mehr als berührend? Sind sie zukunftsweisend oder gar auf die Freiheit des Einzelnen gerichtet? Kommen die vielen *politischen* Kunstwerke unserer aktuellen Zeit denn aus einer tiefen schöpferischen Quelle, die sich hervordrängt und auf die Veränderung von Welt ausrichtet oder sind sie nicht häufig eher eitle wetteifernde gedankliche Konstrukte, lediglich in eine bildnerische Form gegossene Vorstellungen von einer besseren Welt?

Das 21. Jahrhundert ist eine Zeit ständiger Veränderungen von rasender Geschwindigkeit auf allen Gebieten. Können wir uns da noch mit dem uns bekannten begrenzten Vorstellungsvermögen engagieren? Wie können wir uns denn um das Wohlergehen des Einzelnen bemühen, wie an der Rettung der Erde beteiligen? Was kann ich tun? Wie denn? Sollen wir nun ohnmächtig die Hände in den Schoß legen? Nein, natürlich nicht. Das war noch nie und wird auch niemals die Lösung sein. Mir scheint, dass sich in diesen bisher so gänzlich neuartigen Zeitumständen, in denen sich Zerstörung und Angst derart verbreiten, dass sie die Menschheit zu einer Art Massenselbstmord führen, auch eine Chance zum Erkennen und zum Handeln zeigen will.

Natürlich sollen und können sich Künstler immer, wie z.B. damals Picasso mit *Guernica*, politisch ins Zeug legen und den Mund aufmachen. Aber ihr eigentlicher Auftrag geht darüber hinaus. Ich möchte, wie ich es in beiden oben erwähnten Ausstellungen anstrebte, auf *Die schwarze Rose* oder *Den entgrenzten Himmel* verweisen, worauf es ja immer schon ankam. Können meine verbalen und bildnerischen Äußerungen andere berühren und still werden lassen? Das Licht dieser so erfahrenen Stille wird heller leuchten als die Sonne und radikaler brennen als das Feuer.

29. Jun. 2019

Wenn man denkt, dass man der Körper ist, wird man zum Sklaven des Verstandes und leidet dementsprechend.

[Sri Nisargadatta Maharaj]

Schon vor längerer Zeit schrieb ich über Alter und Tod, in meinem Buch *Ahnensog.* Ich hatte in diesem Zusammenhang das Sterben besungen und lamentierend festgestellt, wie wenig die Erziehung unserer Eltern, Lehrer und Pastoren uns einst davon vermittelt hatten. Aber es nützt mir nichts, bei dem Wissen stehen zu bleiben, dass wir in einer Grauen erregend unbewussten Gesellschaft leben und von ihren Vertretern in Elternhaus, Schule, Kirche und Regierung in diesen wesentlichen Fragen nichts lernen können. Es bringt mir keinerlei inneren Frieden im Vorwurf zu verharren.
Das Sterben will ich mir an jedem Tag bewusst machen, an jeder Blume, an jedem Vogelgesang, an jedem Celloton, an

284

jedem poetischen Text, an jedem fallenden Herbstblatt, ebenso an jedem Unglück, an jeder Hässlichkeit, jeder Kritik und Verletzung. Jedem Augenblick wohnt das Sterben inne. Jeglicher Moment huscht vorbei und ist nie wieder erlebbar. Aber weiß das nicht jedes Kind und erst recht jeder aufgeklärte Erwachsene? Nein, eben nicht, weit gefehlt. Es wird kurz wahrgenommen aber ebenso schnell wieder vergessen. Das ist es ja eben. Trotz dieser Einsicht gehen wir in Furcht durch das Leben und in Angst auf den Tod zu, zumindest in der Tiefe, im uneingestandenen Rumoren der verdrängten Sprachlosigkeit.

Krankheit und Alter gehören wie eine verwelkende Blüte zu den Phänomenen, die das Sterben verdeutlichen. Nicht mehr und nicht weniger. Ist es wirklich so einfach? Ist der siechende Mensch kurz bevor er stirbt, also vom Tode ereilt wird, in Wahrheit mit einem vom Baum fliegenden trockenen Blatt zu vergleichen, oder gar mit einem leise fallenden samtenen Blütenblatt einer verblühenden Rose? Ja, dieser Vergleich muss von mir begriffen werden, das weiß ich. Ich verlange von mir, dass ich mich am Ende meines irdischen Daseins einfach hingebe, so wie ein Herbstblatt durch den leisesten Windhauch sich vom Baum löst und sanft zu Boden fällt, vielleicht auch in einem wilden Herbststurm aufwirbelt und in diesem letzten Chaos mit Freude zu Boden tanzt, oder auch vom Regen durchfeuchtet breit getreten oder vielleicht von einem hungrigen Tier als Mahlzeit verschlungen wird.

Warum, warum nur fällt es mir immer wieder so schwer in den Spiegel zu schauen und zu entdecken, dass ich nun alt bin. Eine Frau mit an sich grauem Haar, von dem ich noch nicht einmal weiß, wie genau es in seiner Natur aussehen würde, da ich es seit langem vom Friseur tönen lasse. Wie angestrengt ich mich um ein weiterhin jugendliches Aussehen bemühe. Wie lächerlich im Angesicht des kurz bevorstehenden Todes vom eigenen Körper. So schön war das Leben nun doch auch nicht, dass es ewig weiter währen sollte?

Wenn ich schreibe, erst recht wenn ich male, dichte, tanze, fühle ich nicht wie alt ich bin. Ich möchte sogar behaupten, ich habe dann kein Alter. Erkenne ich aber im Handeln meines Gegenübers, dass ich eine ältere Frau sein muss, bin ich erschrocken. Dann schaue ich in den Spiegel, muss gestehen und versuche mich darauf einzulassen, dass dieses Bild einer Wirklichkeit entspricht, vor der ich mich fürchte. Und schon beginnt das Desaster, der elende Versuch, sich mit dieser Erwartung zu identifizieren. Ich bin so alt wie ich aussehe und muss mich dementsprechend verhalten. Dieser Prozess ist für die meisten Menschen eine schlichte Tatsache. Sie ahnen oder wünschen keine Alternative. Diese zermürbende Geisteshaltung der Identifizierung mit dem eigenen Körper wird häufig gar verteidigt. So fügen die Menschen sich dem Schicksal, meist mit Hilfe von Drogen, Glauben, Familie oder Vergnügungen ablenkender Art, bis sie nicht selten in Verzweiflung und Verwirrtheit dem Tode mehr oder weniger erliegen.

Aber ich fühle es doch ohne Spiegel an der Wand oder im Gegenüber nicht, dass ich ein bestimmtes Alter habe. Ich fühle mich in meinen Talenten, meinem künstlerischen

Tun so frisch wie eh und je! Soll ich mich nun, da ich weiß, dass ich eine alte Frau bin, wie es mir der Spiegel und einige körperliche Beschwerden verdeutlichen, dieser mental bewiesenen Tatsache entsprechend verhalten? Das kann doch niemals die Wahrheit sein! Natürlich will ich mich nicht künstlich jung halten, es den Jugendlichen gleich tun. Das ist nicht gemeint und entpuppt sich als brüchige Lüge, die du allerorts beobachten kannst.

Ich weiß, dass ich nicht ausweichen möchte.

Aber will ich nur die Weisheiten wiederholen, die ich seit Jahrzehnten studiere? Nämlich, dass Bilder, wie die im Spiegel, wie die unserer Wünsche für die Zukunft oder die unserer bewahrten Vergangenheit – zum Beispiel im Wahn der Handy-Fotofluten – keinerlei Substanz haben? Besitzt das Bild von mir, das ich habe, denn Substanz? Ich weiß, dass es keine andere Chance gibt als endlich und immer wieder neu einzusehen, dass es genau um diese Einsichten geht und dass jeder Versuch, sie zu unterlaufen, vom *Ahnensog* diktiert wird. Er will mir einflüstern, dass das Leben nun einmal so sein muss wie es ist und wir uns diesem schalen Dasein mit Freud und Leid, Alter, Krankheit und Tod nun einmal abfinden müssen. Nein, das ist mir viel zu einfach und ich sehe ja, worauf es bei den meisten meiner Mitmenschen hinausläuft, auf ein Ende in Kummer und Leid, Aggressivität und Betäubungssucht.

Gib endlich auf, lass den Schmerz los, der nur ein Zeichen deiner Bedürftigkeit ist, verzichte auf das ewig in dir drängende Verlangen nach Ablenkung durch Speisen und Vergnügungen. Verzichte auf die in dir aufsteigende Unzufriedenheit, die sich in Jammern, Streitlust, Kritik und Verurteilung äußert. Entdecke die Süße des Verzichts.

Das Feuer der Wahrheit jenseits von Geburt und Tod, von Gesundheit und Krankheit, von Lust und Leid soll mich führen. Meine Sehnsucht nach der schwarzen Rose soll lodern und niemals erlöschen. In diesem Sehnen will ich tanzen, malen, zeichnen, dichten und mich mit meinem Liebsten an den Gestaden dieser noch schönen Erde nähren.

27. Jul. 2019
Target question

Kann dich nicht lieben
und lieb dich sosehr
Zu dir hingetrieben
mein Herz ist bleischwer.
Wie kann ich dich lieben
sag es mir doch.
Bin bei dir geblieben
immer noch.

Target Love

Sehnsucht ist heut riesengroß,
Wärme flutet durch den Schoß.
Möchte mit dir fliegen
und heute bei dir liegen.
Ahnensog ist Meilen weit,
mein Herz geht auf und ist bereit.

13. Aug. 2019

Mir begegnet ein kleines Mädchen. Sie ist von schönem körperlichen Wuchs, langgestreckt, zierlich und zugleich stabil. Ihre Hände mit feinsten, beweglichen und geschickten Fingern finden eine perfekte Entsprechung in langen, stabilen Beinen, die anmutig tanzen und zugleich temperamentvoll laufen und springen können. Sie liebt es in lächelnder Besonnenheit zu betrachten und ebenso gern wird sie sportlich aktiv in feuriger Kompromisslosigkeit. Ihr noch kindlicher Körper ist schlank und von anmutiger Bewegung, fein aber bestimmt, nie hastig, eher von ausgewogener Geschwindigkeit. Ich finde sie ausgesprochen schön und muss mich bemühen, sie nicht schon wie eine kleine erotische junge Lady zu sehen. Wäre das kleine Mädchen nicht noch im Alter vor der Pubertät, könnte man meinen, ihr wäre alles bewusst, was sie so täte, wie sie sich bewegte, was sie wahrnähme und was ihr alles so einfiele. Aber gerade dass dies eben nicht der Fall ist, sondern das Repertoire ihrer Wahrnehmungen und Aktivitäten sich aus dem Zustand des Vorbewussten ergeben, macht es so ungeheuer reizvoll für uns Erwachsene, ihr zu zu schauen und zu zu hören.

Sie ist von höchster Empfindsamkeit und sieht alles, von der feinsten bis zur gröbsten Struktur der Wunder aus Natur und Dingwelt. Es macht mir das größte Vergnügen, mit ihr in der Welt ihrer Wahrnehmung zu surfen, sich in der Betrachtung und im Gespräch gleitend gegenseitig zu beflügeln und auszutauschen. Sie ist nämlich auch im Gespräch von höchster, eingehender Aufmerksamkeit und nicht selten lächeln wir bei dieser heiteren Unterhaltung. Zum Glück, möchte man meinen, sieht sie noch nicht all die Gegebenheiten aus der Welt der Erwachsenen. Denn sie vergisst nichts, auch nicht die Art und Weise wie sie etwas erlebt und in welchen Zusammenhängen. Zu diesem Geschenk ihrer detailgenauen, phantasievollen Wahrnehmung gesellt sich nämlich eine enorm hohe Intelligenz, sodass noch nicht abzusehen ist, wo all diese Chiffren sich einordnen sollen und wohin sie diese unendliche Menge an gespeicherten Erlebtem führen wird.

Diesen Gedanken hege ich mit einer leichten Sorge, da nämlich das Temperament von diesem kleinen Mädchen nicht ohne Ecken und Kanten ist. Sie weiß sehr genau und schnell, was sie will, was gut und schlecht für sie ist und wer ihr recht und unrecht tut. All diese nicht unkomplizierten zwischenmenschlichen Phänomene perlen nicht bei ihr ab,

da sie eventuell gemütlich, indolent oder in sich gekehrt
wäre. Ganz im Gegenteil reagiert sie prompt und aktiv,
auch witzig und charmant, aber eben auch messerscharf
und unnachgiebig, was wohl weder für sie selbst noch für
ihre Mitmenschen immer einfach ist. Da sie in der Schule
jeglichen Stoff mit großer Leichtigkeit bewältigt und auch
im Veralten dort unproblematisch ist, gibt es keinen wirklichen Anlass zur Sorge. Schön stellte ich mir vor, dass all
die feinsten Wahrnehmungen, liebenden Tätigkeiten und
herrlichen körperlichen Erscheinungsformen und Anlagen
dieses schönen kleinen Mädchens sich vielleicht einmal
kanalisieren würden, zum Beispiel in einer intensiven Liebe
zu einem Instrument, einem Sport oder einer sonstigen
vorberuflichen Tätigkeit.

[Für Emily]

14. Aug. 2019

Von einem Abendsparziergang zum Wasserturm zurück
gekehrt entdecken wir im Entrée des Hotels ein kleines
Mädchen, wie es einen leicht glitzernden Fladen aus
Knetmasse auf den Tisch vor der Gästecouch drückt. Die
dicke rohe für uns kniehohe Holzplatte bietet eine ideale
etwa bauchhohe Spielebene für die Ausbreitung seiner
Miniaturspielzeuge. Es haut und klopft mit den Händchen
auf die etwa Spiegelei-große violett-graue Masse, sodass wir

stehen bleiben und den Fortgang der Szenerie leise abwarten. Das Mädchen in seiner magischen Welt kümmert es nicht, dass wir ihm zuschauen. Bald ist es einverstanden mit der Ebene und stellt auf dem Tisch einige kleine Playmobil-Figuren nebeneinander in einer Reihe auf. Es handelt sich sichtlich um seine Familienmitglieder, was wir vorsichtig erfragen und es uns bestätigt wird. Nun nimmt das Kind eine Playmobil-Figur, legt diese mit dessen Rücken auf die Knetfläche und drückt sie fest. Wir sind erstaunt, als die Kleine nun eine weitere Figur der Reihe ebenfalls auf dem Rücken neben die erste legt und diese nun auch schön fest drückt. Danach folgt dieselbe Prozedur mit den restlichen Figuren, was uns erheitert. Wir sind gespannt, da die Künstlerin sehr genau weiß, was da in ihrer magischen Welt vor sich geht. Es wirkt auf uns wie ein geheimer Plan, der unbedingt ausgeführt werden muss. Eine kurze Pause nimmt uns fast den Atem. Stille tritt ein, als das Kind in seinen Figuren nach etwas sucht. Da entdeckt es eine Art Schild, das gezielt aufrecht stehend in den Rand der Knetmassenfläche gedrückt wird, sodass alle Figuren nun liegend mit schragem Blick nach oben auf dieses Schild blicken. Das Mädchen ist wohl zufrieden und wir riskieren unsere Frage: „Was hast du da gemacht?" „Sie sehen Fernsehen" war seine prompte charmante Antwort und wir lächeln amüsiert.

Zu diesem allerliebsten Geschehen fällt mir nun folgendes ein: Das Mädchen ist die kleine Tochter des Hotelbesitzers. Mit seiner Frau und diesem Kind bezieht er, solange er sich im Hotel auf der Insel aufhält, ein kleines Gästezimmer im

Parterre. Die Mahlzeiten und alle Beschäftigungen außerhalb dieses Zimmers finden im Gästebereich statt. Da ich mir gut vorstellen kann, dass die drei abends gern Fernsehen, sehe ich sie in Ermangelung an Fernsehmöbeln allesamt nebeneinander auf dem Rücken auf dem großen Bett liegend. Auf dem, wie in allen Hotelzimmern dieses Hauses, hoch an der Wand installierten Fernseher „sehen sie dann Fernsehen", ganz wie die kleine Menschengruppe auf der Knetmasse. Die famose frühkindliche Assoziation erinnert mich nun wirklich an unsere körperliche Starrheit beim Fernsehen, an die stumme Nullbeschäftigung der Fernsehzuschauer in ihren Sesseln, an die blöde visuelle Fixierung auf den einschläfernden Schein der Realität.

17. Aug. 2019

Himmelblau und die Nachtigall

Es war einmal ein kleines Mädchen
mit Augen, blau wie der Himmel.

Es trug ein luftiges Kleidchen
in den hellen Farben des Sommers.

Es hatte lange Beine
und einen schlanken, schönen Körper.

Das Mädchen liebte es zu malen,
zu singen und besonders zu tanzen.

Und wenn es hüpfte und sich drehte,
schimmerte sein feines Haar,
dass man meinte es wäre aus Gold.

Wegen all dieser Schönheiten erhielt unser kleines Mädchen
bald den Namen *Himmelblau.*

Eines Tages besuchte *Himmelblau* ihre liebe Großmutter,
die immer die schönsten Überraschungen für sie hatte.

Heute holte diese aus einer geheimen Kammer
einen goldenen Bauer, in dem ein Vogel auf einer Stange
saß.

Die alte Frau drehte an einer schnarrenden Schraube,
der Vogel flatterte ein wenig,
seine Kehle vibrierte
und entließ perlende helle Töne.

Himmelblau war gebannt von diesem Wunder.
Die Großmutter verriet ihr,
dass es eine Nachtigall sei.

Dann ganz plötzlich
war der schöne Gesang vorbei
und der Vogel bewegte sich nicht mehr.

Es war nur eine Spieluhr.

Auf dem Heimweg musste *Himmelblau* lange
an die Nachtigall in dem goldenen Käfig denken
und bewegte den Zauber der Melodie
in ihrem Herzen.

Mit allen Dingen ging *Himmelblau* froh und behutsam um.
Sie war gut zu Pflanzen, Tieren und Menschen.
So lief das Leben des kleinen Mädchens
in geregelten kosmischen Bahnen.

Eines Tages aber geschah ein Unglück,
als *Himmelblau* von einer Brücke stürzte,
die sie tanzend und wie ein Wirbelwind sich drehend
überqueren wollte.

So landete sie in der Notaufnahme,
und alle waren sehr besorgt um die Zukunft von *Himmelblau*.

Die Ärzte behandelten ihren verletzten kleinen Körper.

In der Dunkelheit der Nacht wurde sie dann schließlich
auf einer Krankenliege auf den Heimweg gebracht.

Hier geschah nun etwas Wunderbares:
Als sie über die Wiese zum Haus getragen wurde,
vernahm *Himmelblau* den feinen Klang einer Vogelstimme.

Sie erstarrte nahezu, als sie erkannte:
Es war die Melodie des Vogels,
die sie in ihrem Herzen trug.

Jetzt aber vernahm unser kleines Mädchen
den lebensechten Gesang einer Nachtigall.
Und kühlendes Quellwasser der hellen Töne
drang in seinen verletzten Körper.

Himmelblau spürte, wie sich im Goldregen
der jetzt schmetternden Vogelstimme
ihre Glieder erwärmten, dehnten und streckten.

Als sie schließlich zu Hause ankamen,
sprang sie von der Liege
und schaute hinauf zum Himmel.

[Entwurf für ein Bilderbuch]

19. Aug. 2019

Ein Traum:
Ein kleiner Junge mit dicht gelocktem, braunschwarzem Haar.
Klare, kindliche und zugleich tiefe Augen.
Das Schauen des Unverdorbenen.
Seine Bewegungen sind mühelos.

Noch ist er von der Zuwendung der Erwachsenen abhängig.

Wie alle Kinder von reiner Seele.

Er sagt graublau. Er spricht das Wort leicht, einfach und bedeutungslos.

Er äußert sich sanft und wünscht, dass irgendjemand ihn hört.

Der schöne Junge berührt meine Seele und ich sehe, wie er das Wort in den Raum hinein trägt,

sich an unterschiedliche Ebenen und undefinierbare Dinge wendend;

graublau, zärtlich suchend, vielleicht auch beinahe flehend.

In kindlicher Regung geht er leise umher, graublau.

Der Knabe reizt mein Gemüt. Seine stille, unverdorbene Schönheit zwingt meine Zuwendung, meine Hingabe an seine sprachlosen Worte;

graublau, fein, ohne Bedeutung, unergründlich. Warum hört ihn niemand?

Muss dieses schöne Wesen wirklich durch die Triebe unserer tödlichen Gesellschaft hingerichtet werden, durch eine Erziehung, die das Pure zerstört?

Graublau, milde wie das Wasser der stillen See trägt der gelockte Junge seine Botschaft zu uns,

dass wir aufhorchen und endlich klug werden.

Mein Herz steht in Flammen.

Ich erwache.

31. Aug. 2019

Am Straßenrand ein alter Freund auf einem Stuhl.

Er sieht müde und traurig aus.

Bewegungslos verharrt er auf dem Gehweg.

Wie seine Haltung ist auch die Kleidung bedeutungslos.
Graugrüne Farblosigkeit ohne Kontrast.
Stumme Hoffnungslosigkeit,
ohne Vorstellungen von einem Leben in Zuversicht.
Er ist nicht alt, ein Mann der mittleren Jahre.
Gestus und Habitus sprachlos verharrend.

Ein älterer optimistischer Mann auf der anderen Seite der
Straße trägt ein schönes Kind auf seinen Armen.
Da erblickt er seinen alten Freund auf der anderen Seite
und geht leise auf ihn zu.
Der schaut ein wenig auf, als er die beiden sieht,
wie sie sich ihm nähern.
Es herrscht eine Stille,
die durch keinerlei Worte gebrochen werden will.
Da dreht das kleine Kind sich
mit einer öffnenden Armbewegung.
Der elegante Mann überquert die Straße
und die beiden gehen nun auf den Freund zu.
Das Kleinkind bewegt sich in heller Zuneigung,
Ein leichtes Tuch fällt ein wenig von seiner puren Nacktheit.
Sein Träger lässt es gern gewähren.
Das goldene Kind berührt jetzt den Traurigen
und entlockt ihm ein stilles Lächeln.
Der optimistische Mann legt nun dem Freund
leise eine Hand auf dessen Schulter.
Vorsichtig in der Berührung, zärtlich, tröstend.
Die drei sind jetzt verbunden und ein Licht der Liebe
strahlt über der Szene.

25. Sep. 2019

Der Vergangenheit ist vergeben,
ich lasse sie los und bin frei.

28. Sep. 2019

Dank

Nein, Kinder hat sie nicht und ebenso ist sie nicht verheiratet. Heißt das nun, dass sie kein erotisches Leben führte, vielleicht Männer und Frauen in ihrer Attraktivität, Erotik und Sexualität ablehnte oder gar die Sexualität per se verurteilte? Nein, ganz und gar nicht. Sie hat das bunte Leben der Anziehung zwischen den Geschlechtern immer wieder gesucht, riskiert, erlitten und manchmal auch genossen.

Heute möchte sie sich bei all den Jungs und jungen Männern, auch bei einigen Mädchen und jungen Frauen, bedanken, die ihren Weg jugendlicher Erotik und Liebe kreuzten, denen sie einst mehr als nur schöne Augen gemacht hat, oder die sich um sie bemühten, sie verführten und mit ihr ein erregendes Erlebnis teilten oder auch denjenigen, für die sie einfach nur schwärmte, die sie mit in ihre Träume nahm.

21. Okt. 2019

Mein Ordnungswahn bringt mich um.

Meine Entscheidungslosigkeit macht mich rasend.

Mein Nicht-Wissen, was soll/will/muss/ ich heute morgen tun, macht mich verrückt.

Der Morgen liegt mir zu Füßen und ich bin nicht in der Lage in all meinen Tätigkeiten Sinn zu finden, mich dem hinzugeben, was gerade ansteht.

Die Zeit für meinen Plan, den ich gestern Abend fasste, schwindet durch unwesentliche Aktionen zu einem kümmerlichen Rest.

Die Zeit zerrinnt mir zwischen den Fingern.

Aber es gibt zu bedenken und immer wieder zu erkennen: Dass es nicht mein Wahn ist, dass nicht ich es bin, die etwas rasend macht, dass nicht ich keinerlei Sinn in meinen Tätigkeiten finden kann, dass nicht mir die Zeit zwischen den Fingern zerrinnt.

Hüte dich vor dem *Ahnensog!* Immer wieder. Don't forget!

Ich will mich endlich von den Illusionen und Verstrickungen in die Familienschicksale verabschieden! Ebenso muss ich Sekundär- und Fremdgefühle aufgeben!

Ich erkenne, oft leider zu spät, dass meine Vorstellungen und Verhaltensweisen mir in keiner Weise entsprechen, dass ich sie von jemanden übernommen habe.

Die Erkenntnis der eigenen Verantwortung und dann zu ihr zu stehen, will ich demnach von mir in Konsequenz abverlangen. Das kann nur von einem Erwachsenen geleistet werden. Das heißt, ich verlange von mir endgültig, mich von den Eltern zu verabschieden und *mir* zu vertrauen, *meine* Möglichkeiten und *meine* Grenzen zu erkennen und zu respektieren.

28. Oktober 2019

Sekundärer Antisemitismus ist in Deutschland sehr verbreitet. Sein rechtsextremistisches Credo ist die versteckte Judenfeindlichkeit, die Leugnung oder Relativierung des Holocaust. „Es muss doch einmal vorbei sein dürfen" der beliebteste Slogan seiner Vertreter.
Die fatale Verdrängung der immensen Schuld des eigenen Landes zeigt sich im Judenhass nicht *trotz* sondern *wegen* Auschwitz.
Die Deutschen werden den Juden Auschwitz nicht verzeihen.
[Zivi Rex, israelischer Psychoanalytiker]

Aus der Forderung nach einem Schlussstrich ergibt sich aus der Diskrepanz zwischen dem Wunsch zu vergessen bzw. nicht erinnert zu werden und der beständigen Konfrontation mit den deutschen Verbrechen ein neues Vorurteilsmotiv, das sich zum Teil in der Form revitalisierter traditioneller Vorwürfe an die Juden äußert (Rachsucht, Geldgier, Machtstreben).
[Werner Bergmann und Rainer Erb.]

Es liegt mir heute daran, diese Tatsachen als ein Tagebuchblatt zu notieren, da es immer offensichtlicher wird,
wie sich die Verbreitung des *Sekundären Antisemitismus* bis in
nahe Kreise hinein einnistet.

Es schaudert mich, wie auch uns nahestehende Personen
solche oder verwandte Auffassungen in unserer Gegenwart
hemmungslos äußern, ja sich maßlos überheben und zu
herber Konfrontation mehr als bereit sind.

[Überarbeitung eines Tagebuchblattes:
28. Oktober 2018]

Okt. 2019

Triptychon
Warum Triptychen? Immer noch? Im 21. Jahrhundert?
Das uralte Bildformat, das christlich aufgeladene, dreiteilige
Gemälde? Bei der kürzlichen Einrichtung der Neugestal-
tung einer Webseite fiel mir plötzlich auf, dass meine Trip-
tychen es nicht gut vertrugen, sich einer Gruppierung von
Einzelbildern unterzuordnen. Es stellte sich heraus, dass sie
nach einem eigenen Platz riefen. Für die Darstellung im
Internet hatte ich die Arbeiten meiner Malerei bestimmten
Kategorien zugeordnet, wie etwa *Target, Blüten, Indigo* o.ä..
Triptychen aber sind Einzelgänger, kreisen in sich selbst
und beanspruchen viel Raum, in energetischer sowie auch
häufig in räumlicher Hinsicht. Bei der Hängung verlangen

sie meist nach einem gesonderten Platz. [s. Marion Ackermann: *Vorwort* und Wolfgang Ullrich: *Autoritäre Bilder* in dem prächtigen Ausstellungskatalog *Drei. Das Triptychon in der Moderne.*]

Diese Erfahrung bei der Zuordnung meiner Bilder entpuppte sich zu einem lebhaften Interesse an einer vertieften Untersuchung meiner bisher eher emotional gesteuerten Verwendung des Triptychons. Ich hatte dieses Bildformat bisher aus künstlerischen Motiven heraus, eben als Malerin, intuitiv verwandt und gar nicht so recht bemerkt, dass sich da mit der Zeit eine ganze Reihe dieser speziellen Bilder angesammelt hatte. In den letzten beiden Jahren erarbeitete ich zwei relativ große Triptychen, zu deren Format mit dieses Mal überzogen großen Mittelfeldern ich mich völlig überraschend entschieden hatte. Vielleicht gaben die beiden in ihrer Form recht auffälligen Bilder den Anstoß zu diesen Reflexionen.

Was passiert da eigentlich? Warum berufe ich mich immer wieder einmal auf das Triptychon als Bildträger? Da ich es ja mache, muss ich es an sich weder analysieren noch verstehen. Das Sprudeln der Quelle fragt nach keiner reflektierten Analyse. Dennoch möchte ich an dieser Stelle der Frage nachgehen, warum ich, eine Frau, die sich als modern, freiheitsdurstig, unabhängig und allem Traditionellen gegenüber äußerst skeptisch bis zerstörerisch verhält, sich von Zeit zu Zeit diesem altehrwürdigen Bildformat zuwendet und seine ungewöhnliche Spezies, die doch adhoc an Kirchen und Altäre erinnert, für ihre Malerei einsetzt.

Seit dem Mittelalter war das Triptychon als Altar- und Andachtsbild in der Abendländischen Kunst von zentraler Bedeutung. Es ist ein aus drei Tafeln bestehendes Gemälde, deren mittlerer Teil im Format häufig größer gehalten ist als die beiden Seitenflügel gleichen Formats. Das klassische Triptychon – ein Flügelaltar, auch seltener als Klappaltar – fordert die Unterordnung der beiden Seitenbilder unter die betonte Mitte. Die Seiten dienen dem Mittelbild als eine Art Kommentar. Kapellen und Altarräume wurden durch Triptychen geschmückt und bestimmt. Der betonte Mittelteil zeigte z.B. die Geburt Jesu, die Kreuzigung oder die Mutter Maria, während die Nebenfiguren der Seitentafeln sich inhaltlich und formal auf die Mitte bezogen.

Triptychen als Altar- und Andachtsbilder verlangten mehr als ihre lockere Beachtung. Sie forderten durch ihren religiösen Gehalt eine Art Hingabe vom Volk. Sie wurden über eine kontemplative Betrachtung hinaus zur Versenkung benutzt oder gar angebetet. So gesehen hatte das Triptychon in seiner Blütezeit vom 15.-17. Jahrhundert einen eher spirituellen Charakter. In der Zeit des frühen Christentum entstanden Triptychen mit wunderbar bescheiden anmutenden Figuren, in Haltung, Gestik und Gesichtsausdruck voller Schönheit und Hingabe. Wir lieben die Bilder dieser Frühzeit zurecht, da die Menschheit, mit welchem konfessionell abhängigen Charakter auch immer, noch im Stande war sich jenseits der Ratio zu versenken. Die dogmatische, paternalistische Religion des Christentums erzeugte dann im Verlauf ihrer herrischen bis kriegerischen Verbreitung durch ihre Machtstruktur Menschen in angstvoller Unterwürfigkeit. Dieser Haltung gegenüber hat ein Altarbild leichtes Spiel. Es fordert Hingabe bis hin zu blinder Verherrlichung. Entsprechend des weitgehenden Verlustes eines spirituellen Menschen durch die Aufklärung verschwindet das Triptychon weitgehend aus der Kunst. Gegen Ende des 19. Jahrhunderts erfährt es dann als Bildträger eine Wiederbelebung, taucht in der Malerei wieder auf und spielt bis heute eine recht bedeutende Rolle.

In diesem eben skizzierten weitgehend autoritären Charakter seiner Herkunft sehe ich einen wesentlichen Aspekt der bis heute wirkenden Kraft dieses Bildmediums. Im 20. Jh. gab es und auch im 21. Jh. gibt bis nicht wenige Künstler, die das Triptychon als Bildform für ihre Absichten verwenden. Das Triptychon wurde und wird eingesetzt, wenn die Künstler etwas bewegen wollen, wenn sie sich engagiert für bestimmte Werte ins Zeug legen. Bei Otto Dix z.B. oder Max Beckmann wurden sprachgewaltige aktuelle Bildinhalte durch das traditionsgeladene Bildformat in ihrer Wirkung enorm verstärkt. Für mich evoziert das Triptychon eine transzendente, gleichsam sakrale Aura. So überzieht, untermauert oder durchdringt die Magie der Bildform immer auch den dargestellten Bildinhalt. Mehr oder weniger kontrastiert jetzt das überlieferte hochheilige Triptychon mit dem so ganz anders gearteten Bildmotiv. Dazu eine kleine Anekdote: Als Max Beckmann von einem Galeristen um eine Deutung seines Triptychons *Abfahrt* gebeten wurde, meinte er, man solle ihm das Kunstwerk zurückschicken und fügte hinzu, dass seine Bilder Wahrheiten trügen, die durch Worte nicht darstellbar seien. Er könne mit seinen Bildern nur zu Leuten mit einem *ähnlichen metaphysischen Code* sprechen.

Es ist in diesem Zusammenhang nicht der Ort, alle Künstler zu erwähnen, die sich dem Triptychon angenommen haben. Hier sei noch einmal der oben genannte wunderbare Ausstellungskatalog *Drei. Das Triptychon in der Moderne* erwähnt, in dem viele namhafte Künstler, besonders des 21. Jahrhunderts, auch mit eigenen Wortbeiträgen, aufgezeigt werden.

Das Triptychon wird nicht nur in der Bildenden Kunst angewandt. In der Musik ist das Vokal-Triptychon *Quando stanno morendo* von Luigi Nono ein schönes Beispiel, mit dem 2002 das Forum neuer Musik eröffnet wurde. Nono will die Zuhörer nicht nur als Rezipienten von Musik fordern, sondern sie auch zu geistiger Anteilnahme und politischer Partizipation bewegen. *Alle meine Werke* – so schrieb Nono anlässlich der Uraufführung – *gehen immer von einem menschlichen Anreiz aus: Ein Ereignis, ein Erlebnis, ein Text unseres Lebens rührt an meinen Instinkt und an mein Gewissen und will von mir als Musiker wie als Mensch Zeugnis ablegen. Zu dem Antrieb aus der menschlichen Sphäre kommt die musikalische Verwirklichung mit den ureigenen und ausschliesslichen Mitteln der Musik.*

Das Triptychon erhält heute allerdings auch Einzug in die Welt des Designs und der Raum-Gestaltung, was in erster Linie schlicht auf die attraktive Struktur des Bildmediums zurückzuführen ist. Die Dreiteilung macht sich eben gut als dekoratives Element z.B. bei *Schöner Wohnen,* im *Otto-Versand: Triptychon-Bild 21-teilig für 21€ als Wanddeko* usw.,

usw. Aber in dieser scheinbar unbedarften Anwendung des alten Mediums verbirgt sich eher die Schwäche der augenblicklichen Zeit. Wir leben in einer Zeit horizontalen Charakters. Die suchtartige Ausbreitung auf der Fläche lässt die Herzebene des Menschen verkümmern. So wird der Gebrauch des Bildformats Triptychon geschickt eingesetzt, da sich in ihm die Dimension einer geistigen Kraft verbirgt. Auch Bildträger haben, wie unsere Seelen, eine DNA. Nicht umsonst wird sich heutzutage schamlos der Produkte alter Meister bedient. Eine Handtasche mit dem Print von van Gogh's Sonnenblumen, ein Kopftuch mit der Mona Lisa u.a.m. Unsere Zeit schreit nach der Vertikalen, der Ebene der Herzens.

Komme ich zurück zu meiner Anfangsfrage. Warum immer noch Triptychon? Warum verwende ich sie für meine Malerei, da ich doch mit der Kirche auf Kriegsfuß stehe und mit der brutalen Geschichte des dogmatischen Christentums nichts zu tun haben möchte? Nun im Grunde habe ich die Frage durch die oben stehende Auseinandersetzung schon beantwortet. Ich benutze die machtvolle, bzw. spirituell aufgeladene Bildstruktur für mein Werk, um einen bestimmten Ausdruck zu vermitteln, der dem dargestellten Bildgegenstand entgegen kommt und dem Betrachter eine Art Hingabe bzw. Auseinandersetzung abverlangt. Darf ich das trotz meiner Ablehnung der Kirche? Ja, ich finde schon. Wenn ich allein daran denke, mit welcher Hingabe ich einst die frühchristlichen Triptychen in der Toskana kennenlernte. Gerade um den verloren gegangenen spirituellen Charakter geht es mir doch, um Aufbruch, geistige Freiheit und das Feuer des Herzens. So gesehen ist meine Arbeit mit dem Triptychon kein Klauen, keine falsche Verwendung alter Werte, sondern entspricht eher der Achtung einer Geisteshaltung, die ich hinüberrette, sie verwende und erneut fruchtbar machen möchte.

Zum Abschluss dieser Betrachtungen möchte ich auf den Tagebucheintrag vom 9. Juli 2018 verweisen.

1. Nov. 2019

Ute: „ Ich bin im Erfüllungsmodus."

Diese Bemerkung hat mich berührt. Ich nehme sie in Variationen überall und von nahezu jedem wahr.

5. Nov. 2019

Heute ist ein Tag der Freude für mich.
Es ist etwas geschehen,
das mich beflügelt,
mich froh und optimistisch stimmt.
Meine Zuversicht durch die beiden Bilder,
TARGET LOVE und *TARGET LOVE 2*,
in Hinblick auf mein weiteres Dasein

habe ich gestern im Blog auf meiner Webseite dargelegt und möchte es heute in Form eines Tagebuchblattes tun.

Ich beginne mit einem Auszug des Blog-Eintrags:

TARGET / TARGET LOVE

*[...] Diese Gedanken zu **target** schrieb ich im März 2010 nieder. Im Juni desselben Jahres startete ich mit der Niederschrift Notes of a woman, woraus später das Buch Ahnensog entstand. In dieser Zeit fielen mir diverse Bücher und Gedanken von Frauen in die Hände, die mich berührten, Philosophinnen, Künstlerinnen, Schriftstellerinnen. Ich entdeckte plötzlich sehr bewusst, dass ich meine künstlerische Energie und meine Sicht auf die Welt aus der weiblichen Perspektive vertreten und kundtun möchte, dass ich meinem Drang nach dem Feuer der Freiheit besonders als Weib Ausdruck verleihen will, vielleicht gar muss. Ich verspürte eine unbändige Lust, niederzuschreiben, was mich bisher daran gehindert hatte, das Leben aktiv zu nehmen, gar in Optimismus und Freude zu wachsen und mich wirklich zu entfalten. Eine Aussage der jüdischen Dichterin Muriel Rukeyser, dass jede Frau ihre Geschichte erzählen oder aufschreiben solle, da sich dann für uns der Himmel auftuen werde, traf mich messerscharf und berührte mich tief. Sie war letztlich der zündende Anstoß zu einem Vorhaben, mich über eine längere Zeit ins Café zu begeben und in einem ausdauernden handschriftlichen Schreibfluss meine Geschichte nieder zu schreiben.*

Im Anschluss an diese Worte erwähnte ich den Hergang der Entstehung von *T A R G E T L O V E* und *T A R G E T L O V E 2* und spreche über diese beiden Bilder *[...] In ihrem eher männlichen Charakter überraschen sie mich. Das Herz, das ich damals 2010 verwandte, wird dieses Mal nicht nur bildnerisch sondern auch verbal fast aufdringlich aufgezeigt. Es geht nicht mehr um mein schönes kleines Herz aus warmem Fleisch und rotem Blut.*

Weniger Zielscheibe, Schild oder Weichensignal, nicht die kleine empfindliche Liebe, die erwartet, rechnet, lauert, wünscht und hofft. Es geht um das spirituelle Herz, das für die große Liebe steht und sich nach allen Dimensionen ausdehnt und ausbreitet, sich als target wie eine kreisende Spirale bewegt und bis in die Unendlichkeit weitet, bis nichts mehr vom stofflichen Dasein übrig bleibt, das uns Anlass gäbe zu jammern und zu klagen. Die Ebene des Ich löst sich auf und nichts ist mehr von irgendeiner Bedeutung außer L O V E.
Nun kann ich in Gelassenheit schauen.

Ja, und nur einen Tag später, nämlich heute am 5. November, überkommt mich diese lichte Stimmung, von der ich sehr genau weiß: Es ist das Licht von *TARGET LOVE*.

Dieses Licht, in dem keine ichhaften Verhaltensweisen mehr greifen, keine Kritik an anderen Menschen, keinerlei Ängste, keine Streitsucht, kein Vergnügungsdrang, keine Esssucht, keinerlei Schmerz- oder Leidensbekundung über dies oder das. Danke.

7. Nov. 2019

Das Einlösen der energetischen Essenzen meiner abgeschlossenen Werke ist mit einer Schuld vergleichbar. Ich habe die Bilder geschaffen, also bin auch ich es, der als erstes durch die Energie ihrer Aussage eingeholt wird, quasi zur Rechenschaft gezogen wird. In der Regel, wenn ich es überhaupt wahrnehme, begrüße ich dieses Phänomen, da es sich eher um wertvolle Eingebungen handelt, die mich seelisch wachsen lassen könnten o.ä., die sonst im täglichen Allerlei untergehen würden, und lasse auf mich zukommen, was eben auf mich zukommen soll. Allerdings ist es dieses Mal ungewohnt aufregend diesem zu jedem Kunstwerk dazugehörenden Aspekt seinen freien Lauf zu lassen.

Was ist es nur, das mich nicht loslässt und ich verbalisieren will, bevor es überhaupt spruchreif ist? Zu den beiden *TARGET LOVE* schrieb ich ja nun schon eine ganze Menge und kann doch nicht davon lassen.

Wie ich erwähnte, sind es männliche oder vielleicht eher geistig kraftvolle Bilder mit einer starken Energie. Kann die überhaupt geschlechtsspezifisch sein? Das Weib in mir kämpft. Um was kämpft es? Und worum geht es eigentlich bei der Erfahrung dieses *Licht's*, das ich im Tagebuchblatt vom 5. November erwähnte, das sich nach Abschluss der beiden Riesen bei mir einstellte? Nein sicher geht es nicht um etwas Geschlechtsspezifisches. Aber es beschäftigt mich so sehr als Weib! Kann es denn um etwas gehen, das mich geschlechtsspezifisch nervt? Und vielleicht darum, genau *das* zu beleuchten und zu verstehen? Ich möchte zum Thema Weib in mir etwas ausholen.

In *Ahnensog* erkämpfte ich mir zunächst die Erkenntnis vom Sog der durch die Jahrhunderte alten in uns fest verankerten Prägungen, erwirkt durch das mörderische, fatale Kirchendogma, das menschenverachtende Muster von Schuld und Sühne: *[...] Ich erleide das Ziehen des Ahnensogs und erlebe es als schwere Last eines Erbes, welches das Weib in mir wie ein großes Gewicht immer wieder niederdrückt. Diesen erkennenden Schmerz über den Verlust des Weiblichen in unserer patriarchalen abendländischen Geschichte herauszustellen und zu bannen. Ich stelle ihn im Tanz, in der Malerei, im Wort und in der Musik dar. Mein Inneres treibt nach außen, eine neue Energie umwälzt mich, löscht mich aus. Mir kommt nur noch in den Sinn, das Weibliche in mir in eine Position der Ehre und der Stärke hinein zu retten.* (Das Weibliche/ *Ahnensog* S. 41)

Ebenfalls in *Ahnensog* erkämpfte ich mir die Erkenntnis der anzustrebenden Unabhängigkeit der Frau vom Mann: *[...] Er gehört zu mir wie der Tag zur Nacht, wie das Licht zur Dunkelheit. Zu dieser Einsicht entwickelt sich in jüngster Zeit eine revolutionäre Ahnung: In mir wächst eine leidenschaftliche Sehnsucht nach Freiheit jenseits von Beziehungen. Ich möchte mich von dem tief verwurzelten Glauben befreien, dass Sicherheit, Schutz und Ganzheit nur in der Beziehung zum Manne zu finden sind, [...] Diese befreiende Vorstellung erlaubt mir, den Mann zu locken und ihn wahrhaftig zu lieben und ihn nicht entweder zu meiden oder ihn zu brauchen. Darin sehe ich eine von mir angestrebte radikale Unabhängigkeit als Frau. In der bisherigen Emanzipation wurde die Weiblichkeit zu sehr geopfert. In meiner Vorstellung von Unabhängigkeit wird diese noch vertieft. Bei diesen Gedanken entflammt mein Herz zärtlich und unaufhaltsam wie die Morgenröte. Die Nacht wird erleuchtet, die Ketten des Mittelalters schmelzen. Eine grundlegende Veränderung unserer ererbten Frauenrolle findet statt. Wir werden ein wirklich aufregendes, selbständiges und bedeutungsvolles Leben erschaffen.* (s. Die kleine Liebe/ *Ahnensog* S. 97/ 98)

Aber heute, etliche Jahre später, rumort es weiter, da ich als eine selbständige Frau mit der radikalen Loseisung vom christlichen Dogma, mit der vollständigen Lösung von Familie und mit der Unabhängigkeit vom Mann nun beileibe nicht frei bin und eher eine solche moderne Frau wie die, welche allerorts zu finden ist, kopflastig im Berufsleben, selbstsüchtig als Single, eitel, verletzlich, überkritisch, fast männlich, etc. Vielleicht ist bei ganz wenigen Frauen der Neuzeit, eventuell bei den ganz Jungen, schon ein Hauch zu ahnen oder gar zu sehen von dem, was ich meine. Was meine ich denn? Wie will ich sein? Kann ich mich denn als Frau überhaupt ändern im Angesicht all dessen, was ich eben erwähnte? Kann ich es in Worte fassen? Hat all dies überhaupt etwas mit mir als Frau zu tun?

Muss ich mich nicht wenigstens vollständig mit jeglicher Dunkelheit arrangieren können, mit allem, was mich irritiert und ängstigt, mit Kälte, Hass, Ausgrenzung, Mord, Krieg und doch wohl zumindest mit der Dunkelheit der Nacht und des Winters, wenn ich radikal wachsen und frei sein möchte? Kann ich so etwas überhaupt wünschen, geschweige denn anstreben?

Was ist es nun eigentlich, das ich anderntags spürte, als sich die Helligkeit von *LOVE* der *TARGET LOVE'* s in mir ausbreitete, mich dehnte und streckte, mein Inneres in eine andere Substanz verwandelte, mich entspannte, klärte und weitete, so dass ich kurzfristig von seligem Glück durchpulst war aber dann sehr schnell unter den schwersten Gegenbewegungen stöhnte und ächzte? Diese Art Gegenbewegungen suchen sich die banalsten Muster, wie Kritik am Partner, an der Lebenssituation – obwohl es kaum etwas zu bemängeln gibt – das Alter, die Angst vor dem Tod und vieles andere mehr ... Dieses wunderbare Licht kann doch niemals schlicht die Helligkeit als Kontrast zur Dunkelheit sein, nicht das Gute zum Bösen, nicht die Sonne im Gegensatz zum grauen Regen. Nein natürlich nicht, das weiß doch – wenn auch kaum ein Radiosender – jedes Kind. Muss ich nicht wenigstens Liebe und Nähe angemessen erleben können, bevor ich zugunsten der Weite des unermesslichen Raumes in mir, des Lichts von *TARGET LOVE,* allen Müll loslassen kann? Muss ich nicht mich selbst lieben und akzeptieren, so wie ich bin, bevor ich andere und anderes so lieben und akzeptieren kann, wie sie/es nun einmal ist/sind, bevor ich dann vielleicht dieses Licht überhaupt zulassen kann, von dem ich nicht weiß, was es ist? Und kann ich denn all dies überhaupt einfach *machen*? In der Erwartung an mein kleines Ich steckt der Teufel des Sogs. Es gibt aber keine Schuld! Gib dich einfach hin und erwarte ein Wunder.

TARGET LOVE. Wie gut, dass ich eine Ahnung davon gemalt habe.

TARGET LOVE 2. Ich schaue mein eigenes Bild und werde still.

20. Nov. 2019

B u ß – u n d B e t t a g

Der Buß- und Bettag in Deutschland ist ein Feiertag der evangelischen Kirche. Es geht dabei um Buße im religiösen Sinne, um Reue für begangene Sünden und eine Besinnung auf den Gottesglauben. Sünde bedeutet dabei ein Übertreten der göttlichen Gesetzesordnung. Sie wird symbolisiert durch die Schlange und durch die christliche Taufe vertrieben.

Der gottesfürchtige Mensch, und auch der, der meint, er hätte mit der Kirche nichts zu tun, versucht mit dem Vorsatz zu sühnen seine Schuld loszuwerden und verliert dabei den Kontakt zur Liebe und zu den Menschen. Er trachtet danach, sich zu erniedrigen, erlebt Unfälle, wird krank oder riskiert Schlimmeres, das zu geistiger Störung oder gar zum Tod führt.

Zur Sühne, Phänomen eines menschenunwürdigen und das Leben verachtenden Verhaltens, ruft bis heute im 21. Jahrhundert die christliche Kirche auf. Am Buß- und Bettag soll der Mensch sich besinnen und darin üben, seine Schuld zu bekennen, zu bereuen und entsprechende Buße tun.

Zu diesem erschreckenden und so fatal wirksamen Machtinstrument der Kirche möchte ich B. Hellinger in einem seiner letzten Bücher *Kirchen und ihr Gott*, S. 30 zitieren:

Das ganze christliche Abendland wird von einer Institution in Knechtschaft gehalten, die ihre Macht aus der Vorstellung von Schuld und Sühne bezieht.

Und diese Institution heißt Kirche.

Bert Hellinger (1925-1919), philosophischer Phänomenologe, hat ausschließlich zum Wohle der Menschheit gearbeitet, sein Leben in den Dienst der Liebe zum Schicksal des Einzelnen gestellt. Nach einem langen Leben und dem in weiten Kreisen anerkannten Verdienst für die geistige Entwicklung des 20. Jahrhunderts bis ins 21. Jahrhundert hinein ist er nun, wie eben immer schon viele andere große Freiheitskämpfer, fast unbemerkt gestorben. Beschämend und zugleich in unsere korrupte Welt so passende Tatsache, dass sein Tod in keinerlei Nachrichten der öffentlichen Medien, noch in der renommierten Presse erwähnt wurde.

Hellinger hatte als studierter Theologe 16 Jahre lang in Südafrika in einem Orden gearbeitet und verließ zurück in Deutschland bald das Priestertum, um sich dem Feld von Psychologie und Philosophie zuzuwenden.

Dieser ernsthaft suchende und dem Menschen aufrecht dienende Mann, der nur aus gereifter innerer Überzeugung zu Phänomenen des Lebens Stellung nahm, ist am Ende seines Lebens zu der oben zitierten vernichtenden Aussage über die Kirche gelangt.

Ich möchte mich an dieser Stelle für den Geist B. Hellingers bedanken und ihm heute wenigstens dieses Tagebuchblatt widmen.

27. Nov. 2019

Pauline, ein 12-jähriges Mädchen zu ihrer Mutter, als diese über Stress klagt und ihre kleine Tochter um Rat fragt: „Ich lass mich dann einfach laufen."

9. Dezember 2019

Was war in diesem Jahr deine schönste Situation?
Als wir am Strand das Zelt in Windseile einräumten,
– im wahrsten Sinne des Wortes –
es stürmte sehr stark,
der Sand flog uns um die Ohren,
wir mussten unsere Augen schützen,
das Wasser war schon nah am Zelt,
wir mussten alles festhalten
und uns beeilen,
da uns die Flut fast erwischt hätte;
spannend, fundamental, bedrohlich;
da begannen wir laut zu lachen,
und lachten und lachten,
und hörten nicht mehr auf …
wir lachten immer weiter
über uns in diesem Alter,
wie wir hier freiwillig am Boden herum kriechen,
und dann lachten wir erneut,
laut, frisch, frei und ungebremst,
über alles, erneut und immer wieder,
weiter und weiter,
und immer weiter…
unsere Herzen brannten
und gelangten in einen hellen Zustand,
den ich nie wieder vergessen will.
Schönheit und Liebe durchtränkten unsere Seelen.

[für J.]

15. Dezember 2019

Verzweiflung

17. Dezember 2019

If you can't love, the one you love,
love the one you are with
Dieser Satz der alten Rocker geht heute morgen in mir um,
und ich kann wieder atmen.
Die Klauen des *Ahnensogs* sind in der Vorweihnachtszeit
schwer wie Tonnen von Blei.

20. Dez. 2019

Heute hege ich im Café Balzac Gedanken an eine erneute
Schreibphase an diesem Ort; *Ahnensog 3* ? Und zwar dieses
Mal in der City in einem schon, wie damals in Harburg,
herunter gekommenen Ambiente – es gibt inzwischen etliche neue Cafés, die diesem Ort den Rang ablaufen – Ja
natürlich, deshalb hier. In all den neuen unmöglich.

Buchgestaltung: Ute Schuckmann

Herstellung und Verlag: BoD, Norderstedt
ISBN 9783751931076
Die Deutsche Nationalbibliothek verzeichnet
diese Publikation in der Deutschen Nationalbibliografie.

Zur Autorin Sigrid Crasemann

1943	geboren in Hamburg
1964 – 1969	Studium der bildenden Künste an der HBK Berlin und der HfBK Hamburg
1970 – 1990	Ostasiatische Bewegungskünste
1972 – 1985	Kunsterzieherin am Gymnasium Allee/ Hamburg
1985 – 2004	Kunsterzieherin am Gymnasium Blankenese/ Hamburg
seit 1985	freie Künstlerin in Bild und Wort in Hamburg